# 祕密瑜伽士的生死莊嚴

## 〈中陰祈願文〉契入昭空大手印

多傑仁卿喇嘛 著

目次

〔作者序〕

# 彼力於我何有哉

記得第一次聽聞中陰竅訣是德頌仁波切在閉關中心給予「生起次第」的引導時，開示如是觀想對應死後中陰的何種階段。那時方得理解，原來儀軌的每一步驟皆是因應中陰歷程而開展，並非先前擔任維那時，以為是自成一套的觀誦系統；後來再聽聞〈中陰祈願文〉，更讓我深覺密法的深微竅訣甚為不可思議。

《密勒尊者道歌集》裡，第一篇〈密勒拾柴記〉有一首〈六憶上師曲〉，緣由是：尊者在深山苦行時，一天，拾撿煮水所需的柴薪後，看到從遠遠的東方卓吾山谷的方向，忽然升起了一片白雲。

密勒尊者想到：「在那片雲層的下面，就是卓吾山谷的寺廟，我的上師馬爾巴正在那裡啊！」一想起上師與師母坐在金剛兄弟偕同眷屬們的中央，宣講密續，賜予灌頂暨傳授口訣的種種情景，思忖著，如果現都安在，無論如何必定前往謁見！思緒至此，於方才哀傷之上，無可計量的強烈憶念起上師之情，淚珠不禁簌簌滴下。尊者以憂傷的音韻，唱出〈六憶念師曲〉：

父憶即祛憂馬爾巴足，丐唱憂音矣馬爾巴尊，紅崖躍谷東方處，持水白雲悠悠飄。白雲飄升之下方，後山如象傲然之前方，前如雄獅傲踞峰之上，大聖地卓吾谷寺廟中，阿母利嘎大石法座上，柔軟毛皮坐墊法座上，彼上所坐是誰乎？

坐者譯師馬爾巴，現今若在一何樂！我信解雖微願參謁，悲戚雖渺願參謁，我愈思愈念具相師，修而憶念譯師馬爾巴！

母恩逾生母達媚瑪，現今若在一何樂！路途雖遙遠願參謁，道路縱難行願參謁，我愈思愈念具相師，修而憶念譯師馬爾巴！

耳傳表徵之四灌，於今賜予一何樂！我所獻雖薄願拜求，縱無灌供願拜求，愈思愈念具相師，修而憶念譯師馬爾巴！

深邃密續《喜金剛》，於今宣講一何樂！我心雖愚蒙願求聞，雖甚劣慧願求聞，愈思愈念具相師，修而憶念譯師馬爾巴！

《那若六法》深引導，於今傳授一何樂！我心骨[1]雖微願拜求，雖不耐修願拜求，愈思愈念具相師，修而憶念譯師馬爾巴！

衛藏弟兄信集眾，現今若在一何樂！我覺證雖劣願切磋，理解雖低願切磋，愈思愈念具相師，修而憶念譯師馬爾巴！

乞兒自勝解狀縱無離，由衷憶念上師尊，欲使憂傷無可抑，氣凝胸臆難出聲，祛子之憂兮

1 心骨是精進的意喻。安江長老說過，往昔有一位上師異常精進，圓寂後被發現在心臟裡頭有一塊骨頭，從那之後，「心骨」就成為精進的代名詞！

具恩尊！

每當讀起此篇此曲，總會憶起當年閉關時，狹仄的陋室裡，由德頌仁波切賜予灌頂、引導，或由安諦長老賜予口傳、引導，抑或是安江長老賜予口傳的情景，悉如道歌裡所述——上師坐在金剛兄弟偕同眷屬們的中央，宣講密續，賜予灌頂暨傳授口訣。若是與我有相同經驗的法友，當能明白聆聽師尊說法是珍貴異常的幸福，特別是說法者所說針對解脫、直指心性，不摻雜世間私利，而受法者沒有邪見、不生疑慮，秉持虔敬勝解而聞法。師父們的循循善誘、諄諄教誨，師兄弟們彼此無猜忌的研討、切磋，深感習法善緣難得不復值遇。我在講解「心性即天尊的口訣」時，略為解釋了〈六憶念師曲〉的內容，彼時憶起往昔盛景，如在目前，感念師尊恩德之情充滿胸臆，而不自禁的哽咽了！

這部〈中陰祈願文〉可謂言簡意賅，屬於寺院必須背誦的經文，每當寺院、村莊有僧俗離世時，〈中陰祈願文〉是必誦之文，可見其重要性。志堅勤勇的那旺長老臨終前請唐秋長老唸誦的口訣，亦與此篇〈中陰祈願文〉的內容相去無幾。

全篇雖然不過三十一偈，然而，此中既有述說種種中陰虛幻祕境的際遇，亦有指示該當如何祈求的口訣，更有安然通過中陰幻境而解脫成佛的引導。如此難得殊勝的內容，猶如開啟寶庫的金鑰，端看自己是否懂得應用。

多數的中陰講解，似乎著重在介紹中陰，類似觀光指南般地告知各處的景色。但是，中陰既是涅槃或輪迴的關鍵，解說應該不是僅止於介紹風光，而是應確知如何安然度過。好比乘坐飛機飛越崇山峻嶺，底下縱然危機四伏，虎豹豺狼流竄其中、瘴癘之氣滿溢各處、狠戾盜賊神出鬼沒、地震暴雨瞬間襲來……彼力於我何有哉？由上方俯瞰，僅覺山巒綿亙、川水逶迤之壯麗，而不受任何威脅之影響。

不過，如是的自在，必由明瞭中陰的根源而起，而非僅以牢記中陰境相而得。但是，似乎尚未有誰曾以中文講說，因此，讓我產生了談談中陰的想法。

一般人對於中陰的認知，大多是在死後的狀態。然而，以中陰法教而言，眾生直至成佛之前，都屬於中陰階段。且以生龍活虎、活力四射的「生住中陰」最為至關重要，倘若未能在「生住中陰」奮力觀修，死前絕對無法在心態上有所把握，更遑論死後的自在了。

這次，我以十堂的時間講解〈中陰祈願文〉，重點放在「昭空不二」的「大手印」，因為「大手印」與中陰是一體兩面，契入「大手印」則知以其「昭亮」而有中陰的種種顯相；透徹中陰則明瞭諸種幻象的本質不離「大手印」的「空分」。因此，閱讀這本書，應知「大手印」為中陰之體，中陰為「大手印」之用，藉由「昭空不二」的蘊涵，讓眾人理解何謂中陰，並以此通達而無懼中陰，是最關鍵之事。

當然，僅憑聽聞十堂的引導，無法生出面對死亡的把握。然而，若以聽聞的心得加以思惟、抉擇，而後實際付諸修持——必須精進於等持位與後得位的勤修。在等持位時，專致於證得無我般若的修持；在後得位，也就是日常生活時，精勤於護持正念而累積資糧。如是勉力而行，即做到所謂的聞、思、修是也，那麼中陰的解脫乃至於成佛，則是指日可待。

為了令〈中陰祈願文〉的內容更淺顯易懂，我增添了一些在長老膝前聽聞的故事，那些都是真實事件，是祖師或修行者的親身經歷。無論是否喜歡聽故事，應該皆可從中獲得啟發。

祈以傳承祖師的加持力，俾令此次的內容能確實利益有緣眾生。未知該作準備者，願意著手起步；尚未做好準備者，得以漸次完備；已然做好準備者，更增把握，中陰成佛，廣行自他二利。以此「上師法身自心淨圓滿，識此本面義之勝祈請；諸顯有亦上師之戲現，究竟三身上師願成就。」深深祈願。

多傑仁卿合十敬禱之　二〇二二　水虎年　氐宿月

# 貢嘎般究略傳

甲旺傑（一四二八～一四七六），法名為貢嘎般究，是臧巴甲惹尊者生前自我授記的轉世化身，也曾蒙伏藏授記。自小即受父親廣傳所有竹巴法教，八歲即登法座，對大眾宣講《寶性論》。父親是臧巴甲惹尊者所授記的九獅、三姓法座繼承人之最後一位，觀音化身的慧賢祖師，在父親圓寂後，依止虛空瑜伽士為上師，奉師諭：「觀修以『觀修上師』為主；供養以『供養上師』為主；修持以『祈請』為主。」因此，僅憑「大手印引導」即顯現實相證量，亦即了悟「大手印」，此故甲旺傑云：「在見地上，以息亂虛空瑜伽士（亦稱匝惹瓦尊者）的恩惠最大！」

數百年前，馬爾巴譯師曾對四大弟子中的大弟子俄曲固多傑授記，其法嗣可傳七代（而後另有傳人），甲旺傑則如授記般，成為第八代傳人。由於甲旺傑拖延許久方得前往謁見，其時，第七代俄師言：「我一直等著您，終於可親自移交予法主了！」於是將法要悉數傳之，並言：「我將不久於世，勞請您作為我超薦法會之主法者。」後得所有七代祖師之法器，承接俄派法教入於竹巴傳承。

在經教上，依止拿仁班智達為師，完全遣除在經續上的關鍵疑惑，甲旺傑云：「在經教上，以拿仁班智達的恩惠最大！」此後，不斷依止諸多善知識，且弘揚法教，確實利益無邊有情。

曾經親至拂塵洲謁見蓮師，獅面護剎護法神親於匝惹雪山現身迎接，親蒙岡波巴大師授予「大手印」口訣《俱生密庫論》而成諸法之主，親蒙金剛瑜伽母授予「空行密道」口訣，親蒙蓮花生大士授予「大圓滿蓮花心滴」口訣，再如親謁八十四位印度大成就者、無量壽佛、彌勒佛、勝樂金剛壇城，亦具備著鑒知他心、過去、現在、未來三時之神通；全然威懾自心、外境，故能於堅硬石上如踩泥般，留下手足之印記，亦能於眾目睽睽之下，展現「奪舍法」令人油然生信等等，有著殊勝的解脫行傳。

後於火猴年藏曆九月三十，伴隨種種瑞相示現涅槃，荼毘後，出現天尊、文字等舍利。弟子眾多，最負盛名者，例如：唐棟嘉波、瘋行者竹巴昆雷、臧瘋嘿汝嘎，以及二堪布、二比丘、二上師、二證士、二布衣、一大咒士等等諸多成就者。

著作豐富，〈中陰祈願文〉、〈大道歌〉、〈緣相自解脫之歌——所顯等味之口訣〉，皆是由其著作擷取而來。

# 〈中陰祈願文〉

南無瑪哈母札雅　稽首大手印

聖意鑒知諸法如虛幻，解脫不淨虛幻而於淨，身得導引虛幻眾生之，予導虛幻聖身求皈依。

具足虛幻身者怙主汝，虛幻所欺我等諸有情，莫被虛幻之相所欺瞞，了知虛幻本面祈加持。

無常虛幻此體棄捨時，貪愛瞋怒戀著普斷已，心性無整置放於自地，死亡取為道用祈加持。

死時外之境相阻滅者，眼等五根依次而阻滅，色等五境一一融入時，了知融序本面祈加持。

地水火風融入於識故，散失體溫口渴嘴鼻乾，失溫短而急促吸氣時，斷要取為道用祈加持。

神識融於光明外氣斷，住於內息而於四剎那，顯增得相大光明四者，依次了知本面祈加持。

顯之內兆為煙外兆者，似月照耀瞋怒所成之，三十三種念頭阻滅時，執以明晰念願祈加持。

增之內兆螢火而外兆，似日照耀貪欲所成之，四十種念亦成阻滅時，秉以正知正念祈加持。

得之內兆如同油燈燃，外兆黑道即如羅睺羅，愚癡所成七念阻滅時，秉以真實正念祈加持。

第四廣大光明顯現時，內相離雲即如虛空般，外相即如曙光顯現時，母子光明融合祈加持。

神識若不住彼而遷徙，肚臍眉間囟門與耳鼻，眼暨糞道尿道嘴九者，閉已區別一門祈加持。

欲色無色夜叉人非人，人暨畜生地獄與餓鬼，投生生門閉已空行中，勇父空行迎接祈加持。

倘若神識飄蕩於中陰，不知自身已死與親友，縱思親近無應心碎時，斬斷貪瞋戀著祈加持。

諸根具足業力神通具，法界金剛殿座與母胎，此外於諸無礙行走時，了知一切皆幻祈加持。

不見日月身體無影子，僅憑思惟能繞行三千，無可自主如風捲羽時，自心能得自在祈加持。

多傑仁卿喇嘛原音唸誦

食為食香恍惚不穩定，多種迷亂境相顯現時，恐懼動搖心風若生起，了知亂相本面祈加持。
時或憶念能成極明晰，卻於當下即刻而忘卻，生起生或死亡疑惑時，了知決定死亡祈加持。
即從三天半起於之後，確實知曉自身已死亡，沮喪憂傷尋求皈處時，了知皈依自明祈加持。
了知中陰即是中陰時，自身觀天而後觀光明，復以雙運圓融而觀修，顯現清淨幻身祈加持。
山崩海嘯以及森林焚，時末大風漩起般之音，較於千雷同響甚怖時，了知法性本音祈加持。
具足五色光芒炫且亮，光與明點微點般之中，恐怖怒眾打殺聲出時，了知自相本天祈加持。
貪欲瞋怒愚癡所成之，白與紅暨黑色之懸崖，以為自將摔落甚懼時，了知自相清淨祈加持。
隨所投生而成其身形，白紅黃與藍色黑色光，天人畜生餓鬼與地獄，五道依序了知祈加持。
越量宮暨天子與行欲，天鵝勝群馬所莊嚴湖，良宅父母結合若見之，清淨貪瞋嫉妒祈加持。
狂風雨雲冷熱所催逼，洞穴岩谷斷枝等等處，求救之故若起進入相，了知生處惡劣祈加持。
親見斷命女與良鐵屋，若以喜意起入彼地心，了知本面且以無恐懼，於彼劣處迴遮祈加持。
胎與卵生眼紅與嫉妒，濕熱所生貪戀味與香，於化生處生起貪欲時，無有貪瞋愛戀祈加持。
親見父母等等生處時，無有貪瞋了知乃虛幻，秉以了知實相本面念，無戀胎門關閉祈加持。
倘若未能關閉而投生，極樂剎與兜率或現喜，轉輪王婆羅門諸種姓，得以如思投生祈加持。
出生當下宿世得憶起，行持大乘法之福緣具，發起慈愛純粹利他心，精勤願得速成就菩提。
勝者偕同勝子之加持，以及法性自然之清淨，亦以我之清淨思惟力，隨所發願祈如是成辦。

勝王尊　貢嘎般究所撰著　多傑仁卿喇嘛恭譯

# 壹

# 稽首大手印

## 道盡空性實相之義

## 頂禮偈

南無瑪哈母札雅

稽首大手印

在開始聽法之前，請先調整自己的動機。動機可分為兩種：一是菩提心的動機，一是密咒的動機。

菩提心的動機是指心想：為了令盡虛空邊際、曾為我母的一切有情，皆能由中陰的恐懼當中獲得解脫且證得無上菩提果位，因此願以聽聞〈中陰祈願文〉來達到目的——以此發下殊勝菩提心。

至於廣大方便密咒的動機是指：所在之地，觀想成是佛的淨土。佛在淨土說法，也就是把說法者視為佛；周圍與自己一起聽法的眷屬，觀想成是登地菩薩或是持明眷屬。所說的法是隸屬大乘教法的中陰法教。時間則是超越過去、現在、未來三時的「第四時」，亦即「勝義時」——無有變遷轉換的時間。

秉持這兩種良善動機之後，即可將所聽聞的教法與自己在聽聞中的思惟暨所耗的時間，悉皆成為利益自他的成佛資糧。

### ◇上品「見地謁見禮」

「南無」是稽首、頂禮的意思。以頂禮而言，分為上、中、下三品的不同。一般以為頂禮就是秉持虔誠的信心，雙手合掌向殊勝的對境行禮；行禮可以是五體投地、全身伏於地面的大禮，或雙膝跪下兩手伏地以頂額觸地、翻雙掌舒掌握掌的頂禮，或合掌於胸前的頂禮。然而真正的上品頂禮乃是「見地謁見禮」。

總體而言，真正的頂禮不存在自他、凡聖（凡夫與聖者）的差別，一旦產生此「二執」時，表示心中還存在著執著而非最勝禮；最殊勝的頂禮是自心完全契入空性，在沒有自他、沒有能執內心與所取外境的差別中，心全然契入於自他平等的狀態而住，方為最殊勝的頂禮，因此「見地謁見禮」最為上品。

何以稱為「見地謁見禮」？見地就是觀點、見解、主張、論點；因為見地的不同，就會有內道（ནང་པ）、外道（ཕྱི་པ）[2]的差別；因為見地的不同，即使內道（佛教）也有顯密二乘與大、小乘的差別。這皆是因為觀點的不同，導致修行的方法亦有所不同，因此，終究的成果也不盡相同。

小乘的行者，最殊勝的果位就是阿羅漢；大乘因為見地的不同，始終秉持著菩提心，行持四攝、六波羅蜜等行為，最後的成果即是佛位，或說是無上菩提果。這都是因為見地的差異而來。密乘的修法，不論是自觀本尊或觀修「大手印」、「大圓滿」等教法，皆須自心完全契入空性見地而觀，當心全然契入「大手印」的境界時，即是最殊勝的頂禮，即所謂的上品的「見地謁見禮」。

「瑪哈母札雅」（Mahāmudrā），「瑪哈」的文義是「大」，如眾人熟知的瑪哈嘎啦、瑪哈

2 內道，了知道在內心，由內心求法入道得果，是為內道；反之，認為心外有道，一切向外追求，執著自他二元，稱為外道。

嘎哩的「瑪哈」，都是「大」的意思。「母札」的文義是「印」，英文則是「mudra」；「雅」則是受詞，總之，其意即為「頂禮大手印」。

## 同出而異名

為什麼在中陰階段要頂禮大手印呢？其實「瑪哈母札」也好，大手印也罷，有著諸多名稱，在舊教寧瑪巴稱為「**四分離三之本智**」，如《金剛經》所說的過去心、現在心、未來心，就是四分中的三分。真正的本智，也就是大手印，則是離卻此三心之後，開顯的心性才是本智；或說把四分當中除卻三心的成分後，即是**大手印**，在此稱為「本智」。

如果沒有深入密乘，可能不易理解何謂「本智」（ཡེ་ཤེས་），一般中譯為智慧，但實際上以藏文而言，「智」與「慧」是不太相同的。本即存在故稱「本」（ཡེ་）、了知一切故稱「智」（ཤེས་），故稱本智；了知所謂的法、報、化三身原本即存在於自心，不出大手印範疇，因此稱為「本智」。

至於「慧」的本質是善於法中抉擇。可分為世間慧與出世間下品慧、出世間上品慧三種。

囊括語言學、邏輯學、醫藥學、工巧學（藝術、科學、工藝、農業等），由此四學而生的理解、抉擇，即是世間慧。

藉由內道佛學亦即正法而生的確實理解，即是出世間慧。其中聲聞、緣覺，以聞、思、修而生起的抉擇，亦即證悟此身是不淨、痛苦、無常、無我，即為出世間下品慧；以大乘之聞、思、修而生起的抉擇，亦即證悟萬法自性為空，無生、住、滅，故為無基離根，則為出世間上品慧。

法、報、化三身和大手印，與中陰有何關連？

人或三界六道眾生，無可避免的三件事情就是生、死、中陰三事，除非是大善或大惡的人，否則中陰乃是必經之途，即使是在「大手印」或「大圓滿」已有極高造詣的成就者，也必歷經臨終中陰的階段。

臨終中陰又分為第一、第二不同的階段。以寧瑪巴的修持來說，時有耳聞且欣羨不已的「虹光身」，其實不是一種，我們看到修行人到最後只留下頭髮、指甲，整個身體消逝不見的稱為**光身**；身體縮小、只剩一肘高度的稱為**虹身**。在台灣往往把此二者合稱虹光身，其實這是不太一樣的。虹身是藉由修持「立斷」契入**臨終中陰**的母光明而得；光身則是修持「頓超」契入**法性中陰**的任運自成境相而得。再次印證了，因為觀點（見地）不同，得到的成就也各不相同。

「**本初俱生本智**」是指，當「心性」初始存在時，即與之同時存在的意思，是原本、本初同時存在的本智。「**平常識**」是禪宗常說的平常心。「**本初心、光明、如來藏、阿賴耶、圓滿次第……**」等等，都是與大手印異名同義的名稱。

也許有人會問，「阿賴耶不是不清淨的嗎？」其實阿賴耶與如來藏、佛性的體性都是一樣的，如《悟性論》提到：就像冰與水，要喝水時若只有冰的話，讓冰溶化即成為水，而水凝結即可以成冰，冰與水本就是相同的。

這也是《心經》所說「色不異空，空不異色；色即是空，空即是色」[3]的意思。尚未契入清淨見地之前，會認為阿賴耶怎麼可能是清淨的如來藏？〈了義大手印願文〉：「未悟彼性流

3《心經》玄奘大師中譯版「色不異空，空不異色；色即是空，空即是色」。藏文版《心經》云：「色是空矣，空性亦色；色自空性而無他，空性亦自色而無他。」

轉輪迴海，若悟此性佛陀再無他，悉無是此非此皆無有，願見法性普基之虛妄。」「普基」即是萬法之基礎，也是阿賴耶。能識其體性即是佛陀，反之，即是輪迴。

煩惱怎麼會是菩提[4]？煩惱與菩提並非相異，以密乘的見地，「煩惱即菩提」是因為同一體性，這是祖師所證悟毫無錯謬的見地。

## 煩惱何用轉

在密乘的修持，甚至連煩惱都不用轉，轉煩惱為菩提，就意味著有因果。

我們總認為自己是凡夫，由凡夫開始修持，慢慢累積資糧最後成佛，這樣的過程是以凡夫為因、以修持為緣、以成佛為果；倘若以上的觀點（立論）成立，這代表佛果是無常的、佛果可以被轉變、佛果是有所壞滅，因為既然可以變好，當然也就可以變壞。

這是邏輯的推演，要如何破斥邏輯上的矛盾呢？在大手印或大圓滿中，並沒有如是的前因後果，因為凡夫、佛果二者的本質是相同的。

各位也一定聽過「基、道、果」。基指的是基礎，是最初始的，指的是本初的心性；道指的是過程、是手段、方法；果則是以過程、手段、方法，還原原本的基位。就好比是，有一人睡著後，用方法將那人叫醒，醒來後，那個人依然是睡前的那個人。基與果應如是認持。

同理，以基位大手印為底、素材，藉著道位大手印的修持，最後證得果位大手印，也就是彰顯本即存在的如來藏。藉由大手印的方法，祛除覆蓋心性的無明後，顯現出原本的基位光明，

4《六祖壇經》亦云：「前念著境即煩惱，後念離境即菩提。」

亦即原本的如來藏，這就稱為佛果。

因此，所謂成佛，並非是到了某地，或是由某上師手中拿到畢業證書而成就佛果。若能確實了知：佛不在外面，始終在自己內心。秉此見解，不散亂地坦然而住，即得見佛。此即佛教也稱為「內道」的緣由。

## ◇輪涅萬法悉皆囊括

「瑪哈母札雅」（Mahāmudrā）梵文直譯是「大印」，「手」乃是源於藏地一些善巧的學者們認為，單是「大印」無法完整闡釋「瑪哈母札雅」的內涵，所以加上了「手」。

「大」（Mahā）是指：輪迴（三界六道眾生所屬的一切法）、涅槃（阿羅漢或菩薩乃至於佛果間所有的一切成果、法門），再無任何一法較此更為無上。

「印」（mudrā）是指：輪涅萬法皆囊括於其中，再無一法能逾越其範圍。

「手」是前述的**基位光明**，也稱為**自心實相**，亦即**空性實相**。

「大手印」完整的內涵即是：輪涅萬法皆由昭空不二的空性實相而出，再無一法能超越其上、能出其範疇，故稱「大手印」。

既然輪涅萬法悉皆囊括於大手印，那麼中陰千變萬化、聲光場景猛烈驚怖的山崩海嘯、烈火暴風、漫天忿怒天尊降下兵器……諸種境相當然也不出其外。本文作者貢嘎般究祖師，開宗明義即說：「南無瑪哈母札雅」稽首大手印，既是向大手印致敬讚頌獻供；也是提點唸誦的人，闡明整篇祈願文的旨趣：中陰所顯現的種種恢詭譎怪、懸崖、巨神、宮殿……的迷亂相，都只不過是大手印的「昭分」作用而已。

因此，首先要理解為何「稽首大手印」，才能在中陰獲得解脫；要學的是如何面對中陰，而不是介紹臨終中陰會遭遇這些狀況，法性中陰會遭遇那些境相……因為中陰本身是無法觀修的，即使在《那若六法》有中陰法門，但並非修持中陰，而是熟悉中陰。

中陰就像是到了某個陌生地方，對於原本即存在於當地的環境、氣候，自己無法改變環境，只能去適應環境；所以要學習應對中陰，而不僅僅是觀看中陰的歷程而已，即使是觀看，也要懂得如何去看——必定要先了知中陰顯相的本源，才知曉如何去面對中陰，而不至於六神無主、驚慌沮喪。

顯有一切（情器世間）皆是大手印，大手印即是自心的實相、如來藏、光明，所以要先對自心的實相、空性有所理解。又如基、道、果，基位就是見地、觀點，無論是否證悟大手印或是禪宗的明心見性，都是可以藉由聽聞、思惟，建立無錯謬的見地[5]；藉著這種見解，當面臨所認知的中陰時，才不至於迷惘驚怖、隨相逐流而不知如何面對。

不論是親人的過世，或是將來自己必然要面對的死亡，理解中陰萬象的源頭與各階段認持的要點，方可確實地掌握中陰關鍵，能像瑜伽士們一樣，將死亡作為自心的莊嚴[6]。

並非僅憑聽聞一兩次的引導，就能豁然開朗而明瞭中陰全貌，成為生死中陰大自在者，但起碼得以秉持無錯謬的見地，知曉如何面對中陰；當面臨親人的死亡或自身碰上災難時，才不

5 見地：能夠與諸法實相生起同等的智慧，即稱之為見地。

6 離卻希疑之瑜伽士，死亡乃心之大莊嚴，當明瞭死亡之自性，無死乃本初之終境，此緣相自解脫翩翩起，此隨顯法身響咚咚。

至於手足無措、倉皇逃逸。漢人社會雖有許多譬如招魂、救度、度亡等方法，但都無法在死亡來臨的剎那間，免除因為對死亡、中陰無知而產生的恐懼驚慌。〈中陰祈願文〉即是針對種種情況，講解該當如何面對、處理。

## ◇昭空雙運的心

文首的「稽首大手印」講的就是「心性」（སེམས་ཉིད།），舉凡出生、死亡或是中陰，都是自心的作用而已，除了自心的作用，再沒有其他任何顯相。以「空性」為基礎（體性為空）、以「昭分」為作用（自性昭亮，其顯相無有阻礙）的**昭空雙運**，即是自心的本質。

心的體性空無，沒有任何顏色、形狀，不會有所變化，始終如是；自性昭亮，自性光芒般的昭亮，是心性的成分之一。心的成分昭空不二，體性是空，「空」中自顯「昭」亮是空的本色，就是心性昭空不二的內涵。

無法認持如是的自性光明，就如佛經裡說：「無始以來的無明」、「眾生無明」。無明是指不識自心實相（俱生無明）、因為沒有看到自心實相，故而產生迷亂，因為迷亂，所以有了中陰。

## 修持三階段與驗收三階段

中陰（བར་དོ）[7]並不單單僅是人死後至投胎之前的歷程，中陰也可以細分為六個階段[8]。

從出生開始到罹患必須離開人世的絕症為止，這一段過程稱為**生住中陰**，其中包含**睡夢中陰**、**禪定中陰**；一般認知的中陰，是**臨終中陰**、**法性中陰**、**中有（投生）中陰**。前三者是可以修持的時段，後三者則是驗收成果或承擔後果的時刻。臨終中陰、法性中陰、中有中陰是無法觀修的，只能去面對、適應、掌握。

目前所能著力的唯有在生住中陰，身體尚可自主時善加修持。生住中陰階段因為聽聞教法、進而思惟與修持，在禪修、大手印、大圓滿、觀修本尊、冥想西方極樂淨土等等修持，只要是心能專注於佛法中努力的時刻，都統稱為禪定中陰。

睡夢中陰是指晚上入睡後，心無可自主。如若日間沒有修持的人，在睡夢中陰是全然迷亂的，一般人經過一整天的繁忙工作四處奔波、繁瑣的家務，疲憊不堪的身心躺在床上，完全無所思惟，就這樣昏沉沉睡去，在迷亂裡如同攤屍而睡。

倘若睡足六、七個小時，進入長時間的深沉睡眠，第二天醒來自覺精神飽滿；對修行者而言，睡眠不應是猶如將屍體丟置到棺材裡的攤屍，時間到了，就像殭屍一躍而起，這種沒有思惟的睡眠是不合格的。

假若每晚皆是這樣睡著再起床，可以推斷法性中陰的慘況了！為什麼呢？因為死亡的過程

7 བར是指中間，介於起點與終點之間，非前非後，非左非右；དོ則是交會點、交叉口。

8 中陰六個階段，歷來祖師們有不同的分類，詳見第4偈，一三二頁。

與睡著是一模一樣的，入睡到出現夢境之前的黑暗期，這時相當於臨終中陰，除非有大手印或空性相關修持的人，否則無法有所認持。在黑暗期能予認持自心實相，即是耳熟能詳的母子光明相會，那就不得了了！當下成就法身佛，不用再經歷三大阿僧祇劫[9]的修持，當下成佛。

## 沒本錢見文武百尊

錯過這一彈指就進入法性中陰，也就是入睡後出現夢境的時刻。各位回想一下，每晚在夢裡，會把夢境當成是真的？還是虛幻的？若在夢中視一切境相是真實的，同樣的，在法性中陰階段也會把一切境相悉皆視為真實。

夢境與法性中陰是同一回事，夜夜在睡夢中，把夢境所看到的人、場景以及起的任何心思，包含自己的身體……認定是真實存在時，在法性中陰階段，也會執虛為實的認持；如是以此「執實」的習性去認持時，即使文武百尊[10]出現了，亦無法認持而契合，更何況，自己連讓文武百尊顯現的本錢都沒有！

認持文武百尊的關鍵在於生前是否**修持悲心**，若平日完全沒有修持悲心，任何事情都是以自我為出發點——我最大、我最優秀、我最能幹、我最好，沒有人能比我更好，我是對的、他人都是錯的，眾人都要聽我的……以這樣的心態待人處事，理論上文武百尊是不會顯現的；即使

9 阿僧祇劫即無量劫，佛經說凡夫修至初地菩薩須歷經一大無量劫，二地至七地須歷經一大無量劫，八地至十地亦須歷經一大無量劫，過此三大無量劫即證佛位。

10 噶瑪令巴的《文武百尊伏藏》云：「寂靜四十二尊居於心臟、忿怒五十八尊居於腦中，斷氣後，在法性中陰階段將脫離身軀而顯現於廣大虛空，即使僅能認持其中之一尊，亦得成佛。」

顯現了，自己也不懂得去認持，因為不會認為外境的顯相是自心的映射，凡事總以「我執」為出發點，有我就有他，自然會呈現出自他二相，執持二相不可能在法性中陰階段獲得解脫。

認持法性中陰的要點是悲心，關鍵在於心中清清楚楚知曉，眼前身形巨大且散發萬丈威光的寂靜、忿怒天尊，伴隨著如千雷同響的吶喊聲，甚至狂風怒雨中，牛頭馬面的緊迫追殺、凶殘的鬼卒拿著致命兵器的擊打，乃至閻羅王的嚴峻判刑……等等，這一切都只是自心的顯現。一旦認為外境是真實的、必有會受傷害之「疑」慮、脫逃以求避險的「希」冀，以希、疑二想，在法性中陰裡應是解脫無望。

## 中陰解脫難也不難

難道在中陰解脫很難嗎？其實也不難！只要平日能謹慎確實在正法中努力，時時契入空性、不忘掌握悲心汁液，以空悲不二的心態來面對一切，中陰確是解脫有望；反之，生前若不修持空性，也不對眾生觀修悲心，一切都以瞋怒心來應對，以我最大最好、我要掌控一切的心態鄙視外境的一切，事實上，是在鄙視自己的內心，以此慣性，很難在中陰解脫了。

台灣很多人對修持睡夢瑜伽有著高度的興趣，也有人問我觀修的要點，渴望在夢境中獲得自在。睡夢瑜伽也是《那若六法》之一，其實修持睡夢瑜伽的關鍵不單在夜晚的睡夢中，關鍵在白天的待人處事能否以執持正念而住。所謂「白天不散亂，夜間不迷亂」，凡夫在夢裡只能迷亂無盡，完全無法控制夢境，那是因為在白天根本無法控制自己心思的緣故。

也許自以為什麼事都可以自己作主，想做什麼就能做什麼，哪會無法控制自己的心思?!自認可以控制自己心思，是因為沒有真正的觀看自心；當能真正邁入觀看自心的步驟時，就會如同當初滿腹經籍善辯無礙的那若巴尊者，猛然醒悟自己的無知。

那若巴尊者是白教的第二代祖師，也是密勒日巴的師公。當時，已是那瀾陀大學守護北門的大學者（班智達），試著打坐時，陡然間，他覺察自己的心連擠牛乳一握的兩秒鐘都定不下來，才驚覺到：「原來我的博學多聞，對於我的死亡是沒有直接作用的。」因此他毅然決然捨棄了佛學院崇高的地位，情願死心塌地追隨看似邋遢、喜怒無常的漁夫帝洛巴祖師。

由此可見，外在的地位、頭銜、名望、學識，與死亡沒有直接的關聯。真正死到臨頭，只能用自己的心去面對，不論在臨終中陰或是法性中陰，是否確實能面對，是以自心有多少把握來評估的。

## 每天來一次死亡演習

歸根究柢要由心做起，〈中陰祈願文〉分別提到「了知本面祈加持、了知皈依自明、了知實相本面念」悉指心的體性。

如何掌握自心實相？務必先建立無錯謬的見地。當然，無法僅憑十堂引導即得開悟，雖然平日裡觀修死無常很重要，有著隨時死亡的思惟是重要的；不過，應該不太可能今晚就斷氣，多半還可再活些日子，因此，還是有機會可以再多多練習。

在真正面臨死亡之前，每個晚上的睡眠都等同歷經一次死亡的預演，憑藉無錯謬的見地與日間精勤觀修體性。假若可以再活十年，就可以有三千六百五十次的機會，讓自己面對死亡進行演習，等到真正面臨中陰的種種險境時，至少不會因為茫然沮喪而憂傷竄逃。

心性，正如藏文版《心經》所云：「無言思說般若波羅蜜，無生不滅虛空本體性。」是無法以言語、頭腦去思惟的。如同禪宗所言：在思惟一個不可思惟的。

既然不可思惟，要如何認持心性？不可思惟、不可言說、不能用文字表達的心性，要如何了悟？我等唯有在上師、善知識座前聽聞法教，達到初步無錯謬的理解。至於真正的開悟、明瞭心性，則必須具備三種條件：**淨化業障、積聚資糧、具足證量的上師給予心性的引導**[11]。這是明心見性、開悟唯一的方法，除卻這三者，無論如何努力其他任何事，例如練瑜伽、跑靈山、接靈……等種種方法，悉皆無法開悟解脫。

## 朝一座自性的聖山

密勒日巴祖師對岡波巴的教言曉諭了「什麼是大手印」[12]、「什麼是自心實相」[13]。外在的境相其實不是別的，全都是自心顯相，不論是密宗所謂的親謁本尊，或是漢傳大乘佛教的四大名山：在普陀山見到觀音菩薩、五台山見到文殊菩薩、九華山見到地藏王菩薩、峨嵋山見到普賢菩薩……並不是菩薩常年駐錫在聖地。一般人認為必須去聖地朝聖才能見到菩薩，其實是「外

---

11 《子音母音瀑流續》：「精要義理非詞句所見，離詮俱時生起此本智，唯有所作積資淨障暨，具足證量上師加持外，應知依止他法甚愚癡。」

12 「了知境相即心，故而不入於自他二相；了知心性即明覺，故而不入於無知覺頑石；了知明覺即空，故而不執相；了空即是樂，故而不入於苦；了知安樂即自心，故而不從他得；心本無可執持，故而沒有可緣取或不緣取，此即名為『大手印』」。擷取自《岡波巴與帕摩主巴問答錄》。

13 心性實相即是如來藏，無可見言思觸，卻遍及輪涅萬法，無一他法能凌越其上、逾越其範圍！

道」的見解，因為那是向外求法。

並不是說八大聖地、四大名山沒有菩薩，而是必須了悟，外在的境相與自己的內心是一體的——以執相認為「心」與「外在境相」是相異的二元對立，值遇外境的佛菩薩色相、音聲即會心生喜悅，期待蒙佛加持而喜不自禁；偶遇厲鬼則心生害怕恐懼，擔憂是魔來加害而驚怖萬分。面對別人的辱罵、傷害亦是警惕排斥，甚至必定即刻防禦反擊，眾人咸認為這是正常的反應。

以內心執著建立牢固真實的所取外境，故而「我是我」——必求解脫；「他是他」——須予救度；「鬼是鬼」——邪惡有害；「佛是佛」——悲憫垂鑒。例如認定只要一心祈請，就可以往生由此過十萬億佛土，西方有世界名曰極樂淨土，繼而持誦南無阿彌陀佛或廣誦諸多心咒……以「希」冀之念一心求得往生。遇見任何情況，祈請本尊、護法神救怙我，賜予我成就、讓我成為大成就者等等。

在世俗諦而言，以上皆是允許的，然而在「內道」主張「了知境相即心，故而不入於自他二相」的究竟心性引導、大手印見地而言，以上種種想法都是見地上的錯謬。

## 了義與不了義

佛教教義分為**了義與不了義**[14]，藏文則譯為**定義與引義**。

「不了義」或「引義」是佛陀要讓一般眾生可以接受，所用的權宜善巧說法：要奉行十善、斷除十惡，行善止惡才能往生善趣，乃至往生極樂淨土。因為眾生適應自他、來去的說法：「世

14 了義與不了義（定義與引義），即是勝義諦與世俗諦，亦即直指決定真實之義與善巧引導之義。

間一切都是真實存在的，我可以由痛苦而不公平的輪迴中解脫，到達一處殊勝的淨土而擁有永恆的快樂。」

這是一般眾生都能接受的邏輯，必須要說出這樣的道理才願意學佛。可是一旦真正入了佛門，到了大手印的正行、心性引導的法門，佛的教敕是：「若能熟悉於見地，即能了悟心的本來面目，澈知心境無二——外境與心無二無別。確實破除執實、執相方可明瞭一切，證得無上菩提。」

即使身處科技發達衣食豐足的二十一世紀，我們也都嚮往著往生西方極樂淨土。事實上，還有無量無邊的淨土可以往生。

往生西方極樂淨土當然是很好的，往生西方極樂淨土的最高境界是上品上生，以現代話來說，就是成為阿彌陀佛俱樂部的VIP，佛說法時，享有坐第一排謁見佛顏的榮耀，佛以紺目慈視，即蒙受了無上加持，自己是佛的上首弟子、上首眷屬。

然而，上品上生還不是佛，成為佛的上首弟子，離成佛還有一段遙遠漫長的距離。如果學心性法門——大手印、大圓滿法門，即得了悟：外境並非別人與他物，外境是自心的顯相，「了知境相即心，故而不入於自他二相」，因此，再不會區分自他二相。

## ◇知道那個「知道」

唯識宗主張外境即心、三界唯心，大家也都耳熟能詳，那麼，心是什麼？密勒日巴祖師開示說：「心性即明覺。」明覺是什麼？絕對不是一顆頑石，絕對不會是什麼都沒有，明覺的本質是空，然而空中全然明晰、昭亮。

心生恐懼時，可以感受到自己十分害怕、簌簌發抖；勃然大怒時，可以感受到自己憤怒難忍，想要發洩怒氣——這個人所說所做實在讓人怒不可遏，感覺一股無法抵禦的衝動想要責罵喝斥對方——若能稍微反觀，可以清楚得知，自己這感受的覺知者就是「**昭亮**」。

若能稍停一秒鐘，讓自己反觀這樣的怒氣，觀察它到底在體內的哪一部分？反觀時：會覺察在大腦、心臟、骨頭或身上其他部位，都找不到恐懼、怒氣或貪欲，那些是不存在的。雖然不存在，可是就是知道自己正在生氣；那個「知道」，就是「**明覺**」。

明覺可以知道自己生氣了。所謂的心性，並不是沒有感覺的石頭，所以並不是「什麼都是空」、「什麼都沒有」，而是空中有昭亮，昭亮中有空，乃是「非是為有勝尊[15]亦未見，亦非是無諸輪涅之因」[16]。

密勒尊者說：「了知境相即心，故而不入於自他二相；了知心性即明覺，故而不入於無知覺的頑石。」明覺是什麼？是個東西嗎？是方形、圓形還是三角形？還是透明的濾網？抑或是白、黃、紅、綠……等顏色？不是的，明覺不具備任何形狀、顏色，明覺即是空，空是什麼？是像虛空一般的一無所有嗎？也不是。當了知明覺即是空，對於所謂的明覺就不會執相，不會認為它一定是什麼樣的物品，是什麼樣形狀才是明覺，此即尊者所說「明覺本質為空、故而不執相」。

15 佛以功德又名為「出有壞」，其中的「壞」即是摧滅四魔，因為戰勝四魔，故稱佛為「勝尊」，可參見第31偈，三七四頁。
16 見第三世噶瑪巴所著〈了義大手印祈願文〉。

空是什麼？尊者說「空即是樂」。空的本質當中沒有任何痛苦的存在，因為此中沒有我執；又說「明覺即是空，空即是樂，故而不入於苦」。為什麼不入於痛苦？因為明覺本來就是空，不存在痛苦的因果，當能了悟明覺的本質是空，藉由空的本色所生起任何的五毒，其本質皆是虛妄而非真實存在的，這樣的空之本質是樂。為什麼是樂？因為本即沒有煩惱，故不存在任何痛苦，空是無為而恆常不變的，此即「空即是樂，故而不入於苦」。

## 誰在憂鬱誰的情緒

以是之故，真正嫻熟於禪修的人應該不會有憂鬱症、躁鬱症，這些癥狀都是因為念念相續，遇到事情先把外境執為真實，不論夫妻、同事、親子、朋友之間，把對象執為真實，一開始即忘卻「境相即心，故而不入自他二相」，將他人所說、所做銘記在心。雖然這一切人、事、物皆如夢中事物，屬於空無虛幻而又瞬息萬變，但沒有聽過如此引導，並不會這麼認為，或雖聽過卻未曾認真深深思惟過，所以既執為真又執相。

一次就算了，每天再三的刺激，卻不知曉自心為空，而認定彼此皆是真實存在，累積了一次次的刺激，不斷的壓抑、累積自己的情緒，若是佛教徒也許會想：「我不能發怒、要修安忍、要忍辱……」然因不知本質為空，卻累積愈來愈多的情緒、壓力……終有一天爆發。

其實，如果能懂得密勒尊者的開示，誰來累積？累積在哪裡？根本就沒有這些東西。只不過一開始將自心想成了容器，總是以為別人對自己倒了垃圾，把別人的不滿情緒、惡言惡行儲存在心，等到自認已滿、將要溢出時，才驚覺一定要洩洪，任其爆發殆盡，否則將因無法承受而發瘋——其實這些都是自心造作的。

要先了悟不但情緒是空，明覺亦是空；空即是樂，故而不入於苦。樂是什麼？要了知讓內心覺得安穩、喜悅的快樂諸事，並非藉由他人、他處而得。譬如異性交往，因為喜歡彼此，認為擁有對方方能快樂，所以相知相守而覺得快樂；或認為有了財富方能快樂，所以想努力賺錢，因為有錢所以快樂；被別人稱讚了所以快樂，收到別人贈禮所以開心……以為快樂是由外而來，但實際上，「安樂即自心，故而不從他得」。

自心是什麼？自心如虛空，是無可執持的，無法指認「這個」是心、「那個」不是心，心是無可執持的。既是無可執持的心，就沒有所謂的「可予緣取」、或「無可緣取」，「緣取」是針對之意，既然完全無法針對，密勒日巴尊者：「心本無可認持，故無可緣取或不緣取，此即名為『大手印』。」

無論是大手印、大圓滿、大中庸、道果，想要藉由求取心性引導而觀修時，不是請求上師給予什麼，而是懇求上師讓自己明瞭：心性不是什麼東西，心性什麼都沒有。

曾經有位弟子向薩迦班智達請求：「請上師給我心性引導。」薩迦班智達說：「一無所有的心還可以引導？我倒沒聽過。」乍聽之下似是拒絕給予引導，其實已經給予引導了，實際上，那是最好的引導。大手印、大圓滿皆是如此。

## 臨終時依靠誰

敘說這些，是因為人在臨終時，會想出許多方法讓自己死後不墮三惡道，例如觸即解脫的往生被、嚐即解脫的甘露丸、黑藥丸、彩虹丸……什麼都吃下去，讓自己死後不墮三惡道。據說臨終吃一顆彩虹丸，業障重者，可以不墮三惡道，業障輕者，可以往生淨土乃至成佛。這都是佛語，因此無須懷疑。

但是單單指望彩虹丸、黑藥丸是不可依恃的，因為臨終需要有人把那顆彩虹丸丟進自己嘴巴才算數。由於無法預知屆時事情會如何變化，僅能時時祈求上師三寶保佑一切如願。

現下或許會認為，我有子女、親友，我後事皆已事先安排好了，一切無虞！然而，那是不可靠的！把後事託付給別人處理，一來無法預知自己是否比對方先離世，再者也無可確定別人是否確實依照意願行事，所以這些都是不可依託的。

臨終時，真正對自己有幫助人的只有兩種，一種是自己的上師，另一種是與自己誓言清淨的法友。法友才懂得如何處理後事，家人親友只懂得在你身旁緊握著你的手，幫不上任何忙，僅能哭著說「不要走」、「不要離開我」。以我在印度、台灣所見過的亡者，沒有所謂的安祥離世的，那是對亡者的尊重所以輕描淡寫，即使是在睡夢中死去，沒有修持經驗的人，死相真的都不好看，死相與生前的容貌是完全不可相提並論。

當然後事有人處理是好事，但縱使有上師、法友在床邊為自己修持〈破瓦〉[17]、誦經，重點是：上師的修持、度亡儀軌，都無法讓自己免去面臨死亡時內心的恐懼、身心分離的痛苦，唯有靠自己的修持，方能解除內心的恐懼。

17 〈破瓦〉定義：能自主地從不淨地至清淨地。破瓦內涵即是：確實認持自己的無垢明覺已，不入迷亂之道，以口訣調整導正融入於法界而成佛。計有：法身無定破瓦、報身雙運破瓦、化身力習破瓦、加持上師破瓦、無謬空行破瓦。

## ◇一心安住大手印

安江長老在臨終前，安諦長老前來協助往生，所能告知的亦僅是：「記得護持自心實相。」安江長老虛弱的回答：「所謂的護持自心實相，不就是安住在心性上嗎？」安諦長老說：「對、對，就是那樣！就是那樣！」簡單的幾句對話，道盡修持的意義與利益。

要明白，身心分離的過程是痛苦萬分且漫長的。目前靈台清明、六根清楚，想什麼就做什麼、也都做得到；這麼一個健康且活力充沛的身體，要逐漸虛弱到僅餘幾口氣再斷氣死亡的過程痛苦異常，尚未成就〈破瓦〉前，無法以「呸」（ཕཊ）想死就可以死。怕的是要死不死、氣要斷不斷，有如烏龜脫殼的痛楚，四大分離的過程中，思緒將是混亂不堪，極難護持住自心實相，想自在離世，幾乎是不可能的任務。

今晚回家後不妨試試，有大手印或大圓滿的了悟或經驗者，夜裡躺在床上、睡著之前，試著把自心置放在大手印的境界裡入睡。若能沒有分心而睡著，可能還有那麼一點點機會在臨終中陰認持母光明；假若是胡思亂想而入眠，或是專心反而怎麼樣都睡不著，那麼在臨終中陰只會更痛苦。

不論在生前是否聽過中陰法門，若能很幸運的，臨終前，子女請來大上師，在尚未斷氣前，上師在耳邊輕語：「善男子／善女人、某某某，切記把心安住於實相。」自己卻瞪大雙眼一臉疑惑：「啊？上師，不是要唸阿彌陀佛嗎？」唸阿彌陀佛當然很好，但僅是成為阿彌陀佛的眷屬，安住在自心實相與佛同一體性，方可解脫成佛。

阿彌陀佛是報身佛，圓滿受用的報身相在西方極樂世界，凡夫的肉眼無法得見。報身相是阿彌陀佛的法身為了利眾而顯出的身相。成佛之後，因為十地菩薩以下至初地菩薩以上，無法親謁法身佛；法身佛為了利益諸地菩薩、清淨的聖眾，因此顯現出阿彌陀佛的報身佛相來說法、度眾。然而六道眾生業障更加深重的緣故，無法看到報身佛，只得顯現化身佛如釋迦牟尼佛、蓮花生大士等聖眾之相，以等同於凡夫的肉血之軀而度眾。

化身源自報身，報身又源於法身，法身空寂無相，法身與法界是同一意義；法界如同虛空，唯有讓自心安住在空性上，方可與法身、法界契合不二。

臨終時，讓自心完全契入空性，亦即契合法身，安住於空與法身契合而逝，在臨終中陰階段，顯現母光明時，因為自身已有光明的修持，得以認持而自然契入母光明。

## 千萬不要跟著白光走

在此提醒大家，光明與光是不同的。聽說曾有某宗教導弟子：「死後看到白光，定要跟著白光而去。」千萬不要跟著白光走！跟著白光走，將會落入天道。所謂的「光明」與「光」是沒有關係的。

光明是自心的實相，因為在黑暗期顯現，相對於黑暗，自心實相稱為光明；光明是在尚活著時，由上師引導的心性本智，稱為大手印、大圓滿、大中庸、圓滿次第，或是禪宗的明心見性、平常心，所指皆為同一物，平常心就是大手印、大圓滿，皆是異名同義。一旦得到上師的心性引導，知曉心的本來面目，藉由每天的護持、保任，早已串習。如《心經》開頭偈所云：

「無言思說般若波羅蜜，無生不滅虛空本體性；各別自明本智所行境，三世勝尊佛妃前頂禮。」

心性無法以言詞、思惟表達，但是自己明瞭這是什麼。

在這樣的理解狀態下，臨終中陰時出現的光明，自然明白彼即是生前所觀的自心的實相，相對於生前所觀，死後自然而然地契入。就好比像是離家多年的孩子，回到故鄉親見母親，投入慈母懷抱，以此譬喻，稱之母子光明相會；亦稱猶如他鄉遇故知——絕不是真的有一個發光體在某處等著自己，自己的光明倏忽飛過去，會合一處，而自覺：「噢！我成佛了！」

好比大家原先並不認識我，但在一個講演場合見過我了，知道了我的長相，十幾天內在捷運站或不同的地方看到我，縱能一眼就認出來，「噢！那就是多傑喇嘛……」看似明明白白知道在不同地方看到的多傑喇嘛是同一個人，但若未能保持聯絡加以熟識，過了一段時間後，難保可以維持清晰的記憶；假若相交日久彼此熟稔，以穩固的了悟而認持光明，自然不成問題。如是母子光明相會，即是契入了法身佛。

法身佛是什麼？即是空不二的心性之「空分」。「昭分」再現諸佛聖相，如毘盧遮那佛、不動佛、寶生佛、阿彌陀佛、不空成就佛等五方佛；「空分」就是法身佛，契入「空分」即是契入了法界而成佛了，就不再有後續的法性中陰，文武百尊、六道的紅光、白光、藍光……等等顯相。

## 契入空性才是重點

一旦了悟自心實相，死亡何時來臨都無所謂。譬如搭乘的火車發生撞車意外，在睡夢中就亡故了，死亡時也許感受不到痛苦。非佛教徒，非大手印、大圓滿的行者，會著重於：「這樣撞擊而死，死時有沒有痛苦？」其實「痛不痛」不是重點，就算不是交通事故意外喪生，也許日後罹患胃癌、骨癌……在病痛中逐漸衰弱死去。因此痛不痛不是重點，如何坦然面對死亡才是關鍵。

火車撞擊時，在睡夢中死亡也許感受不到疼痛，但對中陰、下一世而言，其實是一件很無助的事。即使是壽終正寢，不論是清醒或在睡夢中死去，死後三天半甦醒時，一樣是迷惘徬徨無助，不知道自己身在何處，也不知何去何從。

假設生前已能掌握大手印的要訣，行、住、坐、臥皆能契入自心實相，就是禪宗所說的「行住坐臥皆是禪」。行、住、坐、臥皆得不散亂，悉是禪的悟境時，就算走在路上，剎那間被廣告招牌、大石頭砸死了，也沒有關係，因為自心始終與空性無二無別，時時契入空性才是重點。

若非如此，即使壽終正寢，中陰歷程必然是驚險駭人；既然中陰歷程狂風雨雲、懸崖鐵屋、重重險境，來世不用說，一定是晦暗恐怖、岌岌可危。縱使有法友、親友，幫自己做佛事、助念，雖說佛語真實無妄[18]，為新亡者所做的一切佛事也會有幫助，但畢竟不是自己為死亡開闢出來的道路，還是會有些許差別的。

如是了悟自心與大手印是無二無別後，才豁然明白「南無瑪哈母札雅」（稽首大手印）雖是開頭的禮讚偈，但也點醒我們：外器世間、內情親友一切皆為大手印的幻相。若能契入大手印，中陰即解脫有望了；若是無法契入，只是閱讀《西藏生死書》、《中陰聞即解脫》、〈中

18 《金剛經》：「如來是真語者，實語者，如語者，不誑語者，不異語者。」

陰祈願文〉的文字解說，想著臨終痛苦中陰會遭遇這些狀況、法性光明中陰會遭遇那些境相，投生業之中陰會遭遇那些際遇……那就錯失重點了。

譬如要砍樹，當然要由根部直接砍斷，若僅砍去枝葉是無效用的，砍斷根部就解決一切了。輪涅萬象皆由自心創造，小乘羅漢的輪涅、成佛之前的輪涅萬象，都囊括在中陰，只要時間有所推移，內心的業氣沒有轉成本智氣（簡稱智氣）之前，一切都稱為中陰。

## 即今問我者是汝寶藏

《心經》第三句：「各別自明本智所行境。」自明本智的心性唯有以自己的覺知去保任，除此之外再無他法。

密教典籍中最簡短的引導文《椎擊三要》[19]：「直指於本面，確定於唯一，掌握於解脫。」直指於本面，依靠上師指引，直指於心的本來面目，了悟心性是什麼；確定於唯一，除了心性再無其他任何可以追求與保任，此方為此生唯一所應擁有的，確定輪涅唯由此心所顯，即是大手印、大圓滿的觀修；掌握於解脫，只要能確定於唯一，必然能掌握於解脫，解脫就不是問題，指日可成了。其中「確定於唯一」是修持，「掌握於解脫」是行為，這兩種「修」、「行」的根源，則來自於「直指於本面」。上述與禪宗的直指心性完全如出一轍。

即如大珠慧海禪師初至江西參馬祖，祖曰：「來此擬須何事？」（你來做什麼？）慧海：「來求佛法。」

19　因為僅用三句話就擊中要點，或譯〈三句擊要〉，精確的解釋了「覺知」。

馬祖告訴慧海：「自家寶藏不顧，拋家散走作麼？我這裡一物也無，求什麼佛法？」

彼時的慧海一心求法，與此時的我們是一樣的，不識自心寶藏，拋家散走，總是向外尋求，外面才有佛，外面才有法，外面才有我要的寶藏，因此，大珠慧海不遠千里向馬祖道一求法。

慧海禮拜問曰：「阿那箇是慧海自家寶藏？」慧海不曉得自家寶藏是什麼，猶如此際的我們也不明白什麼是自家寶藏。

馬祖回答：「即今問我者，是汝寶藏。」現在問我的是誰？是明覺在問我，在問的明覺就是你的寶藏，「一切具足更無欠少，使用自在，何假向外求覓？」（慧海言下自識本心，不由知覺），慧海聽了這句話就開悟了[20]。

## 昭昭靈靈一切現成

我們看了不下數十遍，讀到「慧海言下自識本心，不由知覺」「蛤！這在說什麼？到底什麼是自家寶藏?!」因為禪宗側重講「空分」，極少明言道破「昭分」，所以不易明白一切具足的自家寶藏是什麼；在密乘經續卻講得明確清楚，自家寶藏即是所說的昭分，如《本智成就續》云：「得淨遠離心為佛，不變無垢是為法，功德普圓即僧伽，是故自心性最勝。」[21]

「得淨」是獲得二種清淨[22]——體性本淨與驟然垢淨；眾生與佛同樣是佛，但佛祛除了驟然垢，證得二淨而成佛；眾生僅有體性本淨，尚未獲得第二淨，還存在著驟然垢，即佛經所說的

20 出自《景德傳燈錄》卷六的公案。
21 參見第4偈「昭分閃現文武百尊」，一三八頁。
22 二種清淨：本具如來藏即是體性本淨；淨除煩惱、所知二障蔽，即是驟然垢淨。

被客塵[23]障蔽了，所以未能成佛。

因最初未能從顯相見到自我的心性，明覺陡然被遮蔽而說無明（མ་རིག་པ），對於驟然而起的煩惱、所知二種汙垢所障蔽的心性，無論以顯教或密宗的方法，祛除驟然垢後，即得成佛。如同雨天時，因為烏雲密布而看不到太陽，只要烏雲散去，太陽即在天空中，烏雲出現前、與烏雲散盡後，天空中所見的都是同一個太陽。

同理可知，基位光明與果位光明是同一實相而非相異，以此理解「得淨遠離」——得了二淨、遠離一切煩惱汙垢的心就是佛，佛本來就與自心無別。

「不變無垢是為法」無始劫以來，縱使眾生在三界六道中不斷輪轉，心性本質仍然不會沾染任何汙垢，故說不變、無垢；即使被烏雲遮蔽了，太陽永遠不會被滿天烏雲所汙染，永遠是那麼明亮，如此「不變無垢」的本質是為法。

「功德普圓」心性的空分即是法身，法身的自性具備昭亮的色身功德，色身即是報身與化身，而報身即是佛經說的：大日如來、阿閦鞞佛（不動佛）、阿彌陀佛、寶生佛、不空成就佛……等等五方佛暨其淨土。依《阿彌陀經》所述，佛身、佛剎的功德，縱以佛的廣長舌亦述說不盡，表徵其功德無量而不可思議，這些功德都是由昭空不二的自心而來，圓滿具足種種功德的特質就是僧伽，因此說「功德普圓即僧伽」。

---

23 即是煩惱障、所知障，不與心性俱時同起，陡然而生，如同賓客驟然而至，終必離去。

## 開顯內心本具三寶

佛、法、僧三寶以究竟了義來說就是心性，以此之故，密教所有儀軌開頭一定是「佛陀正法暨僧伽，直至菩提我皈依」。

為什麼「直至菩提我皈依」？難道證得菩提後，就不再皈依而過河拆橋了嗎？並不是的。因為證得菩提之後，了悟佛、法、僧與自己心性同為一體，而非二元對立。現階段的我們認定二元對立，祈請佛來教導，學習佛說的八萬四千法門，恭敬追隨佛說的學處而修行的僧伽，佛、法、僧三寶即是外境；然而，真正的佛、法、僧三寶卻是自心，藉著外在的佛、法、僧三寶的加持與引導，淨化了罪障、圓滿了資糧，內心本具的三寶終會開顯，彼時即是「直至菩提我皈依」。

已經抵達菩提果位了，再無能皈依的自己，沒有所皈依的聖境，沒有能所二執了。直到沒有任何一丁點執著存在之前，眾生是無法成佛的，因此要完全的破除我執才能成佛，這也就是「境相即心，故不入於自他二相」。

眼下我們認為境相與心、內心與外境是兩回事，別人的所作所為對自己有著莫大的影響，因為不知道境相即心，認定心即是心、境即是境。雖說心境無別，千萬不要誤以為：「今天我通曉了境相即心的見解，我就開悟成佛了。」沒有那麼容易，只是在理論上知道了，實際上得證是要下大功夫的。

若因聽聞而理解以上的詞句，聞思本身就有極大的幫助。不過，僅是知曉文句並沒有太大的作用。藉由聽聞當然可以了解詞意，在了解詞意後，配合著上述的理解，在思惟上做出抉擇；但是僅僅有著思惟上做出抉擇，還是不足的，必須確實付諸實修。若要實際付諸修持，必須精進於「等持位」與「後得位」的勤修：在等持位時，必須致力於證得無我般若的修持；在後得位，也就是日常生活時，精勤於護持正念而累積資糧。如是勉力而行，方能確實了悟箇中涵義。

## ◇大手印修持四階段

但是，倘若在每日的行持，無法完全達到等持位與後得位實際勤奮觀修，僅是停留在字句上的了解，能夠有確實作用嗎？其實，作用是不大的。因此，必須仰仗道位大手印（道上）的修持。

大手印的修持有其階段區別，第一階段是**一心瑜伽**，也稱為**專一瑜伽**，第二階段是**離戲瑜伽**，第三階段為**一味瑜伽**，第四階段是**無修瑜伽**。這四個階段是從自心接受了道位大手印引導，了悟基位大手印之後，以逐步的修持所淨化的程度，來判別行者達到四階段的何種程度。這四個階段又可以細分成十二階段[24]或十六階段。

在噶舉巴傳承裡，要由第一階段專修「定」的專一瑜伽，達到第二階段明心見性的離戲瑜伽，就需要積資、淨障、具備傳承的上師加持——此三者俱全，才能由專一瑜伽突飛猛進、晉階離戲瑜伽。因此噶舉巴十分強調對上師的勝解心[25]，這又是另一個主題；在中陰裡，上師也扮演著

24 四瑜伽各以大、中、小加以區分，即成十二階段。

25 了知上師三寶的功德，生起全然託付而虔敬之心。

極為重要的關鍵角色。

或許有人會說，可是我沒有上師呀！事實上，真正的上師（guru）[26]並不是某個高坐在法座的人物，既然佛、法、僧三寶都在自心，以勝義諦的見地，可知真正的上師始終是自我的心性，只不過在過渡階段需要一位給予確實引導的善知識。不論顯教、密乘，善知識都不可少，即使如禪宗名聞遐邇的六祖惠能，他的善知識不就是五祖弘忍嗎？假若沒有五祖弘忍為他講授《金剛經》，惠能會開悟而成為六祖嗎？很難的！

當然，因為歷史無法重來，惠能已經開悟成為六祖了，只能就結果來推斷。可是實際上，可以確信，如果不是五祖的引導及歷代傳承祖師的加持力（雖然禪宗不明說上師、傳承的加持），即使上根利器[27]如惠能者，倘若沒有善知識來點破宿具的慧根，也不會見自本性而得到六祖的稱號，更無法發揚禪宗。由此可知，善知識極具關鍵性。《解脫莊嚴寶論》：「成佛之緣善知識。」密乘稱善知識為上師，而引導自心開悟的那位善知識，即稱為根本上師。

## 山羊領著羔羊

帕摩主巴（一一一一～一一七〇）的法名是金剛王（多傑甲波）。年輕時，曾經遍學諸派教義，且依止薩迦五祖之一的貢噶寧波為師，將所學付諸實修，蒙受貢師印可，已得「見道」

26 三根本之一，相較於凡夫的自己來得更加殊勝與尊貴，亦即具備身、語、意三密，極為不可思議、尊貴，故稱為「上師」是以勝解心獲得加持的終生皈依處。

27 上根利器是開悟與解脫同時發生者，故在密宗又稱「同時者」，其實就是累生累世的修行，業障輕微、福德深厚，已到解脫的臨界點者，即是上根利器。

證量，按照十地五道的對應程度而言，即是證得初地菩薩了。不過，金剛王的內心似乎尚存在著一絲絲疑惑……

隨著年紀漸長，金剛王四處參訪，四十二歲時，值遇岡波巴大師，經過多日的對談後，在某次下午茶的對話中，岡波巴邊吃糌粑邊詢問：

「你修持那麼久了，有些什麼經驗與兆相啊？」

金剛王稟以過去生起「見道本智」的過程，也就是怎麼明心見性的經驗。

「你認為那是見道嗎？」岡波巴大師問。

金剛王配合《道果金剛偈頌》的見道指引而秉陳，以此證明自己所證確實無誤。

「哎呀！你真認定那就是見道嗎？」岡波巴大師再問。

不死心的金剛王秉持格西鑽研學問的精神，再佐以薩迦貢噶寧波大師的見道印可，以及其他所有經、續、口訣實修者，皆給予成就印可的解釋。

岡波巴大師聽了，也不與之辯論，僅說：「你的那些良好見道，還不如我手中的這塊糌粑來得好啊！」說完將糌粑團遞至金剛王的手上。修行上歷來受到多位上師讚許，一直處於雲端的金剛王，驟聞此語，深覺灰心……

「這樣吧！」岡波巴大師說：「你先往東邊山坡散心，回來再敘。」

金剛王依言前往山坡，找塊大石即盤腿而坐，再無一語。

當下，應是岡波巴大師的加持，金剛王往昔看似良好的見道證相，竟全然消失無蹤，此刻心性寬廣無可言喻，即如持矛環繞虛空，毫無窒礙，與之前的所謂證相截然不同，不覺隨口多次說出：

「過去那些上師們是怎麼了啊?!」之後默然而坐許久。

隨後回來謁見岡波巴大師時，剛入洞門，尚未開口，岡波巴大師緩緩說道：

「哦~所謂的見道即是如此，你已確實證得，我再無任何較此更勝可予展示！」

金剛王從此拜在岡波巴大師的門下，獲得所有的口訣，成為上師的心子之一。雖然此後上師諭示康巴三人一一前往授記的山林修持，然而，金剛王卻跪地不起，請求應允終生服侍上師，直至上師圓寂。岡波巴大師點頭稱許：「若是這樣，亦甚善祥！」

於是康巴格西金剛王隨侍上師直至示寂。岡波巴大師圓寂前，曾囑咐徒眾：

「爾等修行眾人，在我離世後，可依止康巴格西。」並讚譽：「康巴格西與我，兩人在斷證的功德上，連芝麻般的差異也沒有！」

日後康巴格西攝受弟子時，亦是廣弘實修傳承法教，以種種善巧方便，法席甚廣，轉化無量，證得成就的弟子眾多，由此再廣傳出八大支派；且因住錫所在而得名「帕摩主巴」，曾於夜晚一座修持中，同時於各地顯現十二身變，調伏人與非人。最後六十一歲示現圓寂。蓮花生大士曾授記：「勝樂金剛化現金剛王」，祖師自己亦曾言：「往昔曾為拘留孫佛尊，現今本身則為釋迦王，未來將成不動藥王佛。」

不過，帕主祖師雖然是諸佛所現，非同尋常凡夫，若無岡波巴大師的悲心攝受，恐怕亦無法作出日後的利他事業。大師曾說過：「若有心思純正且信心堅定的弟子，身心全然託付於我，我能像山羊領著羔羊般帶著他，僅需五個月即能令他證得不退轉地！」

不退轉地有二說，一說是初地菩薩，一說是八地菩薩，然而縱使是初地菩薩，亦已甚極不可思議了，值遇善知識，確實是唯一難能可貴之事！

這就是上師善知識的重要性，藉由其引導得以理解。

不但三寶就在自心，法、報、化三身也在自心，為什麼？一開頭已闡述，生、死、中陰是有情眾生絕對無可避免的，藉著修持，可在臨終中陰證得法身，法性中陰證得報身，投生中陰證得化身。不但三寶在自心，連法、報、化三身也在自心，三寶、三身皆不假向外追求，一切都在自心性中。

然而重點來了，如何知曉上述的心性義理？需要有善知識的引導才得以了悟！這絕不是從網路閱讀文章，就能自己明瞭如何證得法、報、化三身，學佛修持並不是拜 Google 為根本上師。

以上是「稽首大手印」上品見地謁見禮的內容。真正的頂禮不需要任何動作，只要安住在大手印當中，就是在二六時中行持最殊勝的頂禮。當然，在佛像前合掌，或是沒有佛像、僅是雙手合掌冥想佛在自己面前，都可以種下日後解脫成佛的種子，但那是日後，並不是當下。

上品的見地謁見禮，是所有學佛弟子，不分顯密，無論教派都需要了知的見地；雖然理解的方法也許不同，但目的必然是一致的。

## 中品「串習觀修禮」

中品的頂禮是「串習觀修禮」。串習是熟悉、習慣，在密乘是指於觀修生起次第，因熟悉本尊，與本尊無別而為中品頂禮。譬如觀想釋迦牟尼佛、觀世音菩薩或綠度母於面前，或觀想自身即為本尊的形相。

如前闡釋，已從見地上了知三寶、三身、三根本都是自性，因為心中具足如來藏，自心實相本來就安住彼等聖眾，所以自觀本尊時，就沒有任何理由認為：「我的貪、瞋、癡、慢、妒這麼重，怎麼可能會是文殊菩薩！我不可能是觀音！我怎麼與蓮師相比？……」

## ◇心性功德即天尊

是的！我們現階段的狀態確實是凝結成冰的水，試問：「冰不是水嗎？」冰當然是水，冰只要解凍就是水了。因此，密乘說的是「心性觀為即是佛」，顯教則說「心性說為成佛因」，兩者皆承許心性是佛。

顯密二乘都講空性、講悲心、說空悲不二，可是顯教沒有其他觀心成佛的作法；經論派所做的是「要對眾生修慈悲、修四攝法、修六波羅蜜……」，但沒有其他具體的作為。然而在密乘，心性觀為佛的具體作為，即是以空、悲的體性形相化，將心性功德化成天尊的形相。

譬如觀想觀音，不論二臂、四臂或千手千眼，形相的顯現本身就是昭分、看得到的莊嚴佛身即是昭分；昭分由「空」所顯，因此佛相本質為空，此即是昭空不二，就是自心的本質。

如前所述，當憤怒難抑時，覺察到自己的怒意了，那就是昭分；但往內回觀時，憤怒在哪裡？體內的任一部分都找不到憤怒，因為憤怒亦是念頭，念頭的本質為空，昭空不二即是所謂的心性。

密乘是以體悟如是的心性而觀想本尊，日復一日不間斷地，遵循儀軌確實觀修。熟悉於生起、圓滿次第觀想，就是中品的串習觀修禮。

並不是非得外相的合掌才是對佛的最恭敬心，合掌是功德，在累積資糧上是錦上添花，但並非不合掌一定是心懷不恭敬。時至今日，康巴噶寺唸誦〈傳承祈請文〉時是不合掌的，我個人推測其中緣由是「見地謁見禮」或是「串習觀修禮」，當然不是三百餘僧人都有那樣的功力，但是為首的法王、長老不合掌，底下的人一定是依樣畫葫蘆。

為首帶頭的法王、仁波切、長老……他們以見地謁見禮，心契入空性，端坐著唸誦〈傳承祈請文〉詞句，了知自心與上師三寶、傳承祖師是無二無別的；祈請文的每一偈尾都是「沙擦樓（頂禮矣）」、「梭瓦喋（祈請矣）」，其中已含括「祈請、頂禮」的語頂禮。實際上，心契空性的上品「見地謁見禮」，早已總攝上、中、下三品不同的頂禮，昭空不二是輪涅起源，此中焉有一法遺漏乎！

### 下品「恭敬合掌禮」

下品是「恭敬合掌禮」，也就是大家最習慣做的，秉持虔誠的信心，了解上師三寶的功德，合掌於胸前、身體恭敬地俯身禮敬聖境，乃是身頂禮；口唸「南無」、或是「頂禮、稽首……」等字句，即是語頂禮；秉持著虔誠的信心、勝解心就是意頂禮；總和身、語、意的三種頂禮，即是下品的「恭敬合掌禮」。

耳熟能詳的「念佛一聲，福增無量；禮佛一拜，罪滅河沙。」後二句指的正是下品的「恭敬合掌禮」，下品的力量已是如此，更可見上品的「見地謁見禮」、中品的「串習觀修禮」，其功德力更是廣大不可思議。

# 貳

# 求取皈依

## 禮讚佛與上師的色身

有法友反應第一堂引導的內容過於艱深，席間的老菩薩們聽不懂。可是，如果不先建立無錯謬的見地，在中陰難以獲得解脫！如果僅是希求在投生**業之中陰**的階段往生極樂淨土，抑或想要來世再獲得清淨的人身，聽不聽大手印的內容都無妨。但是，反過來說，如果想要在中陰成佛或是永斷輪迴，掌握「**自心實相**」的見地，是絕對關鍵且必要的。

聽不懂怎麼辦呢？如同佛經所講的，即使聽不懂深奧空性的見地，但若能一歷耳根，即得永為道種，對自己助益良多。因此，聽不懂沒有關係，能聽入耳即可，就像聽取「口傳」一樣，領受口傳時，也不一定聽得懂內容的含意，但是一旦聽到聲音，即是獲得了傳承真實語的力量。

第一堂引導後聽大家的反應，似乎認為，怎麼中陰引導的內容與平常印象中所聽到的不太一樣？其實，中陰並不僅是一般所認為的「會出現文武百尊，隨即要怎麼樣去認持文武百尊」，是不是「看到文武百尊時，不要害怕就好？」，「讓我能知道在中陰時，會出現那個、會出現這個，所以我要好好的靜候一旁，屏息以待，只要等著他們出現」，許多人認知的中陰就是這樣。

「中陰」（或譯為中蘊、中有）是唐朝之前的中譯，在藏文叫「爬兒投」（བར་དོ），也叫「爬兒瑪投」（བར་མ་དོ），主要意義都是「中間」，沒有「陰」這個字。

為什麼是中間？因為失去了上個身體，尚未尋獲下個身體，屬於不上不下、不前不後的中間，就是居中、處於交叉口的意思。比方從長安城出發，目的地是那瀾陀大學，抵達目的地前一律稱為「途中」。只是無論在中國或華人文化，自古以來都稱中陰，民間認為人死就是隸屬陰間，活著的世界是陽間，以死活區分陰陽，所以才把人死尚未投胎的階段，稱作「中陰」，「居中隔陰」代表已是隸屬於亡者的世界。

## ◇以四種中陰而說

真正的中陰，並不單指人斷氣後直到投生之前的階段為中陰，其實現在活著的時候也稱中陰。中陰涵蓋的範圍極為廣泛，藏傳四大教派歷來對於中陰有多種不同的分類，有分為六種，亦有分為四種。此次〈中陰引導文〉將以四種類別的中陰來解說。

各位多半聽過密乘的上師說法，應該清楚在聽法時，是沒有講義可以參考的，只能是坐著專注聽講而已。但是當過近二十年翻譯的經驗告訴我，有些名相、偈語並非常見的詞句，如果沒有中文表列，難以讓大家聽得明白。所以引導前，已將〈中陰祈願文〉的中譯本暨引導講義提供給各位了。

因為要講解中陰的本源，也就是起首的七個梵音「南無瑪哈母札雅」，譯成中文是「稽首大手印」。這是本篇〈中陰祈願文〉的作者，竹巴噶舉派的上師甲旺傑貢嘎般究（ཀུན་དགའ་དཔལ་འབྱོར）的著作。在浩瀚如海的釋論著述中，即使僅是二、三偈的簡短內容，您也一定在開頭加上「南無瑪哈母札雅」（稽首大手印），因為「大手印」是無所不囊括的，輪迴、涅槃萬法，無不囊括在大手印當中，中陰自然也不例外，無法出其範疇，凌越其上。

## ◇基、道、果即是大手印

貢嘎般究祖師為什麼要以「大手印」作為開頭呢？「大手印」可以分為**基位大手印**、**道位大手印**與**果位大手印**三種。如果以能理解的名詞講解「基位大手印」，是指如來藏、佛性、心性，以上皆稱「基位大手印」；「道位大手印」是指開顯基位大手印的方法、法門、手段，即稱「道位大手印」；「果位大手印」是指經過確實的修持後，徹底開顯原本在自心的基位大手印或如來藏，成果即稱「果位大手印」。

基本上，基位與果位雖然同一體，但是若未經過「道位」的精勤努力，無法顯現果位，因此，道位相當的關鍵。

為了能開顯自己原本的基位大手印（或稱「基位本智」、「基位光明」亦可），呈現出種種不同的路徑；也因為所採用的方法不同，就出現了所謂的顯密二教。在顯教出現了八宗等不同的宗派，密宗亦呈現出四大教派等等大小不一的宗派。宗派法教雖然各有見地、經論，為的都是同一個目的，解脫成佛而已。

以密宗術語來說，種種法門的成立就是要開顯**基位光明**或**本初佛性**。中陰的本源是大手印，中陰會顯現各個不同的階段，也是因為尚無法完全開顯基位大手印的緣故，因此才會認定，死後到投胎前的中陰呈現三個階段。

因此，在第一次的引導中，我用了幾乎一堂半的時間與大眾闡明何謂心性實相大手印，這次不再重複，假若一直講大手印，中陰引導就會變成大手印的心性引導了。

## 夢會醒，中陰不能重來

其實，面對中陰階段，有一個很簡單的方法，只要記得這個竅訣就好了，就

| | | |
|---|---|---|
| 大手印 | 基位大手印 | 如來藏、佛性、心性。或稱「基位本智」、「基位光明」。 |
| | 道位大手印 | 開顯基位大手印的方法、法門、手段。 |
| | 果位大手印 | 經過確實的修持後，徹底開顯原本在自心的基位大手印或如來藏。 |

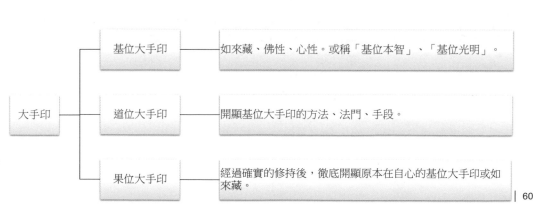

是：「不管出現任何的狀況，都不懼怕！」這樣就好了！我們可以下課了！

但是，不懼怕的前題是，要能認知它是虛假，方可做到。好比清晨作夢時，唯有了知夢境是虛假的，才不會對夢境耿耿於懷；也正是因為夢境是虛假的，所以釋迦牟尼佛才會在**虛幻八喻**裡，第一個譬喻就以夢境來描繪虛幻的情器世間。

以同樣身為台灣人的驕傲，我要告知各位，台灣人是很執著夢境的——我昨晚做了什麼夢，夢中這個代表什麼，那個代表什麼……其實那是沒有意義的。為什麼沒有意義？因為，夢是從自我的意識投射而來的。

假設今天內心的三毒清淨了，白天不散亂了，可以時時刻刻安住於自性，那麼，在夢裡所出現的情景是有參考價值的。但在平日意識清醒時，心思早已亂成一團，有時甚至連自己散亂都渾然不覺了，對於所出現的夢境，不要說有什麼啟示或徵兆，或者提醒某件事。即使在夢裡夢到朋友，對自己說了一些好話，或是說了什麼壞話、做了什麼壞事，本來清晨醒來之後，就要以「喔！這是夢，哪有什麼好在乎的！」的態度去看待夢境，但卻完全執著夢境裡的內容：「為什麼他要對我說那種話？究竟我哪裡對不起他，他要這樣對我？」以此心生芥蒂，甚至還會去電計較誰對誰錯……

各位想想，在夜間虛幻的夢境裡都已執著成真實發生了，在中陰的階段要怎麼獲得解脫？在夢裡執著成這樣，天亮後醒過來就算了，可是在中陰歷程是無法甦醒重來的！一旦將中陰幻相視為真實時，有人拿刀劈砍自己，或文武百尊顯現了（無論是先顯現寂靜尊或忿怒尊都無妨），當天尊顯現時，忿怒尊的威采猛厲、周身熾燃火焰，不僅是唐卡中看到的風貌而已，即使是寂靜尊所散發的柔和絢麗光芒，也不是唐卡裡所畫的和煦光焰。依照〈祈願文〉所言，縱使是寂靜尊顯現時的佛光，亦有十萬顆太陽同時照耀的強度，萬丈光芒伴隨著勝於千雷同響的歷歷咒音，一旦認為那是真實存在的天尊眷眾時，怎麼敢直視進而認持？

再來，錯過了文武百尊的顯現，繼而進入「投生業之中陰」，因為被業力所催逼，一隊隊面目猙獰凶惡、手持各式武器的人馬嘶吼狂嘯追奔而來，隨之而現的山崩、海嘯、森林大火、世紀大風暴等，令人萬分驚恐！除了一逃再逃，還是逃！一路逃到最後，已無處可避，必須要墮入到六道時，迎面而來的影象，是如何引誘墮落呢[28]？

## 顯密共許雙運見地

即使沒有身體了，如來藏裡依舊有地、水、火、風、空的元素存在。當地、水、火、風、空的元素被淨化時，就會成為五佛的本體；五佛的空性本色顯現為形相時，即是五方佛妃[29]。因此密乘云：五方佛的阿彌陀佛是父尊，祂的佛妃是白衣佛妃；不空成就佛是佛父，佛妃是三昧耶度母……等。沒有深入聞法的人會認為，為什麼密乘天尊不來則已，一來就是一對夫妻，哪一尊佛就要配一個佛妃？比方說，文殊菩薩就要配妙音天女，非得佛父佛妃同時現身，好像若沒有配對，在密乘裡是很對不起信眾一樣。

事實不然，因為我們的心性本來就是昭空不二，「昭」、「空」兩種成分是無法將其分開的；

28 詳見第13偈「為往生親友唸誦」，二七三頁。

29 參見第20偈，三四七頁。

不是道家的太極圖，黑白各占半邊，「心性的左邊是空、心性的右邊是昭，二者涇渭分明互不往來。」自始以來原本就是昭空雙運，連《維摩詰經》[30]都如此宣講，這是顯教的經，不是密教的續，顯密共同承許的經典，皆是相同的見地。

以釋迦牟尼佛佛像為例，有人問：「釋迦牟尼佛沒有抱著佛妃，祂是昭空不二的例外嗎？」其實，如果把「空」想成佛妃，是未窺全貌的片面見地。

佛妃是什麼？當釋迦牟尼佛的佛相顯現時，祂的體性是空，自性昭亮；在空的前提下，其顯相無有阻礙，無有阻礙以空為體，故能顯其本色，此即「色不異空，空不異色」。如果沒有空作為體性，不論這尊釋迦牟尼佛佛像是銅鑄、石雕、木刻，乃至於虛空顯現的也好，絕對無法出現，因為悖離了佛陀教法所講的空性。

「空」中無礙，「性」為緣起，**昭空不二至關緊要的見地**，因此當看到釋迦牟尼佛顯現時，理解到其就是空分的昭亮顯相，而其體性是空，不一定非得抱著一個佛妃才稱為「昭空不二」。這個見地極為關鍵，在投生業之中陰投胎時刻秉持此見地，也是不可或缺。

假如因為尚未聽聞上師宣講的見地，對於密乘佛像、唐卡的男本尊抱著一個女本尊，直接解讀為一個男人抱著一個女人行男女之事……唉唷喂啊！這是佛說的正法嗎？這是正統的佛教嗎？這不是邪教嗎！為什麼一定要一個男性抱著一個女性？密教的女菩薩非得要半裸或全裸嗎？倘若以世俗的視角審視半裸或全裸，似乎頗有情色的暗示，但其真正的內涵是什麼？此是表徵不沾染任何過患，也就是心性無障蔽的特質，如第一堂引導提到的「不變無垢是為法」，

30 詳見第5偈「雙身：昭空不二具體化」，一八四頁。

無垢是指自性光芒般的昭亮（自性光明）沒有汙垢，不沾染絲毫過患，為了表徵出心性沒有汙垢的功德，因此天尊顯現為赤裸的形貌。

或問，難道空性一定要以佛妃來表達嗎？不能用別的影象來表達嗎？為什麼一定要用女性（天尊）來表達空性？

請想一想，凡夫與聖者的差別為何？在於是否證得空性。證得空性稱為聖者，得證空性之前是凡夫。阿羅漢、獨覺佛、菩薩乃至於佛陀，都是因為對空性了悟的多寡與大小，而獲得各各不同的果位。

所以，直接用大白話來說，所有的聖者皆因證得空性而出。「空性而出」代表什麼？就像所有的人，都由女人而生出，以這樣的理解，密乘裡才會把空性比喻做是女人。

為什麼要有男性天尊？因為一昧執著修空，無法成就佛位；純然執實悲心，無法解脫輪迴——好比只有女人沒有男子無法受孕，只有男子沒有女人無法生子；所以《大寶積經》云：「修福不修慧，大象披瓔珞；修慧不修福，羅漢應供薄。」

當我們了知體性是空，自性昭亮，在空的前提下，顯相無有阻礙。為了闡明上述的義理，在密法中，以女相表徵般若、智慧、空性，以男相表徵方便、悲心、昭分。男女天尊合抱，昭空二者雙融合一，即是《維摩詰經》所云「有方便慧解，有慧方便解」的最佳詮釋！悲智雙運、昭空不二與我們在生、死、中陰的歷程息息相關，也是成佛唯一之道！

## 投生中陰的關鍵

觀修空性、大手印、大圓滿，即是秉持此見地修持無相法門；觀修天尊生起次第的有相方便道法門，同樣也要遵循此見地而行。既然如前文所說，顯密二乘兩者皆承許心性是佛，但差別在於，密乘完全彰顯心性昭空不二的功德，觀想成天尊的形象，「心性觀為即是佛」，因此，昭空不二的空分變成佛妃，昭亮分變成佛父，心性既是昭空不二，觀想圖象成形時，就出現佛父擁抱佛妃的形象了。其內涵即是如此，沒有別的意思。

**昭空不二**是極為關鍵的見地，因為，在斷氣之後，錯過了臨終痛苦中陰認持法身佛，也錯過了法性光明中陰認持報身佛，到了投生業之中陰的階段，我們也錯失往生淨土的時機，得要投胎了。投胎是怎麼一回事？投胎就是必得趁眼前的來世父母在交合時而入胎。要怎麼入胎？一般是以白心的貪、瞋為動力，加上自己的神識這三者，並與父母的紅白明點結合受孕而入胎。

大抵而言，即將投胎為女者，對來世的母親生起了瞋心，且對父親生起了貪心，以貪瞋為動力繼而入胎；同理，即將投胎為男者，對來世的父親生起了瞋心，且對母親生起了貪心，以貪瞋為動力而投胎。然而密乘的行者該怎麼投胎？當眼前的來世父母交合之際，了悟正是昭空不二的顯現，秉持平日所觀修的本尊相清淨憶念的理解，對於行交合的男女，起了即是本尊雙運身的清淨相，以自己生前觀修本尊的串習，形象觀想的模糊不清無妨，起碼在心間觀想出種子字，生起虔敬而入胎，即得善緣。

假設在世時，日復一日、年復一年都以「串習觀修禮」而頂禮大手印，觀修本尊——蓮師、勝樂金剛、觀音、度母等天尊皆可——數十年的精勤觀修本尊或種子字的習慣，到了投生業之中陰階段發揮效用，關鍵在於生前殷切的勝解心，對上師全然託付的誠心，在業風猛厲的中陰險境，能因上師、三寶的加持注入而猛然憶起「噢~那對男女即是我所觀修的本尊」。

但有些人會懷疑，我觀修的本尊又不是長成眼前男子的樣貌！我觀修的本尊是單身像！我喜歡觀音呀！觀音又沒有雙身，我怎麼把那一對男女想成是觀音？其實不是他們倆人正在做什麼事，抑或是將兩個形軀硬要從黑的想成白的——眼前這個男性是觀音，這個女性是度母。不是這個意思，而是了悟到昭空不二的見地，正在交合的那一對男女，亦是自心昭空不二的功德力所顯，所以與生前觀修的本尊是男或女相、單身或雙身相無關。

秉以無錯謬的見地，秉持著自己觀修本尊或至少心間清晰的吽（ཧཱུྃ）、釋（ཧྲཱིཿ）、當（ཏཱཾ）[31]等等的力量，種子字的顏色與天尊身色相符而觀想。對著已經認知為昭空不二的本覺所現的男女本尊，生起虔敬而入胎。依照密續所說，毫無疑問的，來世必定再得福德具足[32]、自幼習得佛法的清淨人身！甚至依個人觀想程度的優劣，觀想程度越清晰，來世長相莊嚴、自小深具善根，在學習佛法的資糧上不虞匱乏等等，有著如是的效用。

31 吽（ཧཱུྃ）藍色，釋（ཧྲཱིཿ）紅色，當（ཏཱཾ）綠色。

32 《福力太子因緣經》：「福德令人得護佑，福德令人得精進，福德能救寒熱苦，福德引來雨水和。福德正如如意牛，亦如獲得如意寶，福德功同如意樹，一切所欲皆成辦。化緣因之而圓滿，福德令人悅意生，福德喜成吉祥事，福德穩固好心情。福德孕育善種姓，福德能致美名聲，福德令人得廣聞，福德使人多財富。福德增進人聞思，福德滅除種種病，福德摧毀死閻魔，死主聞之生恐懼。」

## 不生毀謗邪見

這幾十年來，有些人會排斥密宗，看到所謂歡喜佛——其實這是無識之士所取的名號，是雙身像的統稱——的唐卡、佛像，便指責「他們是贊同雙修的邪教」！若問，有沒有人打著釋迦牟尼佛的旗號去騙財騙色？有！我們不否認，但那不是密乘的原意！我們要學的是密法原本的教義，不是去看現實上的流弊，「唉呦喂呀！某某上師做那種事，密法是很糟糕的！」密法完全不糟糕，惡劣與否，要觀察何謂密法的教義，學密法，是要學見、修、行、出離心、菩提心、勝解心、方便道、解脫道……學其菁華，讓自己在生、死、中陰歷程有自信、有把握去面對，那才是重點啊！

所以，上師有沒有佛妃、做了什麼事情，那都不是應當關注的事，就算知悉某某上師桃色新聞層出不窮、月月更新、應接不暇，那又如何？即使最終以納受明妃之名娶了老婆，的確真的只是行娶老婆之實，對我們的解脫、墮落又有何利弊？自心起邪見或毀謗，完全沒有意義啊！他造他的業或行他的利生事業，對於我們獲得解脫，一點邊都沾不上啊！如果因為他個人行為而壞了自己學密的因緣，從此排斥密乘，起邪見譭謗密法，那是很可惜的，因為密法儀軌的內容完全按照死亡的流程、方式而修持，這一重點是一定要理解的。

往後在佛寺裡或在網路上看到雙修的佛像，其實應該要生起信心，「啊！這就是我昭空不二的佛性啊！」了悟在「空」的前提下，心的自性是昭亮的，昭空雙運的狀態即是心的本質，而不是「喔！裸男裸女！」「喔！生殖器都畫出來了！」「喔！怎麼做出這個姿勢？」這樣想就太噁心了！不明就裡而自由聯想，這就真的是在造業了！要了知其見地，不然學佛未學其菁華，寶山空回，實在可惜之至。

## ◇生圓二次第與昭空不二

如前所述，面對**臨終痛苦中陰**，是以所觀的**空分**證得法身；面對**法性光明中陰**，是以所觀的**昭分**證得報身；面對**投生業之中陰**，是以觀修**昭空不二**的種子字獲得化身。

修持化身是怎麼一回事？是指在世時，接受了心性引導，或接受過「生起次第」的引導。生起次第的引導為什麼與昭空不二息息相關呢？因為生起次第並不只是單純地想像本尊的形象而已，事實上，儀軌的步驟再再地提醒我們，一切皆是昭空不二的本質。

何以見得？依循儀軌而行，一般的流程就是皈依，皈依三寶、三根本，發菩提心、四無量心，此即所謂的前行。接著是正行，一開始大多是觀空咒：「嗡木　梭巴瓦　修打　薩兒瓦　打兒瑪　梭巴瓦　修多杭」，這是梵語，內容講述的是：「諸法本即為空，本即清淨。」「本即為空」講的是空，「本即清淨」講的是昭亮，開宗明義即承許昭空不二。

如果僅是接受灌頂，沒有聽過上師講解儀軌，只是每天撥出一個時段，盤坐在佛堂的蒲團，翻開儀軌第一頁，開始讀誦皈依、發心……「嗡木　梭巴瓦　修打　薩兒瓦　打兒瑪　梭巴瓦　修多杭」轉為空性，空性之中化為……如同小和尚唸經般誦讀語句，全神貫注從頭到尾一字不漏地唸誦儀軌，接著累積咒數（嗡木　瑪　呢　貝美吽），迴向發願，合上儀軌，然後走到客廳追劇、放鬆。這種「讀誦機模式」的生起次第是沒有意義的。

## 真如三昧

事實上，每一次儀軌的觀修，都與自己的生死歷程息息相關。比方說觀空咒「嗡木 梭巴瓦 修打 薩兒瓦 打兒瑪 梭巴瓦 修多杭」唸完之後，要略為安住一下。安住於何處？安住在空性之中。為了能於臨終中陰時，認持出現的**母光明**而致力於**觀修體性為空之空分**，這是修持而證悟法身的方式。

什麼是安住在空性？即如前述，自心是昭空，在那無可言說、離戲、全然澄澈的狀態中坦然而安住；就在這當下，在生起次第稱為「真如三昧」或稱「空性三昧」，在顯教謂之「金剛般大空瑜伽」。至於如何安住，要請示各自的上師，此次引導不談這些內容。觀修空性能斷淨我們對「常邊」（執著世間一切都真實存在）與「無色界」的習氣。

## 普明三昧

空性之後要觀修悲心，但並非把空性棄置一旁而後專修悲心，而是安住在空朗無邊的空性，契入昭然無阻的狀態裡，對曾為我母的三界六道有情生起悲心。以何緣故，對曾為我母的有情生起悲心？因為彼等執假為真、執空為相。何謂執假為真？這就牽涉到了〈轉心四思惟〉，即：**人身難得、死無常、業因果、輪迴過患**。

為什麼和〈轉心四思惟〉有關？因為輪迴是苦，苦由造業而來，業由煩惱而成。然而，若未曾修持〈轉心四思惟〉，不會認為輪迴是苦，反倒以為輪迴甚是快樂！現在工作賺很多錢啊！玩股票賺很多錢啊！眾生不痛苦，我也不痛苦啊！我的老闆很有錢啊！每天開名車、喝洋酒、住豪宅，快樂逍遙得不得了，他哪有什麼痛苦？注重表象的鼠目寸光，正是沒有確實靜下來思考過〈轉心四思惟〉觀點的表現。

假設做足了〈轉心四思惟〉前行的功課，確信眾生無論如何費盡心思、耗盡全力追求快樂，終究難逃八苦[33]的羅網。即如密勒日巴祖師所言「了知境相即心，所以不入於自他二相」，「心」、「境」是不二的；「安樂即自心，故而不從他得」，快樂不由他求，快樂是由自心而來。既然快樂是源自自心，感知向外求的快樂亦是自心，不懂得向內安住而不斷向外索求的快樂都是虛假的，外在的一切都是無常啊！外在的器世界與世界中的有情盡皆無常，就算是手握權勢名利的成功人士，榮華富貴大半輩子，最後的結局依然是失去一切、兩手空空地死去。以這樣子的方式去思惟，就會對眾生竭盡所能、向外追求的碌碌一生油然生起悲心。

在持誦觀空咒，契入空之後，其「性」昭亮故存在覺知，就是在確實知曉全然空朗明亮狀態中，對一切有情油然生起悲心，這在生起次第的名詞稱為「普明三昧」，在顯教裡也稱為「如幻悲心瑜伽」或稱作「勇行」或「無願三昧」。

生起悲心普明三昧的意義是什麼？觀修悲心可以淨除對「斷邊」（執著世間一切都沒有）與斷除對「色界」的習氣，為了能於法性中陰時，認持出現的圓滿報身而致力於自性無阻之悲心分。

執著「萬法為有」的常見與執著「萬法皆無」的斷見，哪一個比較好？若必得二擇一，執

33 這是佛教根深柢固的見解，佛陀開示苦諦輪迴過患時，所說生、老、病、死為主要四苦，怨瞋會、愛別離、欲求不得、五陰熾盛等四苦共八苦。

著「萬法為有」稍好一些。為什麼呢？倘若執著情器世間悉是真實存在時，相信有善惡、有三惡道、有三善道，行善得樂果，造惡得苦果，深信「業因果」[34]存在，雖然萬法實相本空，但在尚未證得空性前，執著為實有，而奮力行善止惡，能以種善因得樂果。

倘若執著一切空無時，明明自己尚未證悟空性見地，卻認為沒有因果、沒有前生來世，畢竟佛說萬法皆空，所以一切都是空無而非真！使壞是空，行善亦是空，輪迴、涅槃也是空，自己什麼都不做或做了什麼也無所謂，既然一切皆空，做什麼都是空——這種想法是「行為」流於「見地」。自己尚未證悟空性前，認定一切都是空，則落入「斷邊」，那就「比豬還要笨」，因為對我等凡夫來說因果、輪迴是存在的，因此薩惹哈尊者如是說：「執著為有笨似豬，執著為無笨勝豬。」

## 妄說上人法

禪宗的野狐公案[35]，百丈禪師上堂說法，常有一老人隨眾聚散聽法。一日，聽法後不去，百丈禪師乃問立於：「前者何人？」老人云：「我是一隻狐狸。於過去迦葉佛時，曾住此山修行。當時有學人問：『大修行的人還落於因果嗎？』我答他道：『不落因果。』因答錯話，後五百生墮為野狐身。我百思不得其解。今請和尚代我下一轉語，令我解惑，俾令能脫野狐身軀。百丈禪師曰：「不昧因果。」老人於言下大悟，拜謝而去。禮拜曰：我既脫野狐身，遂住在山後，

34 〈轉心四思惟〉之一，見第六十九頁。
35 「百丈野狐」公案參見《五燈會元卷三》、《大智章》、《從容錄》第八則。

依亡僧之事例。師使維那白槌告眾曰：食後送亡僧。大眾言議，一眾皆安，涅槃堂亦無病人，何故如是。食後只見師領眾至山後巖下，以杖指出一死狐，依法火葬之。

我的看法比較不一樣的是，當我們從見地的視角看野狐公案時，百丈懷海對野狐說「不昧因果」，野狐五百世前，對學人的答覆是「不落因果」，不落因果與不昧因果當然僅是一字之差，但並不是說一定只有一個標準答案。而是當野狐是僧人的那一世，他的見地不到那個程度，卻說出「不落因果」的話語，當然是藐視因果的妄說上人法，所以墮五百世野狐身，我認為是蠻公平的。

比如說大手印、大圓滿行者，已經證得所謂的「離戲瑜伽」、「明覺達量」的境界，真的是輪涅如夢如幻的空無見地時，已無自他二相，殺人不會下地獄。例如藏傳佛教史上的惹譯師（一〇一六～一一九八），擅長於行持誅法，被其誅殺的人不勝枚舉，曾有人質問：「不斷地行使誅殺，難道不是重罪？不怕墮地獄嗎？」

然而「縱生地獄亦無悔，有著了悟為自顯的把握！」萬象皆為自心迷亂所顯，當無明已盡，由煩惱所顯現的地獄當然不復存在了！惹譯師說：「迷亂而執著一切境相為真實的眾生，佛雖說了種種法門欲加調伏，卻因彼眾無明，無法了悟而飄蕩輪迴。對於深奧的密法捷徑，也說為邪法而毀謗，因此將墮惡趣，恆時受著無可忍受的痛苦！因為再無其他解脫法，所以我生起了無可抑制的悲心！」

接著，譯師闡明了是如何行使威猛誅法而度化眾生：「法界所成三角中，勾招無明迷亂眾，持以明智大銳刃，毀壞戀執色蘊身，了知有為幻化性，頑強境相令清淨。秉以無量悲兵器，救度『你』『我』二執著，貪瞋執取自地融，五毒轉為五本智。秉以自生智兵器，救度無明所知障，無作本面令現前，淨化苦樂亂相執。」

接下來，談到了行使誅殺的自信：「修壽贖命未曾行，積資課誦亦未做，誅殺反能增福壽，是我惹譯師特點！」

對於佛教徒來說，放生能得長壽、殺生感得短命是常識。如果因為有些違緣、障礙出現，導致有了壽命的危險，基本上，會修持《贖命法》來拯救自他性命；想要享用福德，就要先累積資糧，資糧愈多，福德愈大；天天誦經持咒，同樣也能增長福報。但是，惹譯師卻完全不必避諱與遵循這些善惡行，所需的福壽完全以誅殺的增益來達成，能這樣的人，也只有惹譯師而已。

殺人的果報，感受**等流果**是來世短命，**異熟果**是墮地獄。可是因為證悟到空性如幻的本智境界，再無凡心牽絆而三輪體空——被殺的人是空，殺人者也是空，殺人的因果也是空，一切幻象皆空，沒有世俗諦的殘影。

假若是北瓦巴此等印度大成就者被詢問時，您當然可以說「不落因果」，可是百丈懷海禪師要教導的對象是尚未證悟空性而墮落為野狐的僧人，您當然要曉諭野狐老人「不昧因果」，因為提問者不到那樣的境界，當然只能勸導為不昧因果。

實際上，就勝義諦而言，不是「不昧因果」，對於已經掌握見地的大成就者而言，是真的「不落因果」，不是我們所認知的因果歷然——事相上的造惡業就一定得苦果，事相上的造善業就一定得善果。是否承擔業果，並非必然，須以「見地」來做決定。

修持到什麼程度講什麼樣的話，這也正是為什麼在十不善業中的妄語細項，會舉出「妄說上人法」是很嚴重的罪，因為程度不到那邊啊！比方說，如果是六祖惠能或密勒日巴尊者，他們講「我已證得空性，一切皆空，我的所作所為不落因果！」那是真實語，他們就真的是講自心現證的真實語；但程度不到那邊，講那樣的話語，叫做「妄說上人法」！所以，這不是「所講的法」的問題，而是「講的人」有沒有達到那個程度的問題，必須要深切思惟。

## 本因三昧

安住在昭空不二的狀態中，就是完全契入本初心、平常心、佛性的本質，以空之體性引發悲心——空悲不二顯現出種子字，以各自所觀修本尊的種子字為準。曾有人問：「為什麼一定要觀想種子字？我直接觀想本尊不行嗎？」

如前闡述，投生業之中陰，是以修持化身的方式去淨化，也就是，淨化投生的習氣是以觀修種子字來進行的。空悲不二所顯的種子字，既不在內也不在外，因為觀空咒的力量，此時身體已消融於空性了，種子字是由空悲不二而顯現的字體。心間的種子字散發出光芒，照耀了身、語、意存在於體內的「六道種子字」[36]，就像強烈的火焰燒毀紙張一樣，將六道種子字盡數燒毀，宛如清晨的草頭露水被陽光一照就消失無蹤，繼而種子字轉化成為各自觀修的天尊的形相。在生起次第的名詞稱之為「本因三昧」，在顯教裡面也稱作「如幻三昧」或「無相三昧」。

36 按照密乘所說，投生六道有所謂的種子字，存在於眾生的體內，隨業力引發而投生。

## 生起次第的要訣，解脫中陰的關鍵

真正如理如法、合於規格的觀修儀軌，必須是如上所說而觀想。如果平日裡不是以真如三昧、普明三昧與本因三昧而觀誦，只是某個網站公布要累積十萬遍的觀音咒，或要累積度母咒一千萬遍……趕快！我認個一百萬遍，然後在佛堂的座墊上盤膝持咒（嗡木 瑪 呢 貝美吽）……累積咒數，這沒有太大的意義！

當然念咒有念咒的功德，但沒有契入空悲不二見地而念咒的功德，不會獲得解脫。解脫不是像買樂透，不是靠運氣，解脫是真的要一步一腳印去實修的，因此，若未能掌握到空悲不二的見地，繼而開展出「三種三昧」，復以我慢堅固一心而持咒。假如只為了累積咒數，且在整個過程心處散亂，蓮花生大士說：「以散亂心縱持咒一萬劫，毫無意義。」

在中陰的引導裡，為什麼講述**空悲不二**、**三種三昧**，不是故意要拖長時間的，我認為如果不講解這些，對不住各位遠道而來聽法的殷切心意。因為畢竟我們都要面臨死亡的，沒有誰是不會死的，就算是成就者也要示現死亡，即使是金剛不壞之身的釋迦牟尼佛也是要示現死亡，因此空悲不二、三種三昧，是必須要洞澈的見地。

在密乘教法的三種三昧，空性的「真如三昧」、悲心的「普明三昧」以及空悲不二的「本因三昧」等三種三昧，既是生起次第的要訣，也是解脫中陰的關鍵。然而，觀修大手印時，僅需要前兩種三昧，不太需要刻意學這些名相。持咒語時，有沒有儀軌都無所謂，有些人可能不喜歡唸儀軌，但是建議一定要掌握「三種三昧」的重點，而後再自觀本尊。

## 我慢堅固

聽過引導的內容之後，無需再想著「誒……我不是觀音」、「我不是文殊」，其實重點不在於「你是觀音」、「你是文殊」，而是已明瞭自心本具如來藏、自心實相、昭空不二的本智，那與觀音、文殊等等諸大菩薩暨無邊的諸佛，是相同且平等的。因此，觀修本尊時，最最重要的竅訣是以此理解而起的我慢堅固（ང་རྒྱལ་བརྟན་པ་）。何以稱為「我慢堅固」？台灣大多譯為「佛慢堅固」、「天慢堅固」，但在藏文直譯是扎扎實實的我慢堅固，而非佛慢堅固、天慢堅固。

藏文的「我慢」（ང་རྒྱལ་）這個字，與五毒[37]中的「我慢」是同字同音而不同義。一般的我慢是指自視甚高，自認比他人優秀、貢高我慢的心態；既然如此，為什麼還要以我慢表徵觀修的意義？因為在儀軌中，觀修本尊的竅訣之「我慢」是指：理解到自他平等，心性實相無絲毫差異，以此確認而於昭空狀態傲然而住，此即我慢堅固。不是以一般的優越感觀想自己是度母、觀音了，所以我最殊勝，與眾不同，你們都不如我，所以叫我慢堅固，非也！

為什麼了悟全部的眾生皆為自他平等？因為心性本即昭空不二的本體，只不過是因為五毒的攪擾，因此各以不同的業力而顯現各異的形相。若就勝義諦而言，眾生都是平等的，理解到這樣的平等而安住於所觀想的天尊形相，此即我慢堅固。

生起次第以「我慢堅固」的見地來觀修本尊，假設自己不明瞭上述的三種三昧，也不明白所謂的我慢堅固而觀想本尊，一定是一邊讀誦儀軌、一邊自我懷疑「我是觀音嗎？」「我這樣

37 貪欲、瞋怒、愚癡、我慢、嫉妒亦稱五煩惱，如毒物能致命，五煩惱亦能令人墮入輪迴無法解脫。

自觀觀音，唸觀音的咒語，是被允許的嗎？」「這樣子是不是褻瀆了諸佛菩薩？是否對諸佛菩薩不恭敬？」「我何德何能可以把自己想成佛菩薩？」當心中有「我」時，當然是缺德無能。可是此刻是以「觀空咒」為起始，如法觀修三種三昧破除我執，以自性昭空不二的如來藏顯現出天尊的形相，當然必定是篤信自己本身具備著如來藏，以契入空性實相的我慢堅固之見地，顯現出天尊的形相，這方為確實掌握觀修的重點。

從二十二歲第一次回台灣探親，順道當翻譯，至今前前後後當了近二十年同步口譯，應該是文化差異的緣故，也是語言的隔閡，我所認識上至父執輩的法友下至大學生，好像大多不明瞭觀修本尊的竅訣。大抵上，大部分的法友還是會以為：「我本來觀修觀音，再加修一尊文殊，這樣子觀音會不會覺得我拋棄了他？」或是：「我本來唸阿彌陀佛，但是現在我比較喜歡觀修綠度母，這樣阿彌陀佛會不會心生嫉妒？」一旦有這些想法時，代表尚未懂得昭空不二的見地。當知並非真有某尊佛坐在某淨土某勝地等著被朝拜——心外無佛。

## 踏破百雙鞋朝聖

朝聖的原理亦是如此，不論是佛陀的八大聖地，抑或各大祖師所示現的聖地，我是不清楚各位是否看到什麼樣的聖境，在我個人看來，就是斷壁殘垣一片寂然，憶起往昔佛曾在這裡轉法輪，佛在彼處剃度、成道……等等大行，心生虔敬而頂禮、做點課誦。

依顯教經論所載，以文殊菩薩示現的五台山為例，此界是諸佛菩薩、羅漢聖眾圍繞著文殊菩薩的聖境；依密乘經續傳記所載，二十四境三十二地是勝樂金剛的剎土，被無量勇父空行眾所圍繞。但我們什麼都看不到啊！為什麼看不到？是因為文殊菩薩與勝樂金剛小氣不給看嗎？並不是這樣，而是因為自心的佛性被障蔽了，以至於看不到清淨相的那一面。如果曾受過心性引導，契入空性持咒，或許會因散發心性光明而得謁見聖眾示現，但疏懶於見、修、行的人，大概與我半斤八兩吧！

為什麼祖師到聖地得以親謁諸佛菩薩的顯現，並非諸佛菩薩特別偏心垂憐，而是因為他們如實的了悟「了知境相即心，故而不入於自他二相」。外境其實就是內心的外顯，因此對自性的昭空不二有著深切的證悟時，內心功德自然而然投射於外。故而，到各聖地朝聖時，藉由內心的功德所顯現的外境，自然會有諸佛菩薩、勇父空行於彼處示現。

我也帶過朝聖團去印度，八大聖地也去過，但當我們不了解見地時，常看到很多人在聖地做什麼？比出V勝利手勢，口裡說著YA！就是拍照留念而已呀！這類型的朝聖是去朝拜外在的境，觀光團模式的朝聖是沒有意義的。

密勒日巴曾對惹瓊巴說：「比起踏破百雙鞋子去各地朝聖，我倒是希望你坐破百個蒲團，往內心尋找你的自心實相。」當然不是說不要去朝聖，朝聖還是要去的，只是要清楚，聖地其實是自心昭空功德的外顯。先以此見地去認持實相、持咒，淨化自己的業障，累積福德再去朝聖。

知曉朝聖的意義不是向外去尋覓哪尊佛菩薩，而是理解到，佛菩薩所示現的那些聖地與心性密不可分，相信這才是朝聖的重點。當然，釋迦牟尼佛也說過，「朝拜四大聖地，可以不墮三惡道」，可是我們畢竟是內道、是佛陀的追隨者，應該要知曉更深一層的意義，往內心求道方為上策。

# 第1偈

**聖意鑒知諸法如虛幻，解脫不淨虛幻而於淨，**
**身得導引虛幻眾生之，予導虛幻聖身求皈依。**

經過以上與心性相關的闡釋，相信對於中陰已經略有概念，可以進入第一偈了。以藏文書寫的佛經、密續，循例一開頭都會先讚頌諸佛菩薩，此處是對佛的報、化二身，也就是色身的禮讚與求取皈依。「聖意鑒知諸法如虛幻」即是對佛與自己上師的色身進行禮讚。

## ◇三身自利利他

藏文與日文相同，使用很多敬詞，比方說，上師、聖眾的身、語、意，與凡夫的身、語、意的詞彙，中文都用身、語、意，但在藏文，凡聖二者的身、語、意發音是不一樣的。凡夫的身、語、意是呂（ལུས་）「身」、啊（ངག་）「語」、夷（ཡིད་）「意」，但是講到上師、聖者時，不能使用呂（ལུས་）、啊（ངག་）、夷（ཡིད་），會被認為是不敬的；提到上師、佛時，就會用固（སྐུ་）「聖身」、頌（གསུང་）「聖語」、禿（ཐུགས་）「聖意」。因此，文首以「聖意（鑒知）」表示對佛、上師的禮讚，既然在中文沒有所謂敬詞的用法，只好在「意」的前面加個「聖」以表區別。

「聖意鑒知諸法如虛幻」，是指能予如實了知本即虛幻的諸法確實是虛幻非真的，上師與佛的聖意如實了知，且嫻熟諸法的本質確實為虛幻，並由虛幻的不淨諸蘊當中解脫，而獲得「清淨的幻身」。

| | | | |
|---|---|---|---|
| 凡夫 | 身＝呂（ལུས་） | 語＝啊（ངག་） | 意＝夷（ཡིད་） |
| 上師、佛 | 聖身＝固（སྐུ་） | 聖語＝頌（གསུང་） | 聖意＝禿（ཐུགས་） |

## 佛的清淨幻身

「清淨幻身」指的是佛的三身中的報身與化身。何謂報身、化身？釋迦牟尼佛在菩提樹下證悟後，獲得自他二利的成果。自他二利是指證得法身而利益自己，然而，所證的法身無法向世人示其證量，因此以顯現其報身、化身的方式利益眾生。

報身利他是指針對初地以上到十地以下的登地菩薩（也說是賢聖僧），他們是佛的報身所度化的對象。凡夫因為業障深重，無法以肉眼謁見報身，假設看得到報身，相當於親謁本尊了，因此我們看不到報身。

但是深陷輪迴大海的眾生更是需要被救度，因此，佛以尚在菩薩地所發的願力，由報身再顯現化身，化身如釋迦牟尼佛、蓮花生大士，以及四大教派乃至於顯教歷來的諸位祖師大德，他們皆是佛的化身。

報身度化清淨的對象，化身度化不清淨的對象。當佛獲得虛幻的清淨之身——報、化二身之後，對於以業與煩惱所成的虛幻眾生，將以萬千方便，予以引導至解脫之佛身。

## 業，精勤的作為

業與煩惱，不論非佛教徒與佛教徒皆常使用的詞彙，正因使用頻繁，反而參雜了某些似是而非的意涵，要先釐清一下什麼是業。常聽到：「在造業啊！」「業障深重啊！」要先了解到底何謂「業」？方可得知為什麼眾生是以業與煩惱所成的。

「業」指的是「作為」，透過自己的身體、語言、心思，亦即身、語、意三門所做出的行為就是「業」。以業為開頭，其結尾就是果，因此行持善業將得樂果，造作惡業便得苦果，這個業果是無所欺瞞壞滅，是必然如此的。因此所謂的「業」實際上是指「精勤的作為」，無論是透過自己的身體、語言或心思，一旦有所行動之後，從這個點跳到下一個點時，就是「造業」了。

煩惱是什麼呢？在藏文，煩惱就只有一個意思；但在中文裡，煩惱有兩個意思。當華人工作一帆風順、家庭和樂時，會說：「我好開心，沒有煩惱！」可是在藏人文化裡不會有人說「我沒有煩惱」，沒有煩惱就從輪迴解脫了。什麼是煩惱？煩惱是指自心被無明障蔽後，產生自他二元的對立（我最優秀，他人低劣），而衍生出的貪欲、瞋怒、愚癡、我慢、嫉妒等等心態。具備著業與煩惱就是眾生，佛不會有業與煩惱。業若再細說，可分為善業、惡業以及無記業，亦可分為善業、惡業以及不動業等等，各有不同的分類，目前只需要理解到，業本身就是一種「精勤的作為」就可以了。

## 不淨蘊是煩惱之源

不淨諸蘊，也就是第二句所說「解脫不淨虛幻而於淨」。因為眾生的色蘊、受蘊、想蘊、行蘊、識蘊等五蘊[38]都是由煩惱為源頭而形成，所以稱為「不淨蘊」，佛就是由此虛幻的不淨五蘊之身解脫，而獲得虛幻的清淨之身，如上文所述，稱為報身與化身。

在佛教的見地裡，凡有顯現必將壞滅，成、住、壞、空是無可避免的自然規律，沒有任何

38 五蘊的「蘊」是聚集的意思。

生命、物品是恆常的，報、化二身也不出此範疇。

《那若六法》也提到所謂的幻身，幻身分為清淨與不清淨。要理解身體並非真實存在的，此稱之為「不淨幻身」；「清淨幻身」是指，即使是遍空的諸佛顯現，也要明瞭那是虛幻的，僅是沒有自性而顯現的影象而已。

此處的不淨幻身是指，以業與煩惱所形成的五蘊身，因此「解脫不淨虛幻而於淨，身得導引虛幻眾生之」，這裡的「虛幻眾生」指的是三界六道的眾生[39]。什麼說是虛幻呢？因為我們都是無中生有，即如〈普賢王如來願文〉所言「一基二道二成果」，「一基」是指佛與眾生同一體性，從基位而言，皆是昭空不二。在認持空分上沒有問題，但在認持昭分上，對於由昭分所顯現的境相執著為外境的緣故，執著境相是由外而生，由此馳逐外境，往而不復。

但是，被稱為普賢王如來的這尊佛，他理解到，外境是由內心投射而生，僅因認知的差異便成「二道」，「二道」是指以兩種不同的認持方式出現「二成果」，一個成果變成佛，另一成果成為眾生。因此，在密教裡稱成就者為「持明」，持明就是持有明覺，已經了知本覺，此之謂持明；眾生稱為「無明」，是因沒有了悟到這層實相，是以稱為無明，從無中生有，障蔽明覺，生出煩惱導致成為流轉六道的眾生。

## 虛幻八喻

佛完全理解外境是虛幻非真實的，如佛所宣說的虛幻八喻——夢、幻、光影、陽焰、空谷回

39 三界：欲界、色界、無色界；六道：天、阿修羅、人、畜生、餓鬼、地獄。

音、尋香城、鏡影、幻化城。

「夢」是指夢境，「幻」是指幻術。我不確定台灣有沒有幻術，但是據說印度現在還留存著幻術。幻術跟魔術不太一樣，魔術是透過障眼法，應該是說通過特殊的手法、道具而變化出違反客觀現象的表演。但是印度教的幻術師是以咒語，讓一朵花或一根樹枝變出大象、馬等等幻境，這些大象、馬是真的嗎？在不懂的局外人看來是真的，但是在幻術師來講，他自己清清楚楚知道這是虛假的，所以他不會被欺騙。咒語的力量是真的存在的，但憑藉咒語的力量，就示現的物體來講是虛幻的，所以稱之為幻。

「光影」是光的倒影或光所呈現的各種影象。「陽焰」，夏天陽光照耀路面浮塵時所呈現，遠望彷佛蒸氣往上、似水如霧的景象。「空谷回音」，在山谷間吶喊的回音，有聲音但實際上本質是空。「尋香城」是天龍八部其中一族乾達婆[40]所居住的城市，或譯「揵達婆城」；《華嚴經》云：「但可眼見而無有實，是名揵達婆城。」遠望分明，近觀即滅，只有影象，看不到、摸不到實體的城郭。「鏡影」是鏡中的人影、物影。「幻化城」，變幻出來的城市。

上述為釋迦牟尼佛所說的虛幻八喻，另有虛幻十六種譬喻。總之，以迷亂心識所看到的萬法境相，如同是幻術所變出般，皆是不真實的。這八種幻象，幻化城、空谷回音等等，有影象、聲音，但實際上本質是空，以藥物或以咒語就能現出這些幻象。

回到現實的世界，色、聲、香、味、觸、法六塵，或說，從可以接觸到的這些色相（世界萬象與人間萬事）到遍知一切的果位（佛果），其實都是虛幻的名相，千萬不要認為真有一個

40 乾達婆，梵語讀為 gandharva，乾讀成甘。

佛果可得，實際上沒有佛果可得，如果認為修行真的「有所得」，那就大錯特錯。《心經》云：「……無智亦無得，以『無所得』故，菩提薩埵」，「……無苦集滅道，無本智，『無所得』，亦無不得矣。」[41]因此一切都是虛幻的。

第三句的「身得導引虛幻眾生之」的「身」，與第二句「解脫不淨虛幻而於淨」的後一字「淨」，二者需要連貫而理解，意指佛陀解脫了不淨諸蘊的虛幻之身，而獲得了虛幻的清淨聖身，因此，能以悲、智、力導引被業與煩惱繫絆所成的虛幻眾生至解脫的佛身。

以此之故，向佛的法、報、化三身或自己的根本上師求取皈依。這從第一偈的第四句「予導虛幻聖身求皈依」的「聖身」，就可知曉是指上師或佛身，不是一般凡夫。凡夫用「呂」（ལུས་）「身」，不會使用「固」（སྐུ་）「聖身」，是有差別的。

## ◇究竟皈依法身佛

然而，皈依是皈依誰呢？當然是皈依三寶。誰是三寶的究竟皈依處？究竟的皈依處不是法，也不是僧，究竟的皈依處是佛。佛，有法身、報身與化身，我們皈依法、報、化三身的哪一身呢？皈依法身！因為化身與報身終歸趨於壞滅，成、住、壞、空是萬物必然的軌跡，既然有所「成」，就必有所「壞」。

例如，以化身釋迦牟尼來說，確實是在二、三千年前的古印度，居住於迦毗羅衛城的一位王子，在出遊四門後，見到老、病、死的景象而逃離王城，走上修行之道……但現在早已不在

41 前句引自玄奘法師漢譯本，後句出自藏譯本。

世間了，因為是化身，既然有所示現，就必定壞滅，既然會壞滅，就不是究竟的皈依處。

皈依佛的重點是在於佛的法身。佛的法身是什麼呢？佛的法身不是遠在天邊的一個遙不可及的對境，也不是所謂的虛空，佛的法身即是**自己內心的如來藏**，或說即是**自心的「基位光明」**，那即是所謂的**法身**。

其實並非僅有密宗如是認定，顯教也如是主張，即如《金剛經》著名的四句偈：「若以色見我，以音聲求我，是人行邪道，不能見如來。」都已經親眼見到如來身了，都已經親耳聽到如來說法了，何以「不能見如來」？其實看到佛身、聽到佛語還不是「見如來」，真正的見如來是見到內心澄澈的佛性，這才是謁見如來。也就是說，當徹悟了內心的佛性——法身之後，自己方為親謁法身如來。

雖然在密宗有所謂的親謁本尊，很多學密的人也會認為：「喔！我不要學顯教，我要學密乘，因為密乘可以見到本尊，可以獲得本尊所賜予的成就，可以獲得八種共同的成就與殊勝的成就……等。」這是非常錯謬的見解，學顯學密到最後的目標都是一致的，終點都是成佛。

## ◇內在佛性徹底開顯

內道佛教真正的見地是：承許一切有情心續中，本即自性清淨無變的如來藏。如來藏是一切法的究竟實相，何時能認持了悟一切法的究竟實相，彼時即說是佛陀果位，屆時即無主客、自他諸相的區分。

不過，不是在現今的道上階段宣稱說沒有我、沒有眾生、無須布施、無須持戒……在道上學習的階段皆必須學習；然而，道上學習的階段中，並非一味執實、執相，是與「證得無我般若」圓融而行。直至某時得證諸法究竟實相時，上述那些自他諸相等散亂紛陳的顯像，自然盡可完全棄捨。

但成佛絕不是釋迦牟尼佛來到面前、手拿寶冠戴在你頭上道：「善哉，善男子（善女人）汝已成佛！已獲得與我一樣的果位。」成佛不是某人給的某種加冕、某種的法座、某種加持物說：「來！坐上去，你就成佛了！」沒有這種事情，真正的佛是**自己內心的佛性徹底的開悟**。

所以禪宗講明心見性，明心見性不見得是成佛，但已開啟了成佛的第一道門。比方說，初地菩薩是否明心見性？是，但他是不是佛？還不是佛，可是他已經了知成佛大概是怎麼一回事，而且永不退轉。我們卻都還沒有，呃……至少我還沒有明心見性，但是起碼已知，只要遵循佛語、謹遵著傳承祖師眾的聖語而行，成佛是指日可待的。因此，無論在平常唸誦〈中陰祈願文〉或是平日觀修，要了知，其實佛不在外境，而是在自心。

或問：「假如佛在自己內心，為什麼還要每天對著佛像頂禮、膜拜、獻花、燒香、獻供？如果佛真在自心，每天拜我自己就好了，為什麼還要拜佛？」如果心中真的沒有二元對立，安住自心就是拜自己，即如《修意》：「萬法皆為三身之自性，僅向不二廣大界頂禮。」若能確證自心與三身無別，即是上品見地謁見禮。但在消除內心的我執之前，尚存在著自他的對立，膜拜自己不會有任何成就。

為了消除愛自己勝於他人的「人我執」與習氣，一定得求取皈依，藉著對佛的外相，獻供以累積福德資糧，禮拜以淨除煩惱業障，而得以開顯心中原有的「本智」。

## 實修現證的知道，才是本智

何謂本智（ཡེ་ཤེས་）?本智在中陰的教法也很重要，一般中譯為智慧，可是事實上「智」與「慧」兩者是不太一樣的。何謂本智?原本即存在「本」;「智」在藏文是「知道」的意思，原本即知道。知道什麼?原本即知道法、報、化三身即存在於自心，此之謂「本智」。但「知道」有所謂的實修現證與道理論證的知道，實修現證的知道才是「本智」，所以是證得本智或說證得本智果位時，方為如實知道。好比像是人人都知道食物可以吃，但知道可以吃與真正吃飽是不一樣的。

最後一句是「予導虛幻聖身求皈依」，顯現而本質為空的「虛幻『聖身』」（固སྐུ་），指的是佛身，能夠將眾生從三界六道輪迴中，隨各各根器而以了義或是不了義……等等的法門，引導至解脫之道乃至於佛果。因此，第一偈即是先皈依佛的法、報、化三身。

# 參

# 生住中陰

祈求加持生起出離心，令心向法。

## 第2偈

具足虛幻身者怙主汝，虛幻所欺我等諸有情，
莫被虛幻之相所欺瞞，了知虛幻本面祈加持。

已經獲得且具足清淨涅槃幻身的怙主汝，怙主是指上師或佛，因為能夠救護眾生不墮三界六道，因此稱作「怙主」。對於被虛幻所欺瞞，不知道虛幻諸法即是虛幻，執著虛幻為真實，進而貪求、愛戀再造業而受諸苦果的我等諸有情，祈請即從今起不被虛幻的輪迴諸相所欺瞞，能夠確知虛幻諸法確實是虛幻，而後對於虛幻之法不再貪求、愛戀而受欺瞞。了知萬法的虛幻「本面」祈加持，本面是藏文的用法，白話是原始、本來面目的意思，所以稱為「本面」。

第一偈提到，佛是已經獲得「清淨幻身」者，此偈闡釋佛是「具足虛幻身者怙主汝」，何以稱為「怙主汝」？因為從佛的境界而言，眾生是虛幻的。

其實在唸誦儀軌觀修天尊前，以「普明三昧」對三界六道曾為我母的有情生起悲心時，也不是把眾生視為真實而觀，因為已先安住空朗澄淨的狀態契入空性，因此了知眾生是無中生有，顯而本質為空，空而本色自顯。

### ◇一場影象的遊戲

諸大菩薩了知眾生本即為空，但依然發下大願要度化眾生，這是什麼緣故？這代表著悲心廣大，即使以「證得無我的般若」了悟僅是一場影象的遊戲而已，但依然發下這樣的大願來度

化眾生。

一如地藏王菩薩所發的弘願：「地獄不空，誓不成佛。」其實在地藏王菩薩的眼界裡，地獄是不存在的，為什麼在《地藏經》裡說，地藏王菩薩在地獄的烈火當中行走，每跨出一步，都會出現一朵紅蓮來承接怹的聖足。因為對地藏王菩薩來說，地獄與怹是不相應的，怹沒有造任何要墮地獄的惡業，就算身處地獄，地獄對怹也如身處淨土一樣的殊勝。只不過在眾生的雙眼看來，「哇，為什麼地藏王菩薩竟然可以在上火徹下、下火徹上的熊熊火焰中，以紅蓮承托怹的雙足？」這是眾生的眼界看到的景象，實際並非如此。

對於地藏王菩薩而言，即如《維摩詰經》所云：「若菩薩欲得淨土，當淨其心；隨其心淨，則佛土淨。」菩薩的心已清淨，外在的境界必然清淨的，一切輪迴幻象悉已消融，身處地獄亦如淨土。我們應如是理解，不要以眾生的思惟認為，地藏王菩薩真的也感受地獄諸苦。勘破無明大夢的菩薩，處處是淨土[42]。

好比「目蓮救母」的故事，目蓮將母親從餓鬼道救了出來，來到恆河邊時，在業障深重的目蓮母親的雙眼看起來，整條恆河是膿血所成的恐怖駭人景象，因為她的業障沒有淨除，就只能是這樣的境界。同一條恆河，在天人乃至於八地菩薩到十地菩薩的境界望去盡是甘露，在人類肉眼看起來就是水。同樣一件物體，在不同業力的眾生看來就是不同的東西。以此理可證，地獄並非真實存在的。

豈止是地獄，餓鬼……等，六道都不是真實存在的，只不過是被無明障蔽的眾生執虛為實，

42 一旦外境悉為自心所顯，通徹心境不二時，即如《指月錄》所云「青青翠竹，盡是法身；鬱鬱黃花，無非般若」，無一不是清淨相。

執假為真，認為有地獄，其間地藏王菩薩不辭疲厭，亦有目蓮入於餓鬼道救母。以凡夫現在的程度而言，六道這些境相當然普悉存在，但以諸佛菩薩的境界而言，諸相皆是虛假，聖者可以說諸相虛假，但凡夫不能也跟著聲稱「皆是虛假」而自詡為聖者，沒有證得無我般若的見地而說萬法為空，就是打妄語。

但是我們應該以聞、思建立「輪涅萬象確實是虛幻的」的見地，正因為萬法本質是虛幻的，所以才能證悟到是虛幻的那一面。自己的境界愈高，就愈明瞭一切都是虛幻的，境界愈低就愈執著一切是真實的。這不是刻意去造作，而是法爾如是。

猶如初地直至七地菩薩，所看到的境界與凡夫所看到的雖是一模一樣，然而不同在於破了或多或少的「法我執」，他們可以確實了悟一切如夢如幻而不被迷惑；八地到十地菩薩又稱清淨三地，彼眾所見就不是現在的庸俗境相，在其眼界，一切皆為大日如來的顯現，是自心功德所現的淨土，無處不是淨土。

倘若八地到十地都已這麼清淨，從佛而示現的地藏菩薩，怎麼可能會有地獄的境相？在他的境界裡沒有地獄的苦難境相，當然地藏菩薩可以隨順眾生說「地獄的眾生如何如何」，但那都是為了導引眾生脫離地獄之苦而諭示的聖語。

所以，無須爭議「地藏王菩薩究竟可否成佛？」他當然成佛了！就世俗諦來說，他發下了弘誓「地獄不空，誓不成佛」，令人不禁懷疑：「地獄怎麼可能空盡？所以菩薩永遠成不了佛！」從勝義諦來說，萬法皆空，《金剛經》誨諭「無我相、人相、眾生相、壽者相」，難道地藏菩薩還會執著此等幻相而跳不出來嗎？這是不可能的事情。

依此類推即可斷定，地獄的境相確實是由自心所化現，然而尚未證得空性、未能了悟內心的實相之前，地獄是存在的。一旦明心見性之後，方知萬法皆空而虛幻，確實是如夢如幻的存在。眾生是虛幻的，除了清淨與不清淨的顯相差別之外，本質都是虛幻的，因為皆是由不明瞭「空」的本色而顯現的迷亂相。為什麼稱「怙主汝」呢？因為佛能成為無依無靠者的依怙，所以稱怙主。

第二句「虛幻所欺我等諸有情」，是指三界六道中，承受本是虛假但執著為真實而痛苦的眾生，「虛幻所欺」指的是不知外器、內情是虛幻，一如既往的執假為真，執幻為實，進而貪求、愛戀，其後再造業而受到種種苦果，這就是所謂的「虛幻所欺」，「我等諸有情」就是我們這些眾生。

「莫被虛幻之相所欺瞞」，在尚未聽到這些法門之前，三界六道的一切眾生都是因為被幻相所欺瞞，比方說看到了幻術師變出了大象、老虎，認此幻相為真，因而受其迷惑、受其脅迫、受其牽制，讓自己不得自在，但實際上這是虛幻相啊！從現在開始，因為已經知道一切都是虛幻的，如果你看到癲狂發怒的龐然大象，就像在科博館看3D、4D、5D的電影，已知那是假的，所以在影片裡，衝鋒槍再怎麼掃射，人物再怎麼陰險殘暴，魔鬼再怎麼邪厲毒辣，也不會受驚嚇而恐懼。

但是我必須要說，生生世世以來，我們真的把虛幻執著為太真實，我相信很多人看鬼片時，還是會捂著眼睛，雖然明明就傷害不了你。像電影《貞子》，她是慢慢地從電視機裡爬出來，貞子爬那麼慢，害怕什麼？大家不覺得那些人很笨嗎？她慢慢爬出來時，觀眾驚叫連連，就算是真的存在，在尖叫的瞬間，盡可以拿棒子敲她，拿刀子砍她，為什麼要啊啊的尖叫？當然那是電影的效果。在這兒只是要強調，本來就是虛幻的，自己卻又被虛幻所欺，把它當作真實的，被其所騙，然後又被騙的心甘情願、忙的團團轉卻沉緬流連。

## ◇「斷險境」口訣

前一陣子我會在網路上看影藝人士怎麼處理遇到鬼的影片，藝人講述在片場、旅館遇到鬼，唸佛號沒有效，後來要罵三字經才會有效的那種說法。其實不是佛號沒有用，而是自己先執著「鬼」為真實存在，明明就是一個虛幻的影子；或者就算真的鬼的影象出現了，鬼的影象出現能對你怎麼樣？它就是一個影象而已，但是你執著為真實，「哇！好恐怖！鬼要來傷害我，趕快唸阿彌陀佛！」一方面唸阿彌陀佛時信心不具足，只是因為有人說可以唸阿彌陀佛，所以就唸阿彌陀佛。那當然，此處的信心不具足，彼處極度執著為真實存在，當然彼處會占上風囉！所以唸什麼佛號都沒有效！為什麼罵三字經很有效？並不是三字經真有力量，而是鬼也不想聽這種髒話而離去，僅止如此而已。

回到現實人間，現在因為疫情的關係，也不太可能出國，很少住旅館，二〇二〇年疫情蔓延全球之前，各位常在國內外旅遊、巡禮，假如住旅館遇到鬼怎麼辦？或是被鬼壓床（或稱為夢魘）怎麼辦？聽藝人說「手腳不能動」、「這樣子壓著我，我好害怕，不曉得該怎麼辦？」應如第一堂引導所言：「害怕的本質是什麼？去反觀害怕的本質，就這樣安然而住。」當你知道自己在害怕，反觀害怕的本質，此時掌握「知道自己在害怕」的這個覺知，以昭空不二的見地坦然而住，我向各位保證：鬼馬上消失！如果鬼還不走，那不是鬼，那是人裝的，是人在嚇人。

各位都知道「施身法」吧！「施身法」藏文直譯是「斷法」（གཅོད）。斷什麼？斷內心的我執。其實若要修持施身法，搖鼓、搖鈴、吹剛令（大腿骨）等這些事相都不是重點，雖然吹響剛令，鬼眾確實會聞聲而來，因為鬼眾喜歡聽這種聲音。但是此法的重點在於破除內心的我執，既然已知見佛是見內心的實相，佛相是由心性功德投射而成；同理，鬼魔也是自心的妄念外顯，由心念迷亂投射而成的。具備這樣穩固的空性見地，即可「斷險境」。

「斷險境」是觀誦「斷法」的行者提升自我境界的鍛鍊方式，通常是到墳場或著名的鬧鬼處所修持「斷法」，通過「斷險境」，行者功力倍增，失敗者大病一場，甚或喪失性命亦大有人在。假若還存在執實的念頭，規勸各位不要輕易去墳場修法，因為就算是假的鬼，自己也會認定是真鬼而出事。

觀修施身法最常說「呸」（ཕཊ），聽起來神威無敵、有股神祕莫名的力量，「呸」音也確實有其作用，密勒尊者說：「集聚奔散諸念用外『呸』，醒覺覺知昏沉用內『呸』，入於實相狀中實義『呸』，是為具足此三『呸』法之瑜伽士。」但是，法不是問題，問題在人。

## 「呸」的力量

阿曲長老說過一個故事。在西藏有一位行者，天天去天葬場修持「斷法」，這位行者右手持鼓咚咚咚、左手搖鈴噹噹噹地依儀軌以唱腔而誦。

另有一個人想去嚇嚇這位行者，夜晚身披白布從遠處逐步上前。古時西藏既沒有手電筒也沒有路燈，行者點著一盞小油燈，憑自己的記憶去唱誦。星月無光、一片漆黑的天葬場，低嘯的寒風吹得油燈的微光忽明忽暗，隱隱看到白影由遠而近在前面晃呀晃，一開始行者很不在意地對著假鬼唸著「呸～」，修行人都知曉昭空不二，行者也是有一點點見地的，故而開頭還能鎮定以對。

裝鬼的人原地晃動了一下，停頓片刻後，依然往前飄蕩，行者開始有點緊張並提高音量急促再念「呸！」，裝鬼的人繼續趨前搖晃著，行者大聲喊：「喂！『呸』！」將鈴、鼓、剛令往假鬼身上一丟，嚇得轉身落荒而逃。即如此例，當見地不到一定程度時，「呸」喊再大聲也沒有用，再怎麼「呸」都「呸」不出力量的！

假若這位真的是證得空性的行者，膽敢裝鬼去鬧這位行者，這「呸」聲是足以殺死人的，確實具備這種力量的。故事中裝鬼的那個人運氣好，遇到的是沒有修持力量的行者，所以「呸」不死他。破瓦法也是用呸音的，「呸」就是讓神識出離。「呸」（ཕཊ）是藏人的發音，印度人是唸「帕特」，在印度語是「破」的意思，令彼頭顱或物品破掉的意思。

重點是，內在的能量若不足，外表再怎麼樣的華麗，都是虛有其表而已。所以修什麼法門都很好，但不要太注重外表的東西，講究鼓、鈴、念珠的材質，要用人骨的手鼓、念珠等等，其實最實用的就是菩提念珠，沒有必要購買珍貴稀有罕見的念珠，實修不需要花大錢，沒有意義的。

十一世紀西藏有位惹譯師[43]，這位惹譯師是西藏史上放咒最厲害的譯師，據傳活了三百多

43 惹譯師（一〇一六～一一九八）擅長於行持誅法，參見第七十二頁。

歲，他曾經誅殺了十三位登地的菩薩，在惹譯師自己的傳記裡，是如同武俠小說的獨孤求敗，所向無敵。但他鬥不贏密勒日巴，密勒日巴是唯一曾經戰勝他的人，西藏同時代所有的成就者們，沒有一個鬥得過惹譯師的。

但這不是這次要說的重點，重點是這位惹譯師的上師是沒有手掌的，為什麼沒有手？因為早年被誣陷為盜賊，當時印度那個國家的法律是，偷竊就必須砍斷雙手，這個人是被冤枉的，所以當他被國王誤判時，怨憤不已，想著：「我一定要觀修忿怒尊來放咒，讓昏庸的國王為他的惡行付出代價！」他毅然求得了忿怒尊大威德金剛——牛頭尊的觀誦法門，夜以繼日勤奮觀修、持咒，他手腕已斷，沒有念珠可計數，竟然讓他修得成就了！

雖然發心不正確，這是不可能之中的唯一的例外，竟讓他成就了！觀修成就後，他反而心生感激：「不殺國王了！假如當初國王沒有斷我雙掌，我哪來的衝勁去修持？」他反而感謝國王。這樣的一位萬裡挑一、不世出的上師，他所教出來的弟子，就是全西藏咒術最厲害的惹譯師。這位上師的法號是「沙棟巴」，意為「無手掌」。

因此，不要太計較要拿什麼法器、要拿什麼念珠，那都不是重點，重點是前述的昭空不二見地，可以確實持守昭空不二，方為修密或修顯的關鍵。因為唯有昭空不二能陪伴自己到臨終、中陰乃至於生生世世，是真正的生死相隨。其他的，法衣再怎麼華麗、長相如何俊美、佛寺再怎麼莊嚴、再怎麼有錢……統統帶不走，無甚意義的。

台灣民間習俗在人死時，死者手中要握一些錢，據說能讓子孫作為錢母使用而庇蔭後輩；或許真對後代有益，但是這個舉動對亡者沒有意義。或是人死後舉辦隆重盛大的告別式，輓聯、花圈寫著人天同哀，備極哀榮；然而，沒有人天同哀，只有亡者獨自於中陰遊蕩而痛苦，告別式是做給活人看的。除非是一位大成就者、是一位大上師圓寂，弟子為您點燈、獻花，可藉此累積福德，否則對一般亡者沒有絲毫意義。我是指對於個人而言，用不著憂慮自己的後事該如何舉辦，後事不重要，「怎麼面對死亡」才是關鍵，生前要花點時間深切思惟這一點。

從此刻開始「莫被虛幻之相所欺瞞」，因為確知虛幻的萬法即是虛幻後，對於虛幻之法不再貪求與愛戀，不再造作因我執而起的貪瞋諸業，也不再被我等所感受的色、聲、香、味、觸、法六聚所欺瞞。當然不是說今日起就不吃不喝、不看不穿、不聽不嗅，而是心不生貪著才是重點。

最後一句「了知虛幻本面祈加持」，是說我們一再地向佛陀祈求，不論是輪迴或涅槃，一切皆為如幻之法，是虛幻的本質，在此之前因為無明、無知而輪轉於三界六道，祈求佛陀賜予加持，願從今起，不再被虛幻之相所欺瞞，生起了無謂的迷亂、恐懼與痛苦。

# 肆

# 臨終中陰

祈求法入於道，而於死亡獲得把握。

## 第3偈

無常虛幻此體棄捨時，貪愛瞋怒戀著普斷已，
心性無整置放於自地，死亡取為道用祈加持。

第三偈開始講解無常的內容，或說已經涉及無常了。

第三句「心性無整」，如果沒有在第一座的引導與各位略述心性的見地，要如何理解進而做到「無整」？「無整」是指沒有調整。

### ◇瑜伽士無須臨終助念

眾人都知道臨終助念這件事，用意是協助往生極樂剎土，可是對於有禪定經驗的人，臨終是不可以助念的，更不可以在身邊持誦佛號打擾。以瑜伽士為例，當我們知曉他快要離世時，不會在他身旁持誦佛號或持任何咒語而予干擾，因為他正安住於心性。

因此，外相上看起來似乎是袖手旁觀，可是見死不理真的是最佳處理方式，不可以有所干擾，他要怎麼死就任由他那樣子死去。瑜伽士的死亡與一般人絕對不一樣，有盤膝入定如毘盧七支法，有雙手交叉於胸前盤坐圓寂的，也有如佛示現涅槃獅子臥姿[44]。大部分的瑜伽士平日都習慣於打坐，所以圓寂時泰半是雙盤而離世的。

總之，死後還會入定，一直到出定之前，絕對不可以打擾。何謂打擾？舉凡唸佛號、點燈、

---

44 獅子臥式：右脇而臥，左腿壓右腿，右手曲於枕下，左手舒伸置於身體左側。

點香……皆被禁止，更遑論講話了。任由聖體原地原樣，不管入定幾天，就算是酷熱的夏天，入定三天、七天、十幾天乃至一個月，都不必擔心會發出臭味，也不需要冷氣、放冰塊。

其實我不曉得人死後會有屍斑，因為我十四歲就遠去印度的寺院，第一次回台灣探望雙親是二十二歲，或是直到第二次二十七歲回鄉探親時，才看到人死後出現的屍斑。瑜伽士死亡是沒有臭味、屍斑的，我一直以為每個人死後都是這樣。

寺院山腳下村落的村民死亡，全院僧人會去唸經，可是因為當時年紀輕、輩份小，是進不去屋裡的。亡者家屬會在屋外鋪地毯，我們這些小喇嘛們只能坐在屋外地毯誦經，看不到屍體，雖然那十幾年很想看看屍體長什麼樣子！藏人會用白布裹著屍體，外人是看不到亡者的。我只有看過二位瑜伽士圓寂，他們就是平常的樣貌，穿平日一樣的僧服，盤坐而離世的。

我原先不曉得要出現屍斑才是正常的，瑜伽士們的聖體沒有屍斑、膨脹、腐爛等事，無論放幾天就是原貌不變。雖然沒有縮小，但是沒有臭味，臉部都是用哈達蓋著，看不到臉，然而手腳真的沒有出現屍斑。據說這在醫學上是不可能的，因為按照醫學原理來講，屍斑是血液的沉澱，理論上應該出現屍斑的，但瑜伽士們確實沒有屍斑。

他們圓寂時怎麼坐就怎麼坐，出定之前，不用特別幫他們調整什麼姿勢，就這樣盤坐著，眼睛是閉起來的，就這樣三天、五天、幾天都是這樣盤坐在原地。那時候盤膝坐在那邊幹什麼？稍後再述。總之，重點就在於「心性無整」，各位要去祈求各自的上師給予心性引導，每天保任之、觀修之，之後在死亡來臨的那一天，僅需做到「心性無整置放於自地，死亡取為道用祈加持」。

## 遲早得 Check Out

所謂「無常虛幻此體」是指，這個身體並非恆常永在，本來就是無常的本質。為什麼叫「本非恆常」呢？因為身體從出生到死亡，既然有生必有死，就不是恆常；若是恆常，永遠不會有所變化，如同恆久不變的虛空，亙古不變。虛空永遠是虛空，但眾生從一出生到最終死亡，一開始藉由父精母血入胎，再經過多種因緣的聚合慢慢地成長，成長過程歷經變高或變壯、變胖或變瘦，時時刻刻在變化，繼而老化，這就證明不是恆常了。說是成長成熟，其實就是不斷地變化而老去。

所以身體本非恆常，就算是為了要維持身體的健康，每天健身、跑步，吃健康食品，飲食均衡節制，但是也常聽或看到很多活生生的例子，突然某天就罹患了什麼病痛，這是預防不到的。因為身體本是無常的本質，初始身體是藉由多種的因緣聚合而成，過程也是不斷地變化而老去。

第一句的最後「棄捨時」是指，世俗定義死、活，是以沒有呼吸就是死、有呼吸就是活；在藏傳佛教的定義是，當身心聚合時是活，身心分離時是死。因此，平時所謂的這個人是長壽、那個人短命、夭折啊……等等，這是指一個人的身心能夠聚合多久、他就能夠活多久，身心聚合久的叫長壽，身心聚合短的叫短壽或夭壽。

一如佛教觀修無常所言：「聚合終將分離」，身心二者起初是聚合，最終必將分離。心是什麼？心即是所謂的神識，當身、心分離後，神識將從這一軀殼到下一軀殼，從「此生」趨往「來世」，鍾愛幾十年的身體即刻換了新名字。

據我多年的觀察，台灣人也好，有一些藏人也是，十分懼怕屍體。我三十幾歲以前也很怕屍體，但我的身分又不得不跟屍體打交道。年輕時的我真的會怕，我們台灣人怕的更多，怕什麼？忌諱什麼？我們除了怕屍體之外，還懼怕神主牌、懼怕骨灰、懼怕死人的骨頭……甚至也懼怕藏傳佛教使用的頭蓋骨。

從網路上看到在嘉義有一座水流屍的陰廟，據說廟裡供奉兩顆人的頭蓋骨或是整顆頭骨，稱作水流公、水流嬤，信徒拜著那兩顆頭骨，據說很靈驗。凡夫對於屍體有太多的迷惘、忌諱，因此，會認為亡者的骨頭是有作用的。沒錯！骨頭有作用，但骨頭的作用絕不是用來膜拜，就可以有怎樣怎樣的作用。

在藏傳佛教裡，承認嘎巴拉確實會有其作用，但是嘎巴拉的作用，不是因為有誰住在嘎巴拉裡，有法力可以興風作浪，可以賜福攘災、轉禍降災……之類，非也，嘎巴拉只不過是一個工具而已。

人死後，屍體本身不會再有任何作用，除非變成殭屍，然而殭屍也不是原本的亡者了，殭屍是外靈侵入，占用了這個屍體，就好比一台車被盜賊偷走了，那是小偷或強盜駕駛著那一部車，殭屍就是類似的情況。

## 你的戀執是亡者的負擔

身、心分離後的身體（或稱大體、屍體），最後的結局，在華人世界不是被火燒，就是被土埋，印度、尼泊爾大多數是火葬再灑入水裡，世界各地多以土葬（被微生物、蟲、動物吃掉），亦有天葬（被鳥吃掉）等方式。心呢？就是所謂的神識、意識，將由此生趨向來世，除了在世時間的長短，亦即長壽和短命之外，神識必定要棄捨身體而去，身體絕對無法被帶到來世。

總之，一輩子吃好、穿好、用好的身體，除了時間的長短之外，最後最後的盡頭，屬於主人身分的心（神識），必定會棄捨像客房一樣的身體，絕對無法將此生的身體帶到來世。即如《佛子行三十七頌》所云：「長久相伴親友各自離，精勤所聚財物則遺留，意識賓客棄捨身客房，心捨此世乃是佛子行。」此頌說的是，心裡要認知親友、權勢財富都是不可靠的。所謂的「不可靠」是指亦無法自主，到此生的盡頭終將分離。因此，可以善待他們，但是不要執著，因為到生命最後，誰都救不了誰。

當自己的親人往生之後，如果過度戀執，不斷的流淚，朝朝暮暮想著對方，戀戀不捨的追憶與悲傷，對於已經離世的亡者來說，是很大的負擔，會帶來極大的痛苦。因此，有緣做一家人時，就好好的相處。過世之後，當然不可能今天死了隔天就忘了對方，只是心不要再牽掛著對方，因為這樣的牽掛，對對方沒有一點好處；如果真的那麼思念已經過往的人，倒不如唸誦一遍〈中陰祈願文〉、〈普賢行願品〉或其他的佛經，將功德迴向亡者，必有更好的幫助。

這是學佛的人應該要有的領悟，我常說學佛並不是幸福的保證，學佛後，依舊要面臨生、老、病、死，一樣要面臨所謂的人間八苦。學佛與沒有學佛的差別在於，佛子自己會有更健全的人生態度，面臨所遭遇的一切挫折跌宕、榮辱興衰、悲歡離合。學佛不會是幸福的保證，卻可以讓自己更自在，少了三分我執、多了幾分出離與豁達，接受人生百態。

確如佛教觀修無常所云：「生命終將死亡、積聚終將散盡、聚合終將分離、堆砌終將倒塌、高位終將墮落。」不管是感情多融洽或多乖離的親友，到最後不是生離就是死別。無論多豪奢或多貧困，積聚的財物最終只能遺留給他人使用。「意識賓客棄捨身客房」，將意識或神識比喻作賓客，好比旅遊入住旅店，不管居住幾天，終歸要退房，棄捨身體這棟客房，前往下一個景點。「心捨此世乃是佛子行」，當然我們沒有辦法像密勒日巴尊者那般完全捨棄今生工作、享用，到僻靜山洞去閉關，而是斷除內心貪執戀著，盡量讓自己的食衣住行簡單安適。

檔巴桑傑尊者也說：「出生清晨即來死亡鳥，無暇今生於心亭日人。」其實出生的當下就已經注定要死亡了，無論多富裕、多窮苦，或多好命、多歹命，實際情況就是如此，無一例外。當然，聽到親友家添了新生命時，理所當然會說很多祝福的吉祥話，但新生兒唯一的結局就是死亡而已。

有人說檔巴桑傑尊者是達摩祖師，他活了五、六百歲，最早可以追溯到唐朝中期。檔巴桑傑在唐中宗的時代即出現在藏地，一直到南宋時還有檔巴桑傑尊者度眾的記載。檔巴桑傑在藏地遊歷期間，晚年定居亭日，因此所說的法大多針對亭日當地人。也可以把偈文的亭日改成台灣，即是「無暇今生於心台灣人」，以此勉勵自己。

「無暇」就是沒有空閒，這是警醒我等，人一出生就註定了必定死亡，數十年間庸庸碌碌少有空閒。常有法友告訴我：「我很忙！每天像陀螺一樣從早轉到晚，沒有閒下來喘口氣的時間，更抽不出時間觀修。」輪迴中不會有空閒的時間來修持的，事情總是一件接著一件，因此在自己的心裡，總是「沒有空閒修持佛法」這個心態一定要改變，一定要不斷鞭策自己。

最近天氣轉涼了，偶爾又下一點小雨，我不曉得各位會不會這樣，早上不想起床，想多睡一會兒，除非是要上班，否則想睡到自然醒。或許我們都會有這種想法，但其實不需要睡那麼久；倘若真的那麼想睡，以後到棺材裡有的是時間讓你睡，可以睡很久很久。所以「無暇令生於心台灣人」，天熱也好、天冷也好，應該要做的就是把握時間好好的修持。

修持什麼呢？修持對自己的死亡有益的佛法，做什麼功課都可以，當然也可以布施、持戒、安忍、精進……做身體與語言種種的善行。但是最好的善行不是唸經，最好的善行是修定。所謂的定也好，「修禪」也行，「禪修」也罷，這裡所指的是「止觀」，是以止為本的勝觀，這才是最重要的！即是要修大手印。因為那才是躺在床上等待死亡降臨時，唯一用得上的法寶。

你說我布施了很多錢，我出資蓋了很多的大廟，某座大廟都是我捐獻的，哪一間廟的四點金柱是我花了幾千萬去把它立起來的，哪一間廟的龍柱是我立起來的（河洛語叫「采條阿」），「這條阿我采耶！喔，嘿廟我起耶！（那廟是我蓋的）」之類的，這些當然都是功德，這些功德在來世會產生作用，但是在面臨死亡的當下，不見得會產生作用。

## 引業與滿業

之前講到業，業可分為引業、滿業。什麼是引業、滿業？如前所述，業可分為善業與惡業，但是重點在於引業，把自己投往六道的任一道之業，才是必須要去重視的。

比方說，六道輪迴的凡夫都是隨業流轉，我們是怎麼的隨「業」流轉？隨著自己的身、口、意三門所做出的行為，任其產生的成果，把自己丟擲到六道的任一道的業力，稱為「引業」；

投生某一道之後，例如投生到人道為人，從投生為人到死亡這段期間的苦樂享用，稱為「滿業」，圓滿引業的過程，所需要的填充物或內容即是滿業。

滿業如何分配？比方說投生為人，引業必是善業，但是投生為人不見得一輩子幸福美滿，有些人就是一輩子多災多難、迭遭挫折、工作犯小人，幼年喪父、中年喪妻、老年喪子……因其滿業是惡業，不圓滿的緣故。反之，也常看到引業是惡業，但是其滿業卻是良好的，就好比方說，影星、財主的寵物，那些狗、貓活得比一般人的享用還要好上百千倍，這就是牠們的引業是惡業，但滿業卻非常優越，即出現這樣的差別。

## 醜到沒下限的羅漢

藏傳佛教的上師常會引用佛經的故事來舉例。在釋迦牟尼佛時代，有一位名為悅耳具賢的比丘，他的聲音悅耳、具足賢能，故名悅耳具賢。他是出家人，也是一位羅漢，但卻是個不受人待見的羅漢，為什麼？因為他身高四尺，大約一百三十幾公分的侏儒，而且他身上具備著佛經裡面所講的十八種醜陋的樣貌[45]，讓人看了就會覺得很噁心。佛經裡怎麼形容他呢？「如果還沒有吃飯，看到他沒有食欲了；如果已經吃飽了，看到他就反胃嘔吐。」這不是誇張的說法，是真的有長得這樣子的人。

但正是這樣一位奇醜無比的比丘羅漢，他的聲音卻是清越嘹亮，異常的動聽，動聽到什麼

45 十八醜相：一：身形不悅意、二：禿頭、三：額頭窄小、四：膚色枯黃、五：眼睛色黃、六：圓眼、七：一字眉、八：鼻形扁塌、九：牙齒歪斜、十：口吃十一：小眼、十二：小腹凸出、十三：肩窄肘短、十四：手腳不協調、十五：多毛、十六：關節粗大、十七：口臭、十八：體味濃厚。

程度？只要他誦經、以梵唄禮誦時，人與動物聽到他的聲音，一定是駐足聆聽的，總能將聽者帶入祥和寧靜的忘我境界，一定要等他把誦經圓滿，把梵唄讚誦完畢，聲音消失了，才會離開。

往昔在釋迦牟尼佛座下的兩千五百位弟子，用現在的話說，很多都是種姓高貴的帥哥，種姓低賤或條件很差的並不多。釋迦牟尼佛攝受了這一位悅耳具賢，當時的比丘是要出外托缽乞食的，只要國人看到這位悅耳具賢出現，就沒有人想要布施食物，開始毀謗釋迦牟尼佛的僧團：「怎麼會讓這樣的人出家呢！看來釋迦牟尼也沒有什麼擇徒的智慧，這種人也可以出家？他們的僧團看起來並不值得我們供養！」為了防止眾人的冷嘲熱諷而造下惡業，釋迦牟尼佛把這位長得又醜又矮又臭的羅漢藏在精舍裡，由其他的比丘持其缽代為托缽，再帶回滿裝飯菜的缽讓他進食。雖然他不能出門讓人家看見，但功課還是照做、經還是照唸。

古代出兵打仗會有象兵、馬兵等等兵眾。有一年，波斯匿王率兵征討鴦伽摩羅時，大隊人馬經過佛陀所在的祇園精舍，恰巧悅耳具賢以梵唄讚誦，象、馬聽到其聲而停留不前，整個軍隊全停滯在精舍旁的大路上。波斯匿王十分納悶，「怎麼會有這麼好聽的聲音，好聽到讓這些動物都不願意離開？」國王走進精舍請示釋迦牟尼佛，佛陀說那是精舍裡一位其醜無比比丘的聲音，在萬般的懇求之下，佛終於讓國王見了這位聲音悅耳的比丘。

不出所料，波斯匿王看到這位比丘的尊容，如同眾人飽受驚嚇後的激烈反應，他甚至不想再看第二眼。驚怖之餘請示佛：「怎麼會有人長成這般醜相，聲音卻又如此清亮殊妙呢？」

佛說：「這與他過去世的所作有關。」原來悅耳具賢過去世是個建造佛塔的人，蓋佛塔時，總會偷工減料，例如要蓋五尺的佛塔，就擅自縮成四尺，做工也是粗製濫造且苛扣塔財，他總是說：「啊，這樣就好了！隨便蓋一蓋、隨便蓋一蓋。」那是他的口頭禪。

說也奇怪，蓋好的佛塔，卻不會像他所說的那麼拙劣。等他老邁力衰時，懊悔年輕時做了這些事，實在是鬼迷心竅愚蠢至極，於是用歷年所得的利潤，買了黃金，用黃金刻成一個小鈴，將金鈴掛在佛塔上面，並發願：「願我來世能在釋迦文佛的座下出家！」每當風吹時，金鈴就會噹噹噹～噹噹噹～發出悅耳的聲響。

因他在蓋塔時，總是要偷工減料、馬虎草率、縮減尺寸且苛扣塔財，以此因緣故，這一生就變成侏儒；心中想的總是隨便做一做就好，所以在這一輩子就得到了十八種不吉祥、醜陋的樣貌；但因為最後掛上金鈴供在佛塔前，以此善業又讓他得以在釋迦牟尼在世時，能夠投生為聲音悅耳的人；也因為前世發願出家的願力之故，今生具備福德出家修行。所發的願確實成真了，但是還是要承擔所造的惡業；也因為蓋了佛塔又獻金鈴的緣故，因此，能夠在釋迦牟尼佛的時代證得羅漢果位，有這樣的前因後果[46]。

因此，透過自己的身體、語言、心思，亦即身、語、意三門所造作的行為即是「業」。只要我們以身、語、意造作了業，必定結果。業是「未造作者不值遇，已造作者不虛耗」，這是必然的定律，只是因業果成熟時間的長短而異。另外，惡業只有兩種方式可以消除，一種是結成惡果，一種是以對治的方式懺悔，皆可消除惡業。

46 出自《賢愚經》。

## 萬惡瞋為首

善業也會被抵銷，怎麼抵銷？心生瞋怒時，無論之前造了多大的善業，只要一念瞋怒，必定是火燒功德林，那就什麼都沒剩了。中國諺語云：「萬惡『淫』為首。」以佛法的觀點，萬惡不是淫為首，「萬惡以『瞋』為首」。

為什麼？以五毒而形成的六道輪迴，請問各位，六道裡三惡道苦？還是三善道苦？三惡道裡哪裡最苦？地獄最苦！如何墮入地獄？以瞋心墮入的！貪心或邪淫投生人道，墮入餓鬼道是以貪心生出慳吝而起，因為貪圖名利、吝嗇小氣，自己不肯吃、不肯用，又捨不得供養三寶或不布施他人……等的心態與行為，會導致自己墮入餓鬼道。

地獄、餓鬼都是不好受的，但是想也知道，地獄與餓鬼，哪一道的痛苦更加的劇烈難忍？地獄有所謂的金剛地獄、八熱地獄、八寒地獄、近邊地獄、阿鼻地獄、孤獨地獄……餓鬼除了飢渴，不必經歷每剎那中百死百活的痛苦，《楞嚴經》：「若諸眾生，惡業圓造，入阿鼻獄，受無量苦，經無量劫。」所以萬惡以「瞋」為首。

「瞋」是非常可怕的心態，雖然大多數人會認為：「啊！我就是發個脾氣而已，那哪有什麼！」喔，絕對不是「沒有什麼」，那「非常有什麼」，只是當下我們看不到業果，才會以為那也沒什麼！對他人發脾氣和與他人私通，這二者在世間的觀感當然是後者惡劣，「啊！他怎麼和人私通了?!」哪個明星鬧出劈腿、緋聞了，「好惡劣喔！怎麼可以這樣子！他是虛偽的假面人，騙子！」會受大眾百般地非難，百般地批評，「抵制劣質藝人」，群起而攻之，這是世俗的觀點；但是就佛法的視角來講，瞋心的業果是最可怕的。

台灣有兩千三百萬的人，如果今天有一個人，他將整個台灣兩千三百萬人的眼珠子都挖出來，這個人造作的惡業重不重大？但是比起這樣的惡業，若有另一人起了瞋怒，對一個菩薩發脾氣了（此處菩薩指的不一定是登地菩薩，只要受了菩薩戒就稱菩薩，自己受了菩薩戒是菩薩，他人受菩薩戒也是菩薩），只要對某位受了菩薩戒的師兄弟發了脾氣，所造下的惡業，會遠遠超過挖出兩千三百萬人眼珠的惡業之好幾千萬倍的嚴重。挖一個人眼珠就不得了，況且是挖兩千三百萬或更多，佛經講的人數更多，暫且以兩千三百萬人來比喻，一念瞋怒，造作的惡業更甚於此。檔巴桑傑：「百種貪心之業不及瞋心之罪業大！」

再以發怒的時間來看，比方說對方跟自己講了什麼不中聽的言語，習慣性地白他一眼，大概算兩秒的時間好了，兩秒大概幾個彈指？兩個或三個彈指，一個彈指有六十四剎那，兩個彈指就是一百二十八個剎那，等於就要在地獄住一百二十八劫。更別提惱怒時罵人、打人、摔東西、設計陷害人……而墮入地獄受報的時間了。

瞋心是極恐怖且嚴重的業因，只是眾人都不以為意，工作上小小的不如意，他人無意間講了不中聽的話……自己的怒氣就發作了！千萬不要以為大家都發脾氣而自我開脫：「反正大家都發脾氣，又不差我一個！」「如果愛發脾氣的人都墮入地獄，地獄會裝不下。」地獄是一個人亦滿、多人進去亦寬敞的場所，因為是心造作的，絕無壅塞之疑慮。

當然從世俗諦的觀點，《地藏經》云：「閻浮提東方有山，號曰鐵圍……」、「南瞻部洲地下五百由旬，有八熱地獄、八寒地獄、近邊地獄……」閻羅城市裡面是如何如何，「萬死千生，業感如是，動經億劫，求出無期」，是有這樣的說法沒有錯，但是就大乘了義教法的觀點，地獄是自己的心所造作出來的。

## 嗯，人多屍多

死亡是怎麼樣？竹巴噶舉有位特立獨行、瘋瘋癲癲不按常理行事的祖師竹巴袞雷，某天竹巴袞雷到一戶大戶人家，我們稱之為大員外的家裡，大員外知道他是大成就者，在供養美味珍饈之後，員外滿懷欣喜、滿臉笑容說：「成就者！大德！可否請您祝福我們？」為什麼大員外要求祝福？因為成就者有真實語，只要您們願意開口祝福，所言定會成真。竹巴袞雷開口道：「嗯，人多屍多。」這話聽起來很不吉利，「您怎麼可以說我們家的屍體很多？請不要這樣子說！」員外趕忙阻止：「成就者，請換別句來祝福我們吧！」竹巴袞雷接口道：「嗯，人少屍少。」說完揚長而去。後來員外一家變成人丁凋零了。

百子千孫就等於有百子千孫的屍體，這叫人多屍多。竹巴袞雷祖師是講真實語啊！但凡夫不想聽真話，只想聽好話。成就者是直來直往，不會拐彎抹角，既然不要人多屍多，那就人少屍少吧，落得個家族沒落了！

這是竹巴袞雷傳記裡記載的小故事。因此，我們應當虛心接受真實語，不要只想聽浮誇迎合的語句。一切都是無常，不要因為想逃避就忽視，或是故意無視無常的存在。這個故事挺耐人尋味，在此與大家分享。

此偈第二句：「貪愛瞋怒戀著普斷己」。假設我們今天具足「五福臨門」的最後一福——善終，壽終正寢，事業交棒給下一代、萬貫遺產也圓滿分配、兒孫滿堂圍繞身旁，躺在病榻將要斷氣了，即使有這樣的機會圓滿謝幕，重點還是在於斷了貪愛、瞋怒的戀著與否。此處的「戀著」是指對貪愛與瞋怒的心態，對人、事、物的貪愛固然是戀著，對人、事、物的瞋怒也是戀著，因為執著於厭惡。喜歡一個人當然是戀著，這很容易理解，但瞋怒也是一種戀著，這是很危險的。人在臨終斷氣時，無論是貪欲、瞋怒，將會在臨終那一刻造下極強大的業。我們說過身、口、意三門，「意」會造下巨大業，所以說臨終之際甚是關鍵，以此之故，淨土宗才會提倡臨終十念的作法。

死前若有著強大戀著，無論是對於自己的財物、權勢、父母、妻兒，甚至是仇敵對手，甚或唯一的敗家子、不肖子也好，抱憾、懷恨而去，以這種強大貪愛、瞋怒的戀著而斷氣，將會導致自己的來世再入輪迴而受劇苦。所以在臨終前，一定要斷除對房屋、財物、權勢、還有親友仇敵……等等的貪愛、瞋怒的戀著方為上策。

## 他！千萬別來助念

正因為人在斷氣前，無論是貪欲、貪愛，或是瞋怒、厭惡，貪瞋的力量都是異常強大的，因此在臨終前，為什麼要找亡者自己的上師或與他誓言清淨的師兄弟？假設找來的法友是跟臨終者之間曾有過節，是他討厭的人，臨終前，五根的眼根的眼識、耳根的耳識，尚未完全消亡之前，臨終者可以知道誰來，如果是討厭的人出現，將會心生怨念，這一念的厭惡、氣憤會導致即將死亡的人墮入三惡道，所以要很謹慎。

助念是好事，但要顧慮到成員，不認識就沒有問題，倘若是認識的人，切莫隨意找來助念，要誓言清淨的法友，彼此之間感情和睦，但也要好好觀察所謂感情好，是表面好還是怎麼個好法……這真的是很嚴重的問題。現在我講的詼諧有趣，但一定要讓各位清楚，善選助念成員是很嚴峻的事。

亡者無論是生起貪或瞋的念頭，將在此時造下強大之業，所以我們才會說臨終之際甚是關鍵，死前若對於外在的器世界或內在的有情眾生，有著強烈貪戀，都是很糟糕的。比方說自己的房屋、土地，這叫外在的器世界；內在有情就是自己的老婆、老公、子女，或是若對於現在說的小三、小王有著貪戀，一樣都很不好。

## 臨終一刻萬緣放下

以前有兩個人偕伴去拉薩朝聖，在此簡稱甲和乙，在朝聖的路途中，乙驟然生重病，眼看著吸氣短呼氣長，就要死了。甲是個正直善良的人，他納悶著：「奇怪，病成這樣應該就快要斷氣了，為什麼還是死不了呢？」甲苦思良久，自忖道：「是否因為乙很有錢，帶了很多值錢的細軟作為盤纏，他可能是罣礙錢財，怕被我獨吞吧……我先表明意向讓他放心為上。」

於是甲對乙說：「某某某，不用擔心你的身後事，如果你死了，你身上那些盤纏，我會幫你供養附近的那座寺院，請寺裡的僧眾幫你誦經迴向，這樣可好？」乙在彌留狀態，雙眼都睜不開了，卻緩緩地搖了搖頭。

甲又道：「你不要供養寺院？那不用擔心，還是待你斷氣之後，我把財物帶回家鄉交還你的家人，由他們去發落處理，這樣可好？」乙皺著眉依舊是搖頭。

駐紮的帳篷旁恰好有一條河，甲突發奇想，問道：「那把這包財物丟到河裡，好不好？」乙緩緩點點頭了。

甲就當著在彌留狀態的乙面前，拿起那一包細軟丟擲到河裡，就在那包細軟丟進河裡，噗通一聲的同時，乙就斷氣了。下一瞬間，這包盤纏從河裡浮了上來，頓時一隻青蛙猛然躍起，狀似守護盤纏，傲然而鳴。亦即是這一念的貪戀，讓乙在當下投生成那隻青蛙了。所以業力是這麼不可思議的，一旦難分難捨繼著到極致時，就會影響來世而墮落了。

所以如果各位有什麼放不下的細軟，記得盡快處理一下。玩笑歸玩笑，若有什麼放不下心的人、事、物，請先做好分配、處理，先立個遺囑，不要認為這是觸自己霉頭。不管觸不觸霉頭，人一定會面臨死亡，不會因為思惟死亡就短壽，也不會因為逃避死亡就得長壽，沒有這種事情，該活幾歲都是注定的。

瑜伽士們大多活到八十幾歲，我曾問他們：「為什麼您們可以這麼長壽？」他們的回答是：「因為我不斷地觀『死無常』[47]。」我的老師森多長老活到八十六歲，他說：「因為三十幾歲時得了肺結核，我認為自己多半活不過四十歲，每天思惟無常、無常，日復一日的修法，就這樣活到了現在。」安江長老也說：「我也是因為害怕死無常，每天以死無常鞭策自己，每天想著我要死了、我要死了，每天修法、修法，結果活到現在。」最後長老八十七歲圓寂。

但各位不能從結果來看這個事情！你們想著，好，以後每天嚇自己，我會死、我會死……

47 見〈轉心四思惟〉，第六十九頁。

然後就不會死……那有可能就把自己嚇死了也不一定。瑜伽士們是像密勒日巴一樣用死無常來鞭策自己，他們不是放逸懶散地活到八十幾歲，而是以「啊！我要死了」的心態度過每一天。以後有機會再與各位說，他們面對死亡時的那種自在，是很了不起的。

## ◇契入意誓

第三句：「心性無整置放於自地」，這一句十分重要！如果沒有第一堂引導的闡述，我就僅能對各位說：「隨著自己在生前對於心性的了悟，如如不動地安住於其中來面臨死亡！」但大家就會聽得莫名其妙。假設沒有聽過上一堂引導，如如不動是什麼內涵？怎麼個「如如不動」法？噶舉巴與寧瑪巴的很多大德在臨終時，會出現剛剛提到的入定，死後入定，藏文稱作「圖當」（ཐུགས་དམ་）。

「圖」是聖意，「當」是誓言，聖意恆以修持回歸本初，如法趨入觀修的誓言，即是「圖當」，契入「意誓」之意。何謂契入意誓？即是**本智**，了知本初心性原本即具足法、報、化三身，因此在死亡時，得以契入了自己心性本即具足的「體性即空的法身、自性昭亮的報身、大悲周遍的化身」的三身之中，猶如守住了誓言一樣，所以稱作「**契入意誓**」，藏文稱為「圖當休」，安住於圖當的意思。

有一件上世紀中葉真實發生的往事，先聲明這件事不是批評黃教，但黃教確實是比較偏重講經而輕實修，所謂的鑽研五部大論等等經論。有一位黃教的格西，他曾很不以為然地批評：「唉啊！那些噶舉巴與寧瑪巴所謂的修行人，死的時候什麼圖當不圖當的，不過就像北方草原的牛馬一樣而已，那有什麼好驚訝的！」

原來西藏的北方草原天寒地凍，大半年白雪皚皚一片，到了冬天的時候，由於極度寒冷，很多馬、驢、牛、羊站著活活被凍死。那位格西引用這個現象譬喻：

「站著死、坐著死、躺著死有什麼差別？不都一樣！」他跟弟子們說：

「我死的時候，也這樣死給你們看！」

後來他年紀大了，罹患了重病，信守諾言學著瑜伽士們以毘盧七支法坐著等死，他盤坐一會兒呻吟著說：

「噢咻……把我放下來，噢咻……好痛啊……好痛啊……」最終，正常死亡，沒有「契入意誓」，因為那是無法假裝的。

世界上任何事情都可以偽裝，唯有死亡是裝不來的！身心分離的過程是痛苦難熬，所以死的時候，能夠好死的人，一定是有修行的。所謂的「好死」不是那種心肌梗塞瞬間猝死，那不叫好死；「好死」是指死了之後可以入定，那才稱作好死，那是裝不來的。雖然死後「契入意誓」一定是成佛了，但也不可一概而論，也有外貌看似入定，實則是因為心有執著而導致身心不分離的情況。

## ◇死亡取為道用

若能如是「心性無整置放於自地」的離世，即是最後一句所云：「死亡取為道用祈加持」。要如何把死亡取為道用呢？或者說，如何知道這樣的死亡是否即是取為道用呢？因為死亡是必經之路，無論我們這一輩子是手攬大權的 CEO，還是碌碌無為的小職員，榮華富貴抑或貧困潦倒，百子千孫或是孤老一生，死亡定是必經之路，「具備意義與否」就成了死亡是否取為道用的定義了。

如果生前因為避諱死亡，總是以逃避的心態，繼而恐懼排斥抗拒，「我不要死！我不要死！別在我面前提起『死』這個字。」彷佛只要不談到死，就永遠不會死的鴕鳥心態，刻意忽視死亡，完全不做準備，終有一天還是要面臨死亡。像這樣毫無準備地死去，將成為在中陰歷程、下一世痛苦的來源，死後的迷亂驚恐令自己再次墮入輪迴，若是如此，死亡就不具備意義了。

既然古往今來沒有誰可以避免死亡，世俗的作法又不能將死亡取為道用，該如何面對，才能將死亡取為道用呢？當然就是遵循佛經裡所說的內容，確實地修持正法，小乘、大乘抑或隸屬大乘的密乘也好，修持大手印、大圓滿或觀修生起次第亦可，總之，一定要依靠某一法門作為終身的修持。

「置放於自地」不是要把心丟到這邊或那邊，而是藉由修持，達到心性無有調整造作且安然的置放。心性原本是怎麼樣、就這樣坦然地安於彼態就好，此即中陰歷程最最緊要的竅訣。想要達到這樣的目標，必須要在生前對心性有所了悟，如如不動地安住於其中，若在這樣的狀態中死去，才是所謂的「死亡取為道用」。

輪迴的痛苦是不可思議的，其中生、老、病、死是所有眾生避不開、躲不過的四種痛苦。死亡當然是痛苦，被迫拋下珍愛的一切，兩手空空地離去，身、心分離的痛楚，黑暗的迷茫，閻羅兵將的緊追不捨……然而，若能平常對一切事物未存過多貪戀，再加上若自己平時有著修持的把握，面臨死亡時，就可以安心坦然地離去了。因此，長壽與否並不是重點，長壽固然好，無法長壽也無所謂，著重的關鍵是在於是否善用每一天，確實讓自己修持佛法。

## 把握人生精進修持

其實我在十七歲以前，是很貪睡的。寺院星期天是休假日，每逢星期天，我一定是睡到七、八點，而且平常上課背書的日子，只要有休息時間，就算只有十分鐘，我也會把握時間睡覺，表定的上課時間總是拖到最後一分鐘才坐上座位背書，十分貪睡。

這樣「有覺必睡」的模式持續了一年，有一天安江長老對我說：「你活到這個年紀（其實也才十七歲而已），努力地睡了那麼多，你得到什麼了嗎？」我想一想，「對啊！我得到什麼？沒有！就是每天更想睡覺而已！」憁說：「你何不把握你的人生？不要那麼貪睡！」

從我十七歲開始到五十歲，幾乎就沒有再貪睡了。今年五十歲，當然以「死無常」的觀點來講，可能下一秒就死掉了，可能今天晚上就死掉，可能明天早上就死掉也未可知，但如果以國人平均壽命來講，即使可能活到六十歲、七十歲，認真算起來，其實也沒有多久可以活了。

但是，如果可以盡量把餘生都用來修持，即使只活二十年，至少還有十幾年的時間是用在修持上的。假如聽從某些醫師的建議「睡眠要充足，精神才會好，身體才會健康啊」，沒有錯，假設活到九十歲，每天睡足八個小時，等於有三十年的大好時光都是用在睡覺上。當然如果已掌握睡夢瑜伽的口訣，睡不睡沒有差別，睡覺也是在累積資糧，不虛度三十年。萬一並非如此，白天自心已是散亂了，夜晚八個小時的睡眠亦是全然處於迷亂的狀態，即使活了一百歲，也與修持沒有任何的關連啊！

況且在等持位修持時、唸經或是觀誦天尊持咒時，是否能夠完全的專注在所修上，都還是一大疑問。倘若一天二十四小時，課誦的時間是兩個鐘頭，兩個鐘頭裡有沒有一半的時間能夠專注在課誦上？都是很大的問號！由此歸納，自己用這麼一點點時間的修持，想要在臨終獲得所謂死亡的把握，其實是癡人說夢。

或許有些人會想：「沒關係啊，我有供養上師啊，也曾布施道場啊，我死後會有上師、僧人助念，助念也有助於解脫，不是嗎？不是很多人說，臨終助念八個小時之後，身軟如棉，往生西方極樂。」是，我們不排除有這樣的功德，因為畢竟佛法力量無邊，的確有以上的效驗。但是明天會怎麼樣都不知道，更何況是死的時候？臨終時，是否家人會允許有人在身邊唸經、念佛，尚是未知數。

## 為死亡做準備

密勒日巴尊者有位弟子雖出生在苯教家庭中，但在死前不斷地叮囑家屬，死後一定要敦請密勒日巴尊者來為自己度亡，不要為他做沒有意義的苯教法事。家屬滿口答應，後來也確實履約而行。由於是富裕且篤信苯教的家族，即使已迎請密勒日巴尊者超度亡者，仍是找來苯教度亡，尊者在二樓，苯教在一樓，各做各的超薦儀軌。

之前的亡者全身綠粼粼現身於苯教壇城中央且大口喝酒，此景恰好被尊者的妹妹比達看見，苯教師徒和比達炫耀說：「密勒日巴總是要與我們作對，我們的法門確實能將亡者勾招前來，這是他做不到的！」說完一副不可一世的模樣。尊者妹妹比達確認其真的是亡者，於是上樓向密勒日巴說了樓下所發生的事。

「那並非亡者，但是為了讓他人生信……」尊者吩咐：「寂光去樓下，握住他的無名指：『說出尊者在釀囊灰窟裡為你灌頂時的祕密法名！』」寂光去了，此鬼因為禁不住尊者的悲心光芒，在寂光即將接近時，鬼坦白道：「我要走了，我乃是苯教勾魂者顯境之魔，名為阿拉米森，因為苯教無可信任、依靠，是以蔑視而來！」說完一身綠粼粼，急匆匆離去。寂光立即追趕，最後勾魂者顯境之魔逃到山邊化成一條狼而去，以此，眾人皆相信那並非亡魂了。

尊者對苯教們說：「你們是為劊子手開路的，而我則是為亡者示路的。」

苯教弟子們問：「尊者能看到亡魂嗎？如若不能，又該如何示路呢？」

尊者：「我看得到。他因自己往昔的些微業力而致善根未能成辦，所以在山上的一塊乾黃的牛糞下方，投生為一條細長的蟲子，我立刻要將他送至解脫境地。」

「那麼，為了作為相信的證據，請讓我等一同見證將蟲送至解脫境地，可以嗎？」

尊者：「那就出發吧！」

於是，與會眾人一起來到一塊乾黃的牛糞前，尊者先喚以灌頂時的祕密法名，說道：「我是你的上師密勒日巴，來這兒吧！」果真看到那條蟲屁顛屁顛地從牛糞下方鑽出來，來到尊者懷中，捲曲而待著，尊者對其說法、破瓦與度亡，從死掉僵直的蟲身現出一條微細而燦爛之光，融入於尊者心間。尊者略為住於密意後，亡者的神識以閃耀光芒的「阿」字，自尊者心間遠射，而向虛空愈升愈高，自空中出現：「尊者仁波切將我置於解脫大樂中，恩惠甚大唷！」之聲。

眾人皆親見而深信不疑，悉向尊者頂禮且讚歎：「甚稀有！」

假如福德深厚遇到了像密勒日巴尊者這樣的上師來到面前超度，恭喜，那就沒有問題！但是如果遇不到這樣的上師，或是被家人阻擋，不讓上師進門來超度，那該當如何？

講這個故事用意是，不要只把希望寄託於家人，你不知道家人會怎麼做，因為死了就什麼都管不著了，完全無法自主；除非家人一樣信奉佛教，自己也在思路清明時，討論好要怎樣處理身後事，家人也願意依照自己的意願而行事。

一般人當然也會為了死亡做準備，例如買壽險、生前契約，但壽險、生前契約不會保證自己往生極樂。壽險是留給活著的家人用的，對家人有幫助，但是對亡者沒有絲毫利益。真正的契約要生前即確定，但不是跟外面的保險公司簽約。如何簽訂契約呢？讓自己徹底對中陰有所把握，即是萬無一失之舉。

## ◇「見性」是最好的保險

怎麼讓自己對中陰有把握？要先明瞭什麼是心性。怎麼明瞭心性？到上師的座前，向上師請求心性引導，即是〈三句擊要〉的見地要點——「直指於本面」；獲得心性引導之後，以修持確定這就是所謂的輪涅萬法的源頭——心性「確定於唯一」；隨時隨地在行為上，無時無刻地保任心性，明瞭以此必定成辦解脫——「掌握於解脫」。

果若以此而修行，無論死亡何時來臨，都不用擔心了，這才是最好的保險，最無上的契約。其他的就算買好幾百萬、千萬、上億的壽險，死時一塊錢都帶不走，壽險金不會產生任何的幫助，真正的死亡保險是這樣才派得上用場。

以上方是「死亡取為道用」，如果沒有得過心性引導，可以閉關閱藏，也可以閉關持誦某威猛天尊的咒語一百萬遍。然而，若未確實地理解到什麼是心性，也就是開頭講的「南無瑪哈姆扎亞」（稽首大手印），不了解什麼是「大手印」，持誦再多的咒語，都只是在累積福德資糧而已，對中陰歷程沒有太大的幫助，雖然對來世會有幫助，但對死亡不會有直接助益。因為根本無從得知怎麼去面對死亡，自己只能想著：「這輩子做了這麼多好事，也沒有任意發怒亂罵人，我的積蓄也都供養三寶，在死時，我應該可以勉強過關吧？來世會有個好去處吧……」

當然，有以上的心態屬於死而無悔，已經很了不起了。常常聽到，人在死亡那一剎那，人生經歷像跑馬燈一樣地全都一閃而過，倘若死時所閃過都是自己為了名利權勢，怎麼騙別人、害別人、所思所說所做的，皆是種種害人事，這就悽慘了，來世想不墮三惡道也很困難。如果平常在做這些事情，死時要達到所謂的「死亡取為道用」，那更是難上加難的不可能。其實這裡有很多細節可以闡述，基本上先具備這樣的理解就足夠了。

聽了〈中陰祈願文〉引導之後，往後餘生自己每天誦讀〈中陰祈願文〉，死到臨頭時，即可順勢將死亡取為道用嗎？並非全然如此！最主要的一定要請求上師的引導，並思惟〈中陰祈願文〉之義理，且仰仗日復一日的修持，方可取為道用，這不是一蹴可就的事情。無論是顯密哪一種階段、哪一派別的修持，首先，見地上的無錯謬甚是重要。

那若巴尊者曾說：「如是見地無錯謬，修持以及行為中，如同真實騎馬般，握韁繩達目的地。」這是說，即如騎馬若能握住控制方向的韁繩，馬兒勢必聽從騎士的指示奔往目的地。同理，見地上必須沒有錯謬，方可讓之後的修持與行為確實無誤。

那若巴又說：「假設見地錯謬，接續而行的修持與行為，也都不可避免的會產生同樣的錯誤。」好比是一出娘胎就失明的瞎子，若被放置到一個陌生的環境，他將徹底的迷失，完全不知道自己應該何去何從。

## 都是無言的結局

基本上，輪迴之苦不可思議，這當中人間的生、老、病、死是四大苦，死亡是四苦之一，如果在死時，因為對此生的貪戀——可能是成功的事業、美滿的家庭、龐大的權勢……等，一切的一切導致無法放開而眷戀不已，自然會有想逃避死亡的恐懼，這樣中陰歷程的折磨與無助是很容易出現的。

因此，平常必須練習「一切如夢如幻」，不是說不要愛親友，依然愛他們、對他們好，但是心裡清清楚楚明白，終有一天必將分離，不要失去理智、愛得死去活來無法分開，我沒有你不行，你沒有我不行，我不清楚現在是否還有這種愛。不要過度貪戀，可以愛父母，可以愛老公、老婆，可以愛子女、愛寵物，都可以愛他們，但一定要先為自己打預防針，終將面臨死亡，彼此不是生離就是死別。生離不是僅指離婚，對方先自己而亡，自己活著，對方以死亡離開自己，也是生離；死別是自己先死，自己以死亡離開對方，也是死別。這是輪迴的本質，再恩愛再圓滿的家庭，最終的結局一定是生離死別。

自己一定要先明白最終結局，否則，只會痛苦難熬。我曾看過有些人因為老公或老婆離世，就此一蹶不振，過於愛戀對方，或念著老婆（老公）的好而無法放下，後半生沉浸在痛苦、憂傷當中，甚至幻想對方可能在某個世界等著自己再次團聚，死後要去會合等等，向各位鄭重的聲明，沒有這種事情。

夫妻會在一起是因為業力的結合，會分離是因為業力到了盡頭而分開，二人各往各自的下一世而去，基本上聚合的結局必定分離。諺語說「夫妻本是同林鳥，大難臨頭各自飛」，無常一到，各走各路去了。如何證明呢？現在自己記得起前世嗎？記不起來呀！現今也不會貪戀前世的伴侶啊！自己在意的是這一世的伴侶，這一世的業力盡了，就到下一世去了。以此類推，死後，當然不會對自己這一世的伴侶有絲毫的貪戀，就這麼簡單！

父母在世時，好好的孝順；老公在的時候，好好的愛惜；老婆在的時候，好好的疼惜；孩子在的時候，好好疼愛。一旦親人躺在病榻將要死去時，不是要你說：「終於熬到你要死了，呵呵……哈哈……」不是這樣子！而是如果沒有什麼禪定功夫的親人，應該好好為他助念並安排後事，這是身為家人理應要盡的義務。但是切記不要哭得死去活來，像是搖晃身體哭喊「啊！你別死，你怎麼可以拋下我……」一類的，這會阻礙其往生！除非如果想要陷害對方才這樣做，讓他心生惡念而無法往生淨土，勢必會往惡道墮落。

定要先給自己打預防針，尊敬的上師、父母也好，珍視的弟子、兒女也罷，到最後不是你先死去，就是對方先離世，沒有第三個結局，在佛法是如此，世間法亦如此。

## 依止上師，以心印心

該如何與自己的上師心心相印呢？只要契入空性，必能師心、我心無分別。因為所謂的心，並不是個別獨立的異體，僅是因為現在內心的無明，誤以為他是他、我是我，實際上自他都是平等的，心性都是相同的。因此，當能契入心性而住時，豈止是自己的上師，佛、法、僧三寶，上師、本尊、空行三根本，法、報、化三身，九聖尊皆與自己無二無別，如是契入而住，就是依止上師的最好方法。

今日席間大多是女眾居士，大家各有自己所依止的精舍、佛學會，可能也曾看過師姐或是師兄膩著上師，好像把對方當作是對象般的貪戀。其實，若與修持無關，就沒有任何意義。對於那種人，要心生憐憫，無須毀謗，因為他們是貪著外貌、形體，錯失依止道場的重點了！我們依止道場是從上師座前學到正法，明瞭如何以見、修、行而循序實踐，繼而掌握怎麼面對自己的死亡與來世，那才是依止道場、親近上師的用意。

今生無論壽命長短，其實用不著特別的憂慮，孔子不是說：「朝聞道，夕死可矣！」「道」可以是指死亡之道，修行之道，雖然應該不是孔子的原意，但不妨借來一用。此生盡自己所能行善止惡，學習實修口訣，方可將死亡取為道用；若是完全不行善止惡，僅想憑著運氣：「我死的時候，可以延請上師幫我修〈破瓦〉呀！可以找僧眾幫我度亡！」其實這是很不可靠的賭注，因為不曉得大限來時是否可行。比方說現在疫情日益蔓延了，在國外的上師們幾乎無法入境了，所以未來是完全無可預期的！

因此，思惟〈四共加行〉（轉心四思維）顯得很重要，即如前述以「死無常」鞭策自己，以「業力因果」明白數不清的來世與今生相較之下何者為重，以「輪迴過患」知道三惡道固然是不可去、不能去，但三善道也並非理想歸宿，只不過是繞了一圈，待福報享盡後，再墮餓鬼、地獄道罷了！以「輪迴過患」來明瞭，在六道輪迴本身就是無意義的事；以聞、思理解修持佛法就是以解脫為唯一的目的，達到目的方法就是善用得來不易的「暇滿人身」。故而，以「人身暇滿難得」與「死無常」來面對這一生；並以「業力因果」、「輪迴過患」來看待來世。

倘若如是以具備與正法相符合的出離心作為基礎而行，繼而無論觀修大圓滿、大手印或觀修天尊或持誦咒語，抑或是進入到任何實修法門，俾能確實對來世有所助益，那時方是此偈第四句所說的，「死亡取為道用祈加持」。為了達此目的，時時向上師三寶祈求「死亡取為道用祈加持」，是要如是思惟與取捨的。

大家參加過很多的法會，法會最後都會讓大家上前接受上師的加持並贈送結緣小禮物。一來我不是上師，再者為了環保，所以沒有小禮物可以送給大家，送小禮物也是當下的一點點歡喜，後來就不曉得放到哪邊去，所以這次沒有準備這種東西。然而，還是不免俗的送禮，不過送給各位的可不是小禮物，是這篇〈中陰祈願文〉！

現在講解尚未圓滿，如果沒有聽過講解，僅靠個人的理解，多半是一知半解；在聽完全篇引導之後，假若可以將此文作為每天課誦而牢記，或許以後在中陰階段，極大或然率可以憶起〈中陰祈願文〉的內容，並有日復一日生起、圓滿二次第的觀修，絕對有助於認持光明而得解脫的！

## 第4偈

**死時外之境相阻滅者，眼等五根依次而阻滅，色等五境一一融入時，了知融序本面祈加持。**

依循藏人引導的流程，首先講法者要先祈請自己的上師、傳承祖師眾。當然，藏傳佛教一定是唸誦藏文，但是既然今天在座的都是使用中文，那麼就唸誦中文不唸藏文。各位隨著我一起合掌，不用一起跟著唸誦，但是一樣在心裡祈請自己的上師、傳承即可。祈請過後，正式進入今天中陰引導的內容。

我完全依循藏文的語法來翻譯，所以讀誦〈祈願文〉時，各位可能要把慣用的中文語法先擱置一旁，聽我用藏人的語法來闡釋。

這裡提醒必須要「了知融序[48]本面」，「序」是次第，要了解融序即是消融次第的意思。還活著時，若沒有試著了解消融次第或融序，在臨終時更是無從理解。

甲問：「每天唸誦傳承祖師寫的〈中陰祈願文〉不是可以獲得加持？」

乙答：「是的，會有加持，但會怎麼加持？」

甲答：「不知道，但堅信有加持就有加持！」

乙問：「真的會有加持嗎？」

甲答：「會的，我相信是有的！」

48 死時六根、六識皆依序融入於阿賴耶，四大依序消融，稱為融序。

這其實有點類似迷信了。沒來由地相信容易被惡緣擊潰，要確知「為什麼有加持、是如何加持的？」有所理解，堅守正見是很重要的。

## ◇境相消融

方才提到四種消融，第一種「境相消融」指的正是此偈描述的景象。為什麼首先登場的是境相消融？因為現在眼、耳、鼻、舌、身的感受是由於煩惱強大熾盛的力量，而讓我們有所作業、感受的，此際眼睛能看、耳朵能聽、鼻子能聞、舌頭能嚐滋味、身體會有觸覺等，都是因為**業氣**還存在的緣故。什麼是業氣？業就是三門造業的業，氣是氣息的氣。簡單來說，「業氣」即是煩惱。

臨終時，眼睛對於外境、耳朵對於聲音、鼻子對於氣味、嘴巴對於滋味、身體對於觸摸的感受，會開始微弱甚至顛倒。明明穿著厚重，但覺得好冷，或穿薄短衫，卻感到好熱；沒吃什麼食物，卻覺得嘴巴有什麼味道。這類顛倒的感覺陸續出現，出現這些感受時，自己應當警覺已出現四種消融裡的「境相消融」了，死亡轉瞬即至，倘若受過心性引導，且有過心性修持的經驗，應祈請上師且刻意安住，切莫再散亂了！

為什麼人在臨終前，眼、耳、鼻、舌、身的感受功能會逐漸喪失呢？因為**本智氣**逐漸增強的緣故。什麼是「本智氣」？就是如來藏、佛性，或簡稱「智氣」。臨終前本智氣開始緩緩地增強，為什麼會增強？因為業氣（煩惱）開始衰微了，**煩惱衰微**，**本智增強**，二者此消彼長。因為本智氣逐漸強盛的緣故，六根的感受就會慢慢地衰微乃至全盤消失，為什麼呢？因為第四剎那大光明即將顯現的緣故，所以出現這樣的狀況時，當自知大限將至了。

因為能見色相的眼、能聽聲音的耳、能聞氣味的鼻、能嚐味道的舌、能生觸覺的身等功能
依序消亡，對於色相、聲音、氣味等外在五境逐漸無法辨識，故而此偈的後二句云：「色等五
境一一融入時，了知融序本面祈加持。」了知融序本面——明瞭原來知曉消融次第的本來面目即
是此意，祈請上師加持，令我在彼時確實憶起且了知消融次第的本來面目。

明瞭〈祈願文〉的內涵再唸誦、祈請才會有意義，否則僅是口頭唸過「了知融序本面祈加
持」，心裡一片散亂，卻以為已經得到上師、祖師的加持就會得度，是太天真且過於樂觀了！
若問：「什麼是融序本面？」「不知道，反正唸誦就是會有加持。」這樣的迷信是沒什麼意義的。

第四偈是中陰的內容。廣義的中陰，適才一開頭說過，非前非後、非左非右的時段就說是
中陰。所謂的中陰，並不是印象中的臨終到投胎前才是中陰，從出生開始到死亡為止，這一段
期間名為「生死中陰」，通常在前面還會加上「異熟」兩個字。「異熟」是什麼？異時異地而熟，
因為某個前世造了什麼樣的業，這一輩子才出生與死亡，所以叫「**異熟生死中陰**」。

試問六道的起源，基本上，當然有多種的說法。依據寧瑪巴的教法闡述，就大圓滿的教法
而言，即如〈普賢如來祈願文〉所言：「一基二道二成果。」「一基」是指同一基位，無始之
際一片混沌，沒有佛與眾生的名號。「二道」是指這一片混沌驟然間破裂了（至於為什麼破裂？
如何破裂的？續部中沒有清楚的交代），彼破裂時，出現種種光芒顯相，當下能予理解外顯境
相是由內心投射而成，外境皆是內心的自顯，秉此了悟而安住於自心體性，當下即成佛。

如是成佛者，因為未曾出現任何的過失，完美無缺，故而稱為「普賢」。為什麼初佛名為「普

賢如來」？「普」就是普遍、全然，「賢」就是良好、良善，普遍良好、完全沒有缺失，即名普賢如來。這也是大圓滿所說的第一佛之義。

所謂的第一佛是指在混沌初開破裂時，能夠認持到一切所顯是自心投射於外的境相，即是成佛而為普賢如來；不能了悟其中奧妙，心境跟著外境起伏者，就變成眾生了，正是「以一剎那予區別，以一剎那圓滿佛」。

好比看電影，看到螢幕的影象，整個人沉溺在劇情當中，「喔，男主角的父親因突如其來的惡疾而死、叔父姑母侵占家產……喔，他聽從媽媽的囑咐學黑法殺人……」整個人心隨著電影的劇情起伏而憂愁、歡喜。會看的人知道，這只不過是後面的放映機放映出來的，就因認知的差別，即成佛與眾生的不同，故說「一基二道」，兩種認持與否的差異有著二種成果。

因此，以中陰的教法而言，從本淨的基位（本淨的基位即是基位光明，亦即所謂的如來藏）有所動離而出來之後，變成眾生，直到回歸至初始的「本淨基位」（或說基位大手印）之前，過程是廣義的中陰。所以稱為輪迴也好，說是涅槃也罷，即使是小乘的阿羅漢，也尚未完全地回歸基位光明，或說回歸完全的佛性，因此，還是處在中陰之中。

所以，中陰並非僅是一般所認知的，從死亡至再次投胎前才是中陰，中陰的範疇是極為廣大的。倘若閱讀過《密勒日巴尊者道歌集》，可以看到密勒尊者與吉祥長壽天女問答異常冗長的那三篇，裡面很多內容可以學習，不過中譯版似乎並不完整，這其中多有心性引導、中陰的闡述。

密勒日巴將中陰分成兩類：清淨的法性中陰，即是有著諸佛菩薩顯現文武百尊的「清淨的法性中陰」，另有囊括迷亂相的六道眾生輪迴諸法的「不淨的迷亂中陰」。

總之，一切的輪涅境相悉由本淨的基位而顯現，直到證悟萬法的顯現悉由本淨的基位所顯之前，都可歸納入「生住中陰」。其實不用太擔心進入中陰，因為我們一直都處於中陰當中，這是毋須疑慮的。

## 中陰的分類

密勒日巴又將中陰分為六種，這六種可能與平常所聽聞的不盡相同。第一種是「自性生住中陰」，這是指出生後還活著的階段。第二種是「異熟生死中陰」，有一說也是「自性生住中陰」的階段，另有一說是又有些微的相異。第三種是「禪定靜慮中陰」，是指在世時，處於禪定打坐的時間，屬於這個階段。第四種是「諸種習氣中陰」，尚有「逆序臨終中陰」、「順序有之中陰」。

逆序與順序，是針對於死後母子光明顯現。母子光明顯現之前的中陰叫做逆序臨終中陰，母子光明顯現之後，因未能認持彼光明，因而又消失了，直至出現下一個中陰之前，叫做順序『有』之中陰。這個「有」(སྲིད་པ) 在藏文裡是世間、輪迴的意思，文章中常見「有」，大多是指輪迴。所以輪迴也稱為「有」，死掉的世界稱為「死有」，死有順序有之中陰。

有些祖師把中陰分為三種，一為「生死中陰」，二為「睡夢中陰」，三為「有之中陰」。「生死中陰」就是現在所處的階段，已經出生了等著趨往死亡，稱作「生死中陰」；「睡夢中陰」每晚睡覺作夢的時段，稱作「睡夢中陰」；最後死亡等著投胎的過程，稱做「有之中陰」。

三種階段會有種種不同的分類。

以某些法教來說，會分成六種中陰，這也是比較常聽到的。第一稱作「自性生住中陰」、第二稱作「睡夢迷亂中陰」、第三稱作「自相禪定中陰」、第四「臨終痛苦中陰」、第五「法性光明中陰」、第六「投生業之中陰」。前三種被看作是修持的關鍵；後三種則是驗收修持成果的時刻，也是一般所認知的主要「中陰」。

在藏傳佛教，我所聽到的，不分教派大多數是以四種中陰而說。這一品貢嘎般究祖師〈中陰祈願文〉，也是以四種中陰而說，我們將依循四種中陰展開論述，將「睡夢迷亂中陰」與「自相禪定中陰」歸納在「自性生住中陰」裡。所以就成了「自性生住中陰」、「臨終痛苦中陰」、「法性光明中陰」以及「投生業之中陰」這四種。

## 入睡即是死亡的預習

最後一句：「了知融序本面祈加持」，為什麼說「了知融序本面」呢？基本上現在的眼、耳、鼻、舌、身、意等六根，每一根都有一識，眼識、耳識、鼻識……等等，臨終時，悉皆消融於阿賴耶。這一融序歷程是每晚睡覺時，必然會出現的相同流程，只是我們都未曾察覺；因為未曾聽聞這方面的教法，每天睡覺就是昏沉沉睡去，然後迷迷糊糊地醒來，完全不知道每天的睡眠與死亡是相同的歷程。

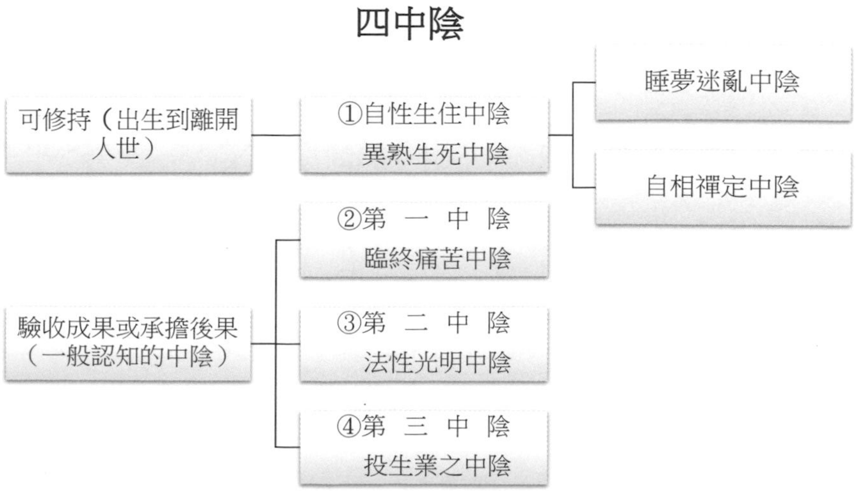

假若把死亡當作是戰爭，若是懂得口訣的人，每晚的睡覺都是演習。每晚不斷地預演、不斷地模擬，到了真正死亡的時刻，確如密勒日巴所言：「非為死亡乃成就，行者得證小佛矣！」即是這樣的意思。

佛沒有大小之分，這裡的小佛是指不同於釋迦牟尼在菩提樹下成佛，以三十二相、八十種好，成就萬德莊嚴之佛；不具備那樣的外相，然而所成就的功德全然相同，所以稱之為「小佛」。

## 一、生住中陰

適才提到四種的中陰，四種中陰也是這幾座引導要講的重點。一是「自性生住中陰」或簡稱「生住中陰」，亦稱為「異熟生死中陰」。如前所述，每個中陰都有界定的分際，「自性生住中陰」的界定是什麼呢？從娘胎出生到罹患必死絕症為止，這一段過程就是生住中陰或生死中陰，這是明確界定的。

## 二、臨終中陰

二是「臨終中陰」，或謂「臨終痛苦中陰」，也稱「第一中陰」，這是指罹患絕症之後，無論禳解的經懺或中西的醫藥、手術皆不起效用，藥石罔效而亡，外息中斷而內息尚存之際。何謂外息中斷？就是心臟停止跳動、瞳孔放大、沒有呼吸，在醫學上判定死亡，即是外息中斷。但外息中斷在中陰的法教不認為是完全死亡，因為身心尚未分離而內息尚存，也就是內在的呼吸還沒中斷，因此醫學上的判定死亡與佛教的觀點是有差距的。

譬如佛教所謂的圖當[49]，即類似入定。死後入定，是在內息尚存、身心將離之際認持光明。內息中斷前，又分為四種剎那，稍後再述。因此，從藥石罔效到外息中斷，亦即醫學的宣判死亡：瞳孔放大、呼吸中止，就是「臨終痛苦中陰」。

內息（或內呼吸）分為四剎那，四剎那依序是第一剎那是**顯**，第二剎那是**增**，第三剎那是**得**，第四剎那是**大光明**，這是略為粗分。據說無論是不是佛弟子，甚至是蟲蟻猛獸，皆會出現第四剎那大光明相。但若未在生前經由上師給予引導而認持心性，或即使聽過大手印、大圓滿的頓超、立斷教法，卻未能實際修持者，是較難認持的。

第一種情況，像是走在台北街道時，路人甲就是路人甲，迎面走來成千上百來來往往的路人，愈趨愈近、四目相視、擦肩而過，完全沒有交集，沒有任何感覺，不認識終究是不認識。就好比在座各位認識我之前，即使我在面前晃來晃去，只會以為是個無聊的怪大叔，沒人在意。俗諺說：「有緣千里來相會，無緣對面不相識。」正是極佳的寫照。

第二種情況類似現在看到也認識我了，雖然有些印象，但若未熟識，幾個月、幾年之後，在地球的某一處再見面時，未必認得出來。

## 三、法性中陰

三是「法性光明中陰」，無法認持第四剎那顯現的大光明，下一瞬間會出現一連串境相稱為任運自成顯相。為什麼稱為任運自成顯相？因為這是「昭空不二」的心性本具的功能，一般

49　參見第3偈「契入意誓」，一一六頁。

耳熟能詳的文武百尊即於此時顯現，因為一切有情昭空不二的基位光明，以二種成分存在：「空分」顯現為第四剎那的大光明，「昭分」是原本存在於空分的本色，也可以說是心性的自地風光。此中無所不顯，一切佛身、剎土具足無遺，且於此刻全然顯現，故稱任運自成顯相，亦稱第二中陰。

基位光明本身就具足佛、法、僧三寶，為什麼具足佛、法、僧三寶？即如《本智成就續》云：「得淨遠離心為佛，不變無垢是為法，功德普圓即僧伽，是故自心性最勝。」是「得淨」、「離垢」，獲得二種的清淨而遠離一切汙垢——二種清淨是指如來藏、佛性本即清淨（體性本淨），且也遠離了眾生所有的「煩惱障」、「所知障」二種障蔽的汙染（驟然垢淨）。因此，本即清淨（體性本淨）；且已淨化而無沾染二種障蔽，故說遠離，以此「得淨遠離」的功德說「**心為佛**」。

心性在佛不會變得更好，心性在眾生也不會變得更糟，如虛空永在而永無變遷，所以稱為「不變」；因為本質不變，縱有驟然出現的「煩惱」、「所知」二種障蔽，也無法汙染心性。如同烏雲密布的虛空，雖然暫時看不到陽光，但是太陽的本質不會改變為暗淡或被雲層沾染，故說「無垢」。以此「不變無垢」的功德說「**心為法**」。

心性空分本淨、不變、無垢染，昭分能顯佛身、剎土，因此，下至羅漢的禪定神通，上至佛的十力、四無畏、十八不共法等等功德全然具足，故說「功德普圓」；此等功德因空昭二分而起，如同僧伽隨學於佛，奉佛法教而為僧，以此「功德普圓」的特質說「**心為僧**」。

因此，自己心性原本即具足佛、法、僧三寶，具足三寶的佛性光明，會在第四剎那顯現。所謂的光明，並非指第四剎那真會像燈的光源出現，然後「哦！這就是佛性！」以此見光成佛，其實並非此義。光明是指自心實相的確實樣貌，僅是暫時安立「光明」的名稱。

## 光明不是白光

曾聽說有些佛教團體會提醒臨終者：「死後跟著白光走！」如果把「光明」理解成白光，那是把八里當巴黎，大錯特錯的！〈中陰祈願文〉：「隨所投生而成其身形，白紅黃與藍色黑色光，天人畜生餓鬼與地獄……」由此偈文可知，白光對應天道，尾隨著白光而去，還是在輪迴生死裡。

若曾得過心性引導都清楚，所謂的「自我心性」無可言說，所謂的心性，從一開始即已不存在實體，並沒有如是的形狀、顏色，因此，可以確定心的體性乃是所謂的「無基離根」；既然已是「無基離根」，一開始既已不存在，最終亦無任何的阻滅，如同沒有出生，則無死亡的意思。因此確定此心「最初無生、中間無住、最終無滅。」離卻來、住、去三相，此即所謂的光明。

## 空分，無言思說之本智

自己要做的，僅是鬆坦自然地認持相應，安住在這樣的自心實相就好了。每天練習安住直到臨終，心性實相自會出現，因為已在生前有過經驗，死後即能明瞭而認持。

實際上第四剎那不需要任何的思惟、言語，如《般若波羅蜜多經》云：「無言思說般若波羅蜜，無生不滅虛空本體性，各別自明本智所行境，三世勝尊佛妃前頂禮。」只要能用嘴巴講得出來、文字寫得出來、心思惟得到的，就不是般若般羅蜜。禪宗有位禪師說：「在思惟一個不可思惟的」，其實就是無可用「心」，有所作意就不是自心實相、光明了。

因此，真正的開悟者，不一定是博學多聞，不一定擁有高等學位，也不一定家財萬貫；真正能在光明、大圓滿、大手印有所觀修用功者，所需要的僅是具備對上師的信心、眾生的悲心、願意精進，有著智慧可以聽聞、思惟佛法，即是證悟的最佳條件。

## ◇昭分閃現文武百尊

前文提到法性光明出現任運自成的緣由，是因為心性本即具足昭空不二的佛、法、僧三寶，因此，出現「離言思說」的「空分」卻未能認持後，「昭亮分」即於隨後的法性光明中陰階段，以其本具的功德普圓顯現諸佛聖眾，伴隨著響徹三界十方的聲音，以及十萬個太陽強度的光芒而顯現。

若有文武百尊觀修經驗的人，在此任運自成的顯相時，會出現文武百尊的形相。有些典籍說先顯現忿怒飲血五十八尊，隨後再現寂靜四十二尊；另一說是先顯現寂靜的四十二尊，旋即再現忿怒五十八尊。如若生前已得心性引導，了知外在所顯現諸佛菩薩實與自心無二無別，就可與任一尊有緣的「天尊」[50]相應，合為一體而成佛。因為此刻尚無所謂「我」的存在，能有機會藉著認持成就報身佛。萬一生前沒有這方面修持的經驗，文武百尊也是像跑馬燈、流星一樣一閃即逝，第二中陰的機會也沒了。

50 這裡的天尊不是天神，在藏文以「ལྷ」統稱諸佛菩薩，中文譯作「天」。

## 四、投生中陰

最初既無法認持臨終痛苦中陰第四剎那的大光明，也無法認持繼而出現的法性光明中陰的任運自成境相，兩次成佛的大好機會都錯失了，僅剩下最後的投生業之中陰可以翻身了。

任運自成的顯相消融之後，緊接而來的是投生業之中陰，也稱第三中陰。此時無中生有的身體就會出現了，在中陰的術語裡，稱作「意形身」——由心意所生出的身體，彷彿像在作夢般在夢中出現「我有身體」的錯覺。意形身聚集成形後，憑藉各自所造的善、惡業，投生於六道的天、阿修羅、人的三善趣，或是畜牲、餓鬼、地獄的三惡趣中，一直到投生前，皆隸屬「投生業之中陰」。

以上略說四種中陰。

## 四種道用對應四種中陰

上述即是一般講解中陰會提到的四種中陰。可能聽到這裡，有人會認為：「哇！中陰既然這麼恐怖驚險！我該怎麼辦？」聽講中陰，其實不僅僅是知道死後的中陰境況，會有烏龜脫殼的痛苦、四個剎那，緊接而來是任運自成顯相、隨後如風中羽毛一般的「意形身」將四處飄蕩……就好比各位觀賞探索頻道或是任何的旅遊頻道，介紹這邊是什麼名勝古蹟，那邊是世界十大勝景，介紹結束後，對於我該怎麼去旅遊，怎麼解決在當地的住宿、交通，似乎不太有幫助，這樣對想去旅遊的人來講，沒什麼意義。同理，聽了一堆瞬息萬變、凶險駭人的中陰內容，還是不知道怎麼面對中陰，只是在恐嚇、令人心生恐懼、疑慮而已，對聽眾有什麼實質的利益？

難道無法教導怎麼面對中陰嗎？

當然有方法可以確實面對！但要先理解什麼是中陰的本源，繼而學習怎麼面對、處理中陰，以串習而生起把握，方為聽聞中陰引導的重點。有關於適才四種中陰，在中陰的法教裡，會有相應可去面對、應用的方法，簡稱為「道用」，這是專有的名相術語。

## 寧瑪派的生動教法

藏傳佛教可略分為舊派與新派，舊派即是寧瑪巴，其實最初藏傳佛教沒有所謂的四大教派，僅有寧瑪巴而已，當初也不叫寧瑪。寧瑪是舊（རྙིང་མ།），「舊」是相對於「新」（གསར་མ།）而出現的名詞。佛教剛傳到西藏時，沒有新舊派的區分，佛教（內道 ནང་པ།）入藏就叫佛教而已！只是因為經歷了朗達瑪國王的滅佛（約西元八四〇～八四二年），與當時中國經歷的唐武宗會昌毀佛（約西元八四二～八四六年），幾乎是同時。經過了滅佛事件後，西藏的佛法幾乎消亡殆盡，在經過了九十餘年的佛法黑暗期後，一些有志求取菩提之士夫，認為西藏殘存的佛法已經不足以讓芸芸藏民、子孫後代修持，所以溯源返本前往天竺（印度），求得尚留存的佛法，把他們所習得的佛法帶回西藏，同時也是精通梵藏二文的譯師，將求得的法教譯成藏文再弘揚利眾。

相對於百餘年前蓮師所傳的教法，譯師們帶回來從未聽聞的教法，所以暫且以新派、舊派而假名安立。那麼，新派是什麼教法呢？新派就是我們所說噶舉巴、薩迦巴、覺囊巴、六和合（ཇོ་ནང་）能息（ཞི་བྱེད།）等等教派，當時也是百家爭鳴、各擅勝場的時代。再後來才出現了格魯巴，格魯巴是因為宗喀巴大師要對宗教進行改革才出現的。但薩迦巴、噶舉巴、格魯巴相對於蓮花生大士在藏王赤松德贊時代所傳的佛法，就稱之為「新派」，蓮花生大士當時所傳下來的佛法，便稱為寧瑪巴，即是「舊派」。

因此，在藏傳佛教有所謂「寧瑪」、「薩瑪」兩種教法，這次所依循的教法隸屬於舊派的教法。為什麼選擇寧瑪的教法？因為寧瑪的教法內容較為生動，噶舉巴的教法較沒有那麼多論著、口訣可宣講，但觀修內容是一樣的！例如，康巴噶寺雖然是噶舉巴的竹巴噶舉，寺院每年從九月起，每個月各舉辦一次大法會，共有六個大法會，其中只有兩個屬於竹巴噶舉，其餘都是寧瑪巴的法教。

基本上，寧瑪巴與噶舉巴二者的見地相同。見地是什麼？見地是指能與諸法的實相生起同等的智慧，以此而有同等的觀點、見解、論點；正因為觀點、見解一樣，所以兩派的教法可以相互融會貫通。

接著，將偕同譬喻而說四種道用。在新派沒有這樣的說法，但在寧瑪派裡卻有清晰生動的說法。方才說首先出現的中陰名為「異熟生死中陰」，就以「飛燕築巢」或「飛燕入巢」來對應而作為道用；以「美女照鏡」來對應臨終痛苦中陰而作為道用；以如「子入母懷」來對應法性中陰而作為道用；最後以如「接通溝渠」方式來對應投生業之中陰而作為道用。

## 溯源自松贊干布

共有四種方法應對四種階段，這是很實際的方法。既然這是寧瑪派的說法，這是何時傳過來的呢？這是遠從藏王松贊干布時代（約西元六一七～六五〇年），唐朝文成公主、尼泊爾赤尊公主入藏時，就已經在西藏開始流傳了。松贊干布指派大臣吞米桑布札前往印度學習梵文，從而發展簡化為藏文，並將數百部佛典譯為藏文。西藏這些法教也不是藏人自己憑空編造的，在藏王赤松德贊時代的蓮花生大士、堪布寂護菩薩……都是天竺人，將稀有珍貴的佛法帶來藏地。

在蓮花生大士之前，還有蓮花戒，據說蓮花戒即是上述檔巴桑傑的前身，不是前「生」是前「身」，之前的身體叫「前身」。為什麼名為蓮花戒？因為怹的相貌挺拔軒昂，顏如美玉，面色滋潤如蓮，得名蓮花戒，也是當時一枚丰神俊朗、不可多得、與眾不同的大帥哥。因為帥哥的相貌形體太好看了，有一個長得又醜又黑的印度教瑜伽士與怹結為友伴。現在在印度還看得到這種裝扮，長頭髮、膚色黝黑、瘦長乾扁，鬍鬚留一大把，身上只披著一塊襤褸的黃布，印度話稱作薩堵把瓦。

這樣的一位薩堵把瓦與蓮花戒兩個人是好友，他倆都精通靈魂出竅的〈奪舍法〉。《那若六法》據說原本還有〈奪舍〉、〈雙修〉二法，但因奪舍失傳，雙修被禁，所以成為現今眾人熟知的六法。密勒日巴尊者傳記裡也提過〈奪舍法〉，其實就是靈魂出竅，可以藉此借屍還魂。兩人時常相約靈魂同時出竅，論道、遊歷，遍至三界四大八小部洲，玩到盡興再回到各自的軀體裡。

有次，這老瑜伽士使詐，兩人相約出竅遊歷間，他蓄意在約定回舍的時間提前返回，搶先入了蓮花戒的身體，許是垂涎年輕人俊秀偉岸的身體已久，偷走青春肉體就逃之夭夭了！蓮花戒如約準時返舍，遍尋不著自己的身體，只見一旁乾癟的老友身體，方知上當，大呼交友不慎！

雖不甘願，但又不可無軀殼，驚愕悔恨之餘，亦只好入了老漢的軀殼，易名為檔巴桑傑，有這麼一段錯信道友的往事。

從蓮花戒出世到使用乾黑枯槁的老瑜伽士軀殼為止，據說最後是活了五百八十二的歲數。一生曾至藏地五次，晚年長居亭日，以道歌[51]度化城民，並在此地示現圓寂前，應善信男女之請，於城郊洞窟中變現一尊檔巴石像，表示悲心永不捨離信眾，據聞有求必應，靈驗無比。直至文革前，在亭日城郊的山洞裡，尚可得見檔巴桑傑的自身像，後毀於文革。

若能修持〈奪舍法〉，不但不怕死亡，所學所修的一切也可傳承不忘，只要在軀體敗壞之前，替換另一軀殼，不斷地替換新身，記憶卻能永存，不被隔陰之迷所障蔽。

〈奪舍法〉教法因為直至十三代前必須是單傳，據聞在馬爾巴譯師將〈奪舍法〉傳給長子達爾瑪多德後，藏地就失傳了，事起於達爾瑪多德酒醉返家途中，意外死於惹譯師之手，事態緊急，在斷氣前，馬爾巴傳授〈奪舍法〉予達爾瑪多德，令達爾瑪多德得以用〈奪舍〉暫入鴿子的屍體飛到印度，再以〈奪舍〉入於另一個男童的軀體，傳言即是日後的帝普巴。

## 飛燕築巢

四個中陰裡，首先是自性生住中陰，出生後至臨終前，亦稱異熟生死中陰或簡稱生住中陰，有著多種名稱。為什麼要以飛燕築巢（飛燕入巢）作為道用？據說燕子在構築巢穴之前，會花五至七天先觀察環境是否安全，會不會有人或其他動物的傷害；當牠確定所在地安全之後，就

51 檔巴桑傑尊者：「出生清晨即來死亡鳥，無暇今生於心亭日人。」

會開始築巢，常看到燕子都會築巢在屋檐一角，應是牠們詳加評估的安全之地。另一說的飛燕入巢，是指燕子每次要回巢穴前，會先在遠處觀察是否存在任何人、鳥類等等的傷害，確認安全後，燕子毫不猶豫，一箭直入經由洞口入巢，完全毫無遲疑！

以飛燕築巢譬喻生前已在上師、善知識的座前，以聽聞求得口訣，以思惟斬斷對於口訣的種種疑惑，就像是燕子築巢般，能予善加評估環境，觀察安全與否；但亦並非僅止於聞思，而是如瑜伽行者經過了聽聞、思惟後，確知終生安住於觀修心性或觀修本尊的修持，已足夠面對死亡，如同燕子回巢時，毫無畏懼也從不失誤一樣。

瑜伽行者已經「執持峻地」——嚴峻之地，「峻地」一詞在心性引導裡很常出現。何謂嚴峻之地？異常堅固，令敵人永遠無法攻破侵入的處所，是謂「峻地」。引申為契入昭空不二的心性後，證得法身勝地，永不被煩惱等四魔[52]侵擾的果位。此處的瑜伽行者也不一定是專指瑜伽士，瑜伽行者是指「能與本初心相應者」即是瑜伽行者，因為已與本初心相應，契入最完善、嚴峻的心性之故，所以不畏懼任何的騷擾、侵犯，面對死亡毫無遲疑，有著隨時可以死亡的萬全準備，就像燕子可以隨時準確回巢一樣。

就像已了悟自心本初之義，隨時隨地都可以自在面對死亡，知道自己將死時是非常坦然安適的。比方說當醫生宣布：「啊！某某某，

52 四魔：煩惱魔、五蘊魔、天子魔、死魔。詳見第三七六頁。

| 中陰四階段 | 四種方法（道用） |
|---|---|
| 自性生住中陰<br>異熟生死中陰 | 飛燕築巢<br>（飛燕入巢） |
| 第一中陰<br>臨終痛苦中陰 | 美女照鏡 |
| 第二中陰<br>法性光明中陰 | 子入母懷 |
| 第三中陰<br>投生業之中陰 | 接通溝渠 |

我很遺憾，你只剩下幾個月（甚至幾天）的壽命了……」彼時，完全沒有心理準備的我們會想：「啊！怎麼會這樣？我還有好多事沒有做，我不可以死！」但是瑜伽行者不會這樣，瑜伽行者是：「哇！真好！終於可以死了。」如同唐秋長老被印度籍醫生宣判胃癌後，果斷決定不接受治療，旋即返回療房，以爽朗的笑容、合掌慰問並祝福抬擔架的僧人，盤起金剛跏趺坐吉祥示寂[53]，因為他是迫不急待的想要證得「死有法身」。什麼是死有法身？死亡境界中的光明乃是法身，能夠契入自身的光明，即是證得法身佛。

倘若真的是證得法身佛，那就是絕對的「此生所作已作，所辦已辦」，再無後續的中陰歷程了，直接在光明中成佛了，沒有後續漫漫綿長的輪迴！這是密法的殊勝之處，這不是遙不可及，只要生前願意修持，都是可以辦到的，這就是所謂的「飛燕入巢」。簡而言之，要善用活著的光陰好好的聞思，求得實修口訣、斬斷疑惑而觀修，就是飛燕築巢（飛燕入巢）的意義。

## 美女照鏡

接著是第二階段，臨終痛苦中陰。相信各位今天出門前，一定都先照了鏡子，看看自己臉上有沒有什麼汙垢，有沒有沾到什麼異物，有就趕緊洗乾淨或擦乾淨，確定自己臉上沒有汙垢，塗抹防曬乳才會懷著自信出門。應該不會有人不在乎面容就出門的吧？！

美女照鏡如何對應臨終痛苦中陰作為道用呢？瑜伽行者面對死亡時，沒有驚恐、畏懼，知道自己要死亡了，對於自己的身體、財富、事業、親友、名望……等等，這些世間法的貪戀皆

53 見拙著《祕密瑜伽士的日常》，第十章〈白衣出家人的生死傳奇〉。台北，商周出版社，2020。

能徹底地捨棄。

臨終前，對於生前所觸犯的戒律（皈依戒、五戒、菩薩戒，以及因為灌頂而許下的三昧耶戒[54]等等）悉皆由衷懺悔，絕不覆藏。這時，若是有福德的上品者，會在自己上師的座前，或是在金剛師兄弟跟前懺悔，這個緊要時刻就顯現出金剛師兄弟的重要囉！

現今台灣無論學顯或學密的佛子，大多忽視法友、金剛師兄弟這等關鍵人物，眾人所重視是自己的家人、親友、同事，認為金剛師兄弟與自己有什麼關係？非親非故的。各位錯了，在自己死時，真正可以助你一臂之力的除了上師之外，就是師兄弟。

若問金剛師兄弟是誰？就是與自己在同一上師、壇城，接受灌頂、聽取法教的僧、俗、善信男女眾，他們就是自己的金剛師兄弟，因為同樣與你在上師座前接受法教，大家聽取同一法教，接受同一灌頂，守護同一誓言。例如以中陰的教法而言，大家都聽到一樣的內容，在死亡之際，無論自己是否能認持自心實相，此時，師兄弟可以在耳邊提醒中陰的重點事項。

## 四大消融後見高下

再說明一個觀念，修得再好的人，在臨終的那一刻幾乎會迷亂，修得再好都相同，與一般人的差別在於斷氣之後，能在母光明顯現時認持無誤，一般人就像是看路人甲一樣一閃而逝。所以不管修得再好，在臨終那一刻，一般人所會出現的雙手伸向空中抓物，甚至講出一些囈語……等等的，大多數上、中、下的士夫都會有這些情況，這可不是修得不好，這是必經的歷程，

54 據說多達十萬條，可歸納成十四根本墮，再簡化則成身、語、意三條，即身觀天尊、語誦咒語、意契密意。

因為無法避免四大的消融！四大消融之後，有沒有修持的真功夫，此刻高下立判！

我們這一行就是要接觸死人的，看過太多沒有修持功夫的亡者了，也曾看過幾位有修持的仁波切、瑜伽士的死亡，修持與否真的有著天淵之別！除了臨終前的氣定神閒、坦然赴死，主要的差別在於死後的模樣，沒有修持的人，不可能死後入定！

## 大體捐贈行不行？

倘若自己抱持著日後「死後入定」的決心，那就必須在醫學判定死亡之後，還有機會留下身體才行，除了避免「大體捐贈」，也不可被觸摸、移動，因為這樣會影響入定。如果確定自己不會也不想「入定」，那去簽大體捐贈、器官移植同意書都沒關係，反正到底痛不痛也沒有人知道。

可是如果自己抱著死後或許要入定的一絲絲的期望與決心，我的師父叮囑：「那你就不該捐贈大體，身體都沒了，哪來的入定？」內息未斷之前，身體被剖開，眼睛就被挖掉了，心臟、肝臟就被挖出來了……這個軀殼就沒作用了！雖然醫學上判定他（她）已經死亡啦！瞳孔放大、沒呼吸了，這怎麼是人？他（她）已經是屍體啦。可是在佛教的觀點而言，他（她）還不是屍體，尚是有用的軀殼，這是要審慎評估的。

因此，在美女照鏡的階段，當確知自己已是必死無疑時，無論是出家人或在家人，若有任何貪戀事物，應當趕緊布施出去。其實，我建議到了一定歲數後，世俗流行語講「斷捨離」，一些財物就趕緊布施出去了。有些有錢有勢的政商富豪會怕權力、資產交出去之後，子女不孝，不再搭理自己，所以生前要抓得緊緊的，這也是一種保障的方法，無可厚非！

除非自己確定僅是手攬管理權、經濟大權而已，心中沒有任何的戀著、貪執、記掛，我如果死就死了，不會再眷戀！如果可以這樣篤定就無所謂。但若是到死都怕被他人搶奪，就會影響往生了，這是很嚴重的事情，各位要想好。我這樣應該不算神棍吧？我沒要各位把財產移轉給我，只是告知要具備這樣的認知，這是很重要的。

## 法友比子孫管用

在臨終那一刻，是誰在自己耳邊輕語：「某某某啊，你現在已經即將死亡了，要記得祈請上師，記得安住自心的實相。」在身心分離、極端迷亂時，很有可能無法憶起平常的修持，所以此時此刻極需要法友、金剛師兄弟在耳邊提醒。

假如屆時在旁邊是所謂的百子千孫，沒有法友、金剛師兄弟在身邊，眾多孝順的子女只會泣不成聲，或許有些會在耳邊說：「爸爸／媽媽，你不要離開我，我們都很愛你！」或是：「記得到天堂之後，要想我們哦！」再好一點會說：「記得跟著菩薩的光走！」這在世俗上來說，是令人稱羨的事情，「哇！到臨終前都還有子女這麼孝順，圍繞在身旁，含笑而去……」這在華人世界叫「善終」，善終就是孝子賢孫要圍繞在身旁，不是孤獨的死去，葬禮辦得盛大體面，備極哀榮，習俗上說是善終。

## 幸福的死亡方式

在佛教的見解，不是只有密乘，最幸福的死亡方式，是死時身邊除了上師、金剛師兄弟之外再無他人；如果自己修得夠好，連金剛師兄弟都不需要，一個人孤獨地死去是最好的，因為身旁不會有人哭泣或搖動來騷擾自己。但這與近幾年新聞報導，人死了好幾天，才被鄰居通報，因為流出屍水、屍臭飄散……被發現死亡數日，大相徑庭！

當然在世間人看來，孤獨死去是很淒慘悲涼的事情。可是若是有修持的人，非但不是一件壞事，甚至還是一件好事！因為假若已有一定的修持，又可以默默地死去，沒有人打擾往生，豈不美哉？至於往生之後的大體會如何處置，何必掛念！那僅是已廢棄不用的軀殼罷了，軀體是一點都不重要的！

我不曉得各位是否留存華人或是台灣民間的想法，死後一定要埋在什麼風水寶地，入土為安、福澤子孫，一定要放在左青龍右白虎、財官雙蔭的靈骨塔「吉位」。其實放在靈骨塔不是自己，而是自己的那一堆骨灰而已，就算放在價值幾百萬的頂級豪華櫃格裡，對於往生極樂毫無些許幫助；就算骨骸被丟在海邊、樹邊、路上、曝屍荒野，對於往生極樂，完全沒有絲毫傷害，這是一定要釐清的。華人歷來就被儒家、道教的思想所制約，根深柢固認為，自己定要子孝孫賢、百子千孫、五福臨門、葬禮隆重氣派，風光無限，才配稱不枉此生。

不過，對於學佛人而言，並非如此。佛子要著重是「我臨終該怎麼死」，而不是別人怎麼幫我辦身後事，死後舉辦再隆重的喪禮，對於死亡毫無些微助益！如果觀修的程度沒那麼好，最好是有上師在旁邊，否則就是退而求其次，由金剛師兄弟在旁邊附耳叮囑：「你要如何如何做……」

## 安住自心實相難

重點來了，「記得要安住自心實相！」如果完全沒有得過心性引導，死到臨頭，突然對你講自心實相？借用流行用語的說法：腦中就會出現三個黑人的問號！「什麼自心實相？啥米碗糕（河洛語）？哇！什麼是自心實相？」這樣就慘了！

必定是日常先做好準備之後，死前只要師兄弟一提醒：「某某某，莫忘上師且安住自心實相！」則能如魚得水。據說臨終或是在臨睡之前的那一刻，耳識消融之前，講話的聲波是最能入心的，屆時若有人在耳邊講話，聲音會直接傳達而銘記於心，這是必知的事項，若有金剛師兄弟在身邊協助往生是很幸福的。

因此，與金剛師兄弟之間要和諧融洽地相處，彼此之間不要有爭執，為了爭寵或是爭奪道場的主導權的心，那種爭執沒有絲毫意義，只會傷害自他而已！以密法來講，三昧耶戒是最最重要的事，沒有比持守三昧耶戒來得更加重要，務必要注意！

臨終痛苦中陰的美女照鏡：是指好好的懺悔所觸犯的戒律、三昧耶戒，在上師或法友面前懺悔，假設萬一因緣不具足，沒有這些對境，可在內心將本尊與上師合一而觀。如何合一？觀想上師化為本尊的形相，自己向本尊懺悔。發露懺悔後，醒悟到平常自己承事上師，受上師所開示的口訣應用之時即在此刻，猛然間再次清晰地複習口訣。

請想想，假如明明有著可以再次清晰地複習口訣的大好良機，卻是個子孫滿堂的好野人（意：有錢人，河洛語），千鈞一髮之際，子孫在身邊，好一點的狀況是：「啊！不要死啊，爸爸（媽媽）我捨不得你……」壞一點的狀況是，幾個子孫劍拔弩張圍繞病榻旁，在自己尚未斷氣前，已開始疾言厲色爭奪家產，請問如何定心？本來有一點點的機會可以憶起口訣，偏偏在耳邊響起：「喂，那筆錢是我的！」「那棟房子是我的！」身旁出現這種狀況，不要說臨死的人了，平常做功課時，旁邊若有人在講話，心定得下來嗎？如果這樣就難以在平日課誦定心，臨終時，那些爾虞我詐的激烈爭吵，要安定自心而祈請？很難的！

## 未出定不可觀修〈破瓦〉

瑜伽士圓寂而「契入意誓」時，正常的流程不會唸經、燃香、供花……不會有什麼儀式，僅是隨意的放任他最後死去的姿態，讓其自然「契入意誓」入定，待其自然「解除意誓」。「解除意誓」之後才觀修〈破瓦〉。〈破瓦〉不是在亡者入定中就觀修的，這樣會壞其成佛大事，所以不是斷氣後，旋即施以〈破瓦〉，如果對方是有入定功力的人，在他死時給他「呸」，結果壞了其解脫好事，這罪業是擔待不起的！一般都是確定此人沒有受過心性引導，是不會坐禪的人，才會在斷氣後立即觀修〈破瓦〉，否則不會在往生者出定之前觀修〈破瓦〉，這是正常的流程。

上述是「美女照鏡」的涵義，如同美女要出門之前，定先打扮好自己，才會邁出家門；在自己死之前，完善處理該處理的事，心已無任何罣礙，隨時可以死亡，即是美女照鏡。

## ◇口訣：〈三句擊要〉

此時，上師賜予的口訣是什麼呢？如果聽過台灣譯為〈椎擊三要〉的心性引導口訣，從字句看〈椎擊三要〉似有三個要點，實際上僅有一個要點，自始貫穿至終，若從藏文直譯是〈三句擊要〉，以三句話來擊中要點，三句話就是：「直指於本面，確定於唯一，掌握於解脫。」最主要是第一句「直指於本面」，直指於心性的本來面目。這要由誰來直指？由自己的上師直接指引，引導自己明瞭什麼是心性。

明瞭何謂心性，具備正確見地之後，時時刻刻以保任見地而安住，即是「確定於唯一」的觀修，這是指了悟此即心性，如〈了義大手印願文〉所云：「顯亦是心空者亦是心，證悟亦心迷亂亦自心，生者亦心滅者亦心故，願斷一切增設於心中。」

萬法皆是心的幻相，既已確實通曉此義，不管有誰再來迷惑、遊說我「心性不是這個，是那個……」，都不會因此而有所疑惑、有所動搖、有所變卦，思忖「好像不是這樣，是那樣才對……」，「心性好像不是這麼一回事……」絕對不至於如此。

「確定於唯一」是觀修也是第二步驟，就像生住中陰對應於「飛燕入巢」，「確定於唯一」後，每天觀修、保任直至臨終之際，就是所謂的「美女照鏡」，已做好隨時死亡的準備了。為什麼？因為自己以見地融入修持，時時付諸實際行為而「掌握於解脫」了，「了生脫死」對自己來說一點都不困難，已經確知死亡是怎麼一回事，盡可安住心性離世而去，那才是重點。

## 每天只睡一時辰

那旺長老正是如此，進入閉關中心，在明卓長老的指導下，修習「轉心四思惟」以及「四不共加行」，接著持誦本尊心咒，繼而專致一心地觀修《那若六法》的「拙火氣功」和了悟自心實相的「大手印」。那旺長老精進堅猛，平日保持禁語，每晚只睡一個時辰，醒後或持咒或觀「大手印」或修「拙火氣功」或打拳，絕不懈怠。數年觀修小成後，申請在後山的山洞中獨自嚴格的閉關，兩個月餘「掌握於解脫」之際，安然入定而逝，身旁唯有恰巧送糧的師弟唐秋長老隨侍在側[55]。

所以「直指於本面，確定於唯一，掌握於解脫」是〈三句擊要〉也好、〈椎擊三要〉也罷，所闡釋的重點其實就這三句。為了要懂得這三句，尚有逐段的解釋，這一段一段的解釋，就要請具德的上師給予指引，明確講解〈三句擊要〉的特點。既已了然於心，每天就是如是觀修、保任的禪修而已。

## 坐禪的要訣

台灣人很喜歡坐禪，準確地說，華人都很好樂坐禪，可是坐禪，到底在坐什麼禪？重點真的只在坐姿嗎？

昔日盛唐禪宗名聞遐邇的馬祖道一，在還沒開悟之前，常習坐禪！南嶽懷讓禪師知道道一是法器，於是進了道一禪師坐禪之處，懷讓問：「大德坐禪圖什麼？」道一曰：「圖作佛。」禪

55 見拙著《祕密瑜伽士的日常》，第十章〈白衣出家人的生死傳奇〉。台北，商周出版社，2020。

師乃取一磚，在他的庵前拿著磚頭來來回回地研磨。磨磚聲吵到正在坐禪的道一，道一問：「磨作什麼？」懷讓禪師說：「磨作鏡。」道一納悶道：「磨磚豈得成鏡邪？」懷讓禪師回以：「磨磚既不成鏡，坐禪豈得作佛？」道一聞法，心開意解，之後便留在懷讓禪師處，保任十年[56]。

這樣的師徒互動，在密宗來講已是根本上師了，但在顯教沒有根本上師這種詞彙，僅稱之為善知識。此後道一禪師以「平常心是道」、「即心即佛」大弘禪法，與大手印同一旨趣，悉以無上教法，轉化無量，成就非凡！

重點不在於坐禪多久，而是在於是否掌握坐禪的要訣。所以要先請自己的上師、善知識「直指於本面」，直接引導何謂心性的本來面目，了悟之後，為了保任悟境，才要不斷地以坐禪而維持。為什麼要坐禪？誠如經云：「金剛跏趺圓滿佛。」以毘盧七支法姿勢而坐禪，是最能穩定自己心性的方法，所以才要坐禪。

若連什麼是坐禪的重點都不清楚，只是挺直身體盤膝坐著，其實沒有太大的意義；當然坐禪本身就有功德，哪怕學個坐禪的姿式，心思散漫而坐都有功德。但僅憑如此的功德，不足以在斷氣後獲得解脫。

前文提到業可分三種：善業、惡業與不動業。不動業是指修定的作為，那也是業，既然是業，就無法解脫而沉浮於三界六道。三界是指欲界、色界、無色界，色界、無色界就是以修定才得以投生的。基本上六道都在欲界裡面，只是天道再區分出色界、無色界，只要廣行善業，就可以投生欲界六天，六天就是分住六層天界的天人，由下往上依序是四天王天、忉利天、夜摩天、

56 見《五燈會元・卷三》磨磚成鏡。

兜率天、化樂天、他化自在天。忉利天是帝釋（玉皇大帝）所居之地，彌勒菩薩所居的兜率內院淨土就在兜率天。為什麼這六天稱為欲界？因為上自他化自在天，往下直至地獄為止，六道的眾生尚存七情六欲，故稱欲界；因為存在七情六欲，即使投生到他化自在天，據說也不需要太多的定力，只要廣積福報就可以如願。

但是要到色界，如果沒有修定，是投生不了的，因此，不動業可以讓自己投生到色界。然而就算投生到色界、無色界也沒有意義，佛經說就像是仰天射箭，直至力道消失之前，箭可以一直往上飛行，但力道消失之後，箭矢依舊往下墜落。所以，無論投生欲界六天、色界、無色界，等於是繞了一圈天福享盡再到三惡道而已。

因此發願往生天界，想在死後去天界當神，享受天界的一切欲樂，是非常愚蠢的想法。因為在天界雖然百般歡愉，真的是感受不到煩惱、匱乏，直到死前七天都不會有絲毫痛苦。然而，死前的七天，換算為人間的七百年，在這七百年間，以天人的神通力，將會親眼目睹自己怎麼死亡，死後如何墮落三惡道，之後怎麼受苦；那七天就像看著自己主演的災難片電影，整個劇情從頭到尾清楚看完。但是以人間經過七百年的時間，歷經愁苦懊惱煎熬方得死去，在那七天之前的生命，是五種欲樂享用無盡、歡樂無限的，全然感受不到一絲一毫痛苦。

## ◇掌握修定的關鍵

坐禪是好事，《楞嚴經》云：「攝心為戒，因戒生定，因定發慧，是則名為三無漏學。」[57]可是如果只是一昧修定，卻沒有得到指引心性的口訣，未能掌握關鍵，則是十分可惜。畢竟人的一輩子這麼短促，在這麼短的時間之內，縱有機會、福報接觸佛法、親近善知識，可是卻不知該如何掌握自己的來世，只是不知其所以然地一昧信佛，認為信佛就是天底下第一等好事，生而為人就該信佛，但卻不明白真正的信佛該掌握的要點是什麼，豈不是空入寶山！

假如不知曉自己為什麼信佛，真的就是「迷信」，因為那是盲目的信仰！信佛是對的，是好事，但是要「正信」。什麼是正信？簡單講就是正確的信仰。什麼是正確的信仰？確知在教法裡聞、思、修，自己可以確實獲得什麼口訣？以這樣的口訣對自己的生死有什麼幫助？確知可於生死中獲益，才是正信！而不是今天已皈依某某大法師了，我是某大法師的入室弟子，展示皈依證或合照，似乎流於偶像崇拜。

講到這裡，台灣人確實偏好聲稱我是某某法師的入室弟子，我是某某法師的關門弟子，其實那沒有任何意義，除非獲得了生死把握，不然即使是釋迦牟尼佛的關門弟子都沒有意義。真正要清楚的是〈三句擊要〉的精隨：「直指於本面，確定於唯一，掌握於解脫。」目前看到的中文譯本應該不是這三句，但個人認為這三句如此翻譯，貼近藏文原意且較易記憶，可以把這三句牢記在心。

57 即如密勒日巴尊者所云：「……斷捨諂誑彼岸中，所謂戒律再無他；……安住狀態彼岸中，所謂禪定再無他；證悟實相彼岸中，所謂般若再無他……。」

第一句直指於本面是最難的，就像禪宗的破初關最為艱難險阻，然而一旦破了初關之後，後面就容易了。為了要破初關，就會有參話頭或是種種無厘頭的作為。像臨濟宗的臨濟義玄祖師，就以打罵的方式讓弟子開悟而聞名；義玄祖師的師父，黃檗希運禪師打得更狠。其實這些「喝、罵、棒打」都是為了強調「直指於本面」，重點在於直指於本面，只要能夠以直指而認識心性的本來面目，這一輩子就值得了，可謂是有意義的人生了！

## 子入母懷

第三階段，以如子入母懷的方式對應法性光明中陰，這是指如同值遇故人或子入母懷。前述強調的本淨基位宛如母親一般，所顯的光明是指由基位所散發出的一切光彩，宛如孩子一樣，即如岡波巴大師所云：「心性俱時生起乃法身，境象俱時生起法身光，念頭俱時生起法身用，此故心境無別俱時生。」外境都是內心的投射顯現，對於母的與子的外境二者，能夠在生前明瞭無別，一而再三地練習而臻於嫻熟，這是一種說法。

另一說是，得到心性指引，已知什麼是心性後，藉由不斷地保任而安住其中。祖師云：對於所謂的開悟，一開始先不要想成一件很難的事，也不要想著一旦開悟都搞定一切了，首要之務必須要先有所保任才行。

當下的開悟或許僅有電光石火的○．○一秒，但自己已經確然了知是怎麼回事，就要藉著保任慢慢拓寬、延長覺知的時間，能夠安住於此狀態愈久，面對死亡就愈有幫助。因為其實死亡就相當於每晚睡著之前的歷程，慢慢地入眠後，從沉睡到出現夢境之前，那一段時間屬於「黑暗期」，這是芸芸眾生每晚都會經歷的。

實際上，如果未曾接受過口訣的引導，每晚就是昏沉沉睡著，再迷迷糊糊甦醒，過程中出現夢境而已。對照於中陰，睡著到作夢之前，稱為臨終中陰；開始作夢的過程，稱為法性中陰；甦醒後，一切成空相當於投胎了。每晚睡著的黑暗期，因為處於黑暗期而去認持覺知，故稱為「光明」。

不過，這種光明如果沒有經過上師的引導，沒有在白天不散亂地予以保任，在睡著後，想要認持，將比登天更難。如果在睡著時亦無法認持，死後的臨終中陰，就更不用說了。就像演習時都生疏於戰術了，打仗必定是手忙腳亂、節節敗退、輸得一敗塗地的道理是一樣的，這是一定要理解的。

## 內息四剎那

接著提到「住於內息而於四剎那」，外息中斷後，內息會有四剎那，四剎那的結尾——第四剎那，即稱為「第四光明」也稱「母光明」，如果生前有所練習，第四光明顯現時，理論上，將可如同值遇故人或子入母懷一樣，好比相識多年的老友久別重逢，或是母子久別重遇般。

當然有些人不用相識多年，也能熟記人的長相。好比各位以前都不認識我，現在經過了幾個小時，聽我講過中陰引導之後，大概記得我的長相了，短時間內，不管在哪邊遇到我，至少會有印象我是誰。而且我的長相略為特殊，大家的第一印象就是認出那顆大頭，知道那就是多傑仁卿；假如從未認識我，就算我的頭是現在的三倍大，縱使在捷運車廂相對而坐，也是相見不相識的。

因此，如果沒有對心性實相有著無錯謬的見地，每天再用點時間去強化保任，若欲認持臨終中陰，幾乎不用多想，是不可能的任務。基本上，緊接著的法性中陰也是希望渺茫，雖然此時段可認持文武百尊，但若要認持文武百尊，就文武百尊本質來說，要先每天唸誦其儀軌，持誦其咒語，對文武百尊的長相要一一的理解，用土法煉鋼的方法去認持，每天強迫自己認識那一百尊的造型，看著一百尊就像我現在看各位一樣：這個人長這個模樣，那個人長那個模樣……每天反覆溫習，然後等到文武百尊出現時，可能會有百分之一的機會去認持。

但這也不一定，若要認持出現在任運自成境相的文武百尊時，也不是單單看著唐卡辨認長相就可遂願的，因為假設真正的文武百尊出現了，不會是像看到人，或是像看唐卡那樣的卡通造型，扁扁的或有一些顏色造型，並非如此！每一天尊出現時，都有著難以思議的威采，伴隨著光芒、聲音的 BGM（背景音樂），光芒就像十萬個太陽同時照著眼睛讓人無法直視，聲音是像天崩地裂直擊內心，這世上環繞重音響都比不上的 BGM。

半夜走在無人街上，突然碰到迎面猛然走來一位長得恐怖驚悚、怒目圓睜、四隻尖牙閃閃發亮、周身毛孔散發火焰、全身靛藍、披散長髮的人物；或是容貌可人、妙目含笑、手持綠色花朵、艷麗動人的翠綠膚色的少女，卻散發無法直視的強大氣場。請問各位，當下的反應是轉身全力加速而奔，還是就地安住不動呢？大多數一定會想：這是哪號人物？一溜煙逃得無影無蹤了。

## 別跑！別跑！

其實跑了就全盤皆輸了！在法性中陰階段，天尊以大悲心全力救度眾生，因此亡靈愈是逃避，就愈會看到天尊以排山倒海之勢緊追在後，不斷以驚天動地的吼聲狂喊：「別跑！別跑！」《山居法》提到：「中陰階段的有情多因無法辨識、認友為敵，導致誤解救援的友軍即追殺自己的敵軍，見敵從後追趕而狂奔閃躲，因而錯失得度的機會。」如果沒有確實的真修持真功夫，認持文武百尊不是想像中那麼簡單。

像是以母子來說，由於彼此之間的親情深厚的緣故，分離了幾天之後，假如小孩子看到媽媽，一定是當即飛奔到媽媽的懷裡緊緊擁抱；同理，本淨的基位與從基位顯現出的光明，在生前只要有所認識，絕對有認持的機會。要怎麼認持呢？要藉著一再的觀修而嫺熟串習，所謂的熟能生巧、習慣成自然一樣的方式去修持，等到第四剎那光明顯現時，就可以認持了！

倘若生前聽過引導的口訣，但是沒有空暇或沒有意願去修持，當然就不熟練了，當第四剎那光明顯現時，是無法達到所謂的子入母懷的程度，主因其實就是不熟悉，會疑惑：「這是那個嗎？那個人是誰？」「那個人是我以前認識的嗎？」如果不是認識很久，某天在路上偶遇時，還可遲疑一下再確認。生前遇到人可以這樣懷疑，但在中陰的時段絕不能懷疑，機會稍縱即逝，必得當機立斷！中陰絕對不可以猶豫、懷疑的。因此，為了在中陰的時段，可以義無反顧斬斷疑惑而認持，還活著的時候，就要牢記一些竅訣。

當第四剎那大光明消失之後，據說光明出現的時間長短不一，有些論著是說，大概就一彈指的光景就沒了。一彈指頃要怎麼認持？以現在活著的狀況而言，確實無法認持，但是在死後的中陰階段，神識遠比現在還要敏銳千百倍，那時絕對有足夠的條件、資格去認持。

好比今天在路上開車，突然發現開錯路了，若要轉彎，要經過數個步驟才能轉彎；可是如果是駕著一艘皮筏，在河流中要轉向是否容易多了？只需一直划槳就可轉向。這是譬喻，生前打禪覺察念頭紛飛，心怎麼都靜不下來，雖然確實很用功在做了，但總是不到位！然而到了中陰的時段，因為已無肉體脈絡的干擾，反而可以很容易的轉念，這又是一種機會。

## 觀看當下的心

總之，錯過母光明之後，因為心性如來藏本即具備種種顯現的自性，亦有地、水、火、風、空五大元素，諸如任運自成境相的文武百尊將會顯現，也會有地、水、火、風、空五元素的作用。淨化五大元素即成五佛妃，淨化之前是地、水、火、風、空。「地」會出現天崩地裂的地震；「水」出現前所未見的九級海嘯；「火」出現火焰焚燒森林；「風」颳起世界上前所未有的超級大颱風、颶風。

出現這些情況時，試問有幾人能原地坐下、反觀自己心性？就像是走在曠野時，突然聽到雷聲極大的晴天霹靂猛然降下，震耳欲聾。不曉得在台灣的各位，是否曾在山野間聽過暴雷聲響，雖然距離甚遠，卻有如直擊到心臟而疼痛的經驗？這有點類似法性光明階段顯現的態勢，雖然不一定會出現文武百尊，然而，當走在空曠處出現這樣的急雷聲時，請問是會當下趁機反觀心性，了知皆是自相外顯，站在原地契入心性？抑或當即祈請上師？還是火速逃到家裡安全地躲起來？

遇到火災、風災、水災時，當下反應是：我的急救包、錢包在哪裡？拿了趕快逃命！如果答案又是一溜煙逃得沒影了，那又再次錯失機會了！其實中陰會是什麼結局，看看現在自己的反應即可大致明瞭，若是抱持上述的想法，即是跑去投胎了。

當然不是說在世間遇到火災不要逃，只是要觀看自己當下的心態，如果整個心態就是沒命地跑，與中陰一路逃竄的狀態別無二致，因為業力催逼，必須藉由逃跑才能再次墮入六道輪迴，這是很重要的關鍵。

當沒聽過法教時，撼動山河的大地震，趕快逃到空地啊！下一瞬間豪雨襲來，直覺就是找遮蔽物躲雨啊！緊逼而來蔓延千里的大火，趕緊轉身逃離火場，衝啊！有如劫末毀滅世界的狂風夾雜著塵沙鋪天蓋地而來，急忙找地方躲起來啊！在人世間大多是這樣的反射動作，但在中陰時段卻不能這樣做。

## ◇隨時覺知境相虛幻

大家會問：如何知道是在死有中陰，還是在現實人間，或者在夜晚夢裡？這要從活著的時候就開始練習，先練習一切境相皆是如夢如幻，不要將現實世界當作太真實，「執實」與「執相」是學佛人也是眾生的通病，因為過度執實，所以導致無法自輪迴中解脫！

死後的世界究竟是像民間流傳的亡靈（意形身）來去自如，抑或處處險境危機，充滿驚險刺激，一刻都無法停歇？其實答案十分明顯了。猛然間暴雨狂落，會安然走在雨中任由雨水澆淋自己，還是急匆匆找地方避雨？如果答案是躲雨，那就是投生下一世最好的證明，亦是業力催逼而生的動力。因為一旦錯過了臨終中陰，也錯過了法性中陰，到了業之中陰（投生中陰）時，趨使神識去投生的並非獄卒，也不是什麼地獄的使者，而是自己的業力。

執著一切為真實的慣性，以至於在夢境中也從不覺得夢是虛幻的。明明是自心虛構創造的景象，但是在夢裡，看到門的直覺反應會扭開把手開門；牆壁明明就是虛假的，卻忘了可以穿牆而過；遇到人，會與人聊天，一言不合還會吵架起爭執；遇到仇人，會恨得牙癢癢的；遇到喜歡的人，會滿腔愛慕，一心對他好；自己若中了樂透，雀躍不已……心情不斷起伏。可是除非夢醒，否則不會領悟是自心迷亂的一場遊戲！

在夢裡，人類慣於把一切當作是真實存在的，如果在夢裡把一切都當作真實的，在中陰就更不用多說了，勢必會認定是百分之百的真實，「認假為真」如何能在虛幻中陰獲得解脫？中陰無法以僥倖而解脫，能否解脫要從上師的座前獲得口訣後，開始老老實實日復一日努力修持，方是王道。

密勒日巴尊者說過，精於禪定的大修行者，死時遇見死亡光明時，也會因為驚懼而火速逃離，所以有定力也不一定有用。逃跑是必然的反射動作，因為有定力的行者心中仍有「希、疑」，倘若遇到死亡光明能安住，就成佛了，也就不會有所謂的色界跟無色界了！色界、無色界就是外道修定之人前往的歸宿，雖然是善趣，卻依然在輪迴中，天福享盡終歸輪轉於三惡道，這是要理解的。

## 本智之嬉戲

因此，當文武百尊出現時，究竟該怎麼做？在生前修持本尊的當下，務必要堅信——自己所觀修的本尊、所祈請供讚的護法神，不是與我二元對立的對境。今天拜阿彌陀佛、觀音或任何一尊神佛天尊，即使臨終時，阿彌陀佛來接引往生淨土，也不要認為「對境是阿彌陀佛，我是我」，佛來接引我去淨土了。這種虔誠的想法雖然有助於往生淨土，卻不是修持中陰成佛的絕佳方法！也不是中陰階段唯一的標準答案。

正確的認知是，諸佛菩薩僅是自心本俱的功德所顯的境相，在藏傳佛教的術語是「本智嬉戲」——由原本具足三身功德的心性，所展現而出的遊戲罷了。在佛法的修持裡，一切本即虛幻，只要「執實」一件事情，就是落入執著二種我執。

這樣說可能有人不能接受：「啊！你說什麼？阿彌陀佛不是真實的，淨土不是真實的，怎麼可能不是真實的！修行到底在修什麼？」各位，修的就是要破執實、執相的虛妄！

## 「生圓二次第」對治「人法二執」

執著分為「人我執」、「法我執」，這兩執是要破除的。「人我執」是：現在理所當然認為我就是我，我的手、我的腳，整個身體就是我，這叫「人我執」；「法我執」是什麼？比方說在我們面前這一尊佛像是誰？懂的人都說：是釋迦牟尼佛，這是佛像、這是茶杯、這是桌子、這是哈達，此即「法我執」。或許以為這聽起來沒什麼，但既是執著，就要破除。

比方說，觀修生起次第，將自己觀為度母或觀音，最後因為觀修生起次第，完全淨除了對自己凡夫身的執著（淨化執迷亂相的方便，乃是生起次第）；確實認定我即觀音、度母乃至於某某天尊時，這也是微細的執著，這種執著也是要破除的，沒有破除微細執著，成不了佛（破除生序執實的般若，乃是圓滿次第）。此乃為何**生起次第與圓滿次第必須圓融雙修**的用意。

只修生起次第無法成佛，必須要生圓二次第圓融而修。所以，如果沒有圓滿次第，單以生起次第進行觀修，會認為自己所觀就是真實的——我是真實的觀音、真實的度母。但這是不對的！舉例而言，好比鐵屑（對自己凡夫身的執著）、金屑（認定我即天尊的執著）放到眼睛都一樣痛，不會因為這是珍貴的金屑，放到眼眶就無痛感。

當然執著自己為神佛天尊，遠比執著自己為凡夫來得好太多了，畢竟那是清淨的執著。但有執著就成不了佛，因此直貢噶舉的祖師吉天頌恭云：「執著三大非見地。」什麼叫「執著三大」？大手印、大圓滿、大中庸，這三法是很高深的法門，為什麼不能執著？意思是「我在修大手印」、「我在修大圓滿，這是頓超，這是立斷」；或這是中庸，我有「非生非滅、非常非斷、非來非去、非一非異」的見地。

一旦出現了「是此、是彼」的想法，已不是空性見地了！真正的見地是一開頭時說的「無言思說般若般羅蜜」，只要嘴巴講得出來就不對了。這都是值得深深思惟的，因為真正死亡來臨時，假設躺在床上慢慢等死時，彼時想著：「我怎麼可以這樣死掉？我是修大手印的啊！我是修大圓滿的啊！我精通中庸啊！」然後咧？這種高傲心態對死亡是沒有意義的。這時不是去計量曾親近什麼大善知識，學過什麼深奧大法，得過什麼大灌頂……那些都沒有意義，因為派不上用場！

唯一需要的是修持之後的坦然心境，以此心境融會貫通等待死亡，若能死在這樣的心態之中，死後入定的「圖當」必會出現，因為可以認持死亡光明而契入死有法身。一般人死後屍體會膨脹、發臭而腐爛，但在入定的過程中，無論時間長短，一天、三天、十天，乃至於二十一天或一個月，大體都不會發出任何的臭味，即使是炎熱的夏天都一樣。為什麼？因為身心尚未分離，只要身心沒有分離，大體就不會發臭、腐爛，是這樣的道理。二〇一七年二月德頌仁波在高雄從容入定，十七日後出定，這是多位法友親身見聞，並有錄影留念。

所謂的如「子入母懷」或「值遇故人」即是此義。要先知道自己媽媽是誰，才能入其懷抱，不是嗎？隨便找一個不認識的女人來到小孩面前，應該不敢亂抱吧！同理，若未先認識心性，想要子入母懷或值遇故人是極困難的。這也是為什麼一開始時，我不能直接按照〈祈願文〉內容講解的緣故，因為言者諄諄，聽者卻聽得一頭霧水啊！這樣的引導是沒有意義的。唸誦〈祈願文〉是好事，請一定要唸誦，但藉由唸誦熟悉自己該掌握的關鍵，才是最大的重點。

## 接通溝渠

最後，以如接通溝渠的方式來對應投生業之中陰。數千年來中土、境外的農夫耕種，必須引水入田，怎麼引水入田？挖掘溝渠從水源處引水到田裡。與彼相應的方法是：第四剎那光明顯現時，未能認持，繼而出現文武百尊、光芒、聲音的任運自成境相時，也因為驚懼未予認持。錯過這兩個階段後，一瞬間落入投生業之中陰，除了投胎，沒得選擇了！投生時，假設以往昔良善習氣為助緣，尚可認出自己此刻身處投生中陰裡，若能認出就好辦了，怕的是認不出來，好比在夢境裡，從來不曾知道自己在作夢一樣。或許有人會說，我曾經認持自己在做夢耶！但一次、兩次沒有意義，要幾乎九成九的成功認持率才行，那才是真修持！反之，僅一、兩次，那不過是運氣罷了。

## 中陰一天不是二十四小時

認出「中陰即是中陰」之後，就可以安心投生了。未能認持大光明、任運自成的顯相後，即出現所謂的七七四十九天飄蕩於中陰的狀態。各位可能在聽了《中陰法教》時，會有既定印象認為，不是說第一天出現金剛薩埵，第二天出現寶生佛，第三天出現大日如來……等等，五方佛會依序出現，怎麼今日講的內容，都還沒有提到第一天，你就已經跳到投生業之中陰這邊來了？

事實上，中陰時空的一天與人間的一天是不同的計量單位，請不要認為中陰階段真的是一天有二十四小時。第一尊不動佛二十四小時安坐於對面的蒲團上，慈藹道：「弟子來吧！認持我吧！」不是的。中陰時空的天數據說是以自己的定力為單位來計算，生前能無散亂安住於正念多長時間，即算一天，所以人間的一彈指、十秒鐘、一分鐘……是中陰階段的一天，依個人定力而長短不一。彷彿在夢裡，一彈指身處廣袤無涯的曠野、一彈指金剛薩埵現身隨即消失、一彈指寶生佛現身隨即消失了、一彈指大日如來現身隨即消失了……時間短促稍縱即逝，實是令人非常困惑的景象。

飄蕩中陰時，認出了「中陰即是中陰」之後，倘若因為往昔的持戒等善業可以投生為人，最後一定會來到即將成為自己來世父母的那一對男女面前，此時，生前每日的本尊觀修就顯出重要性了，清淨相的串習在此發揮作用。為什麼呢？因為即將投胎了，一定得決定男或女的性別，眼前那一對男女交合時，自然就會以貪瞋二念來決定性別。此時，假若對爸爸起了瞋心，對媽媽生起了貪心，就投胎成為男生；如果對媽媽起了瞋心，對爸爸生起了貪心，就成為女生，這是一般人的投胎方式。

學習密法的人一樣要投胎，可是心態上是不同的。因為觀修著本尊，觀修過種子字，明瞭種子字是怎麼來的，比方說觀修吽、啥、當、嗡……等，或其他的種子字。假設生前已嫻熟怎麼觀想自己本尊的咒字，在此投胎的當下，把來世的爸爸觀為男本尊，來世的媽媽觀成女本尊，既然兩位本尊在面前，就不可能生起貪瞋的念頭。

## 以祈請的心態入胎

貪瞋之念頭就地消融後，心間觀想出本尊的種子字，假設都已熟悉了三種三昧、生起次第的竅訣，因為不是今晚就要死了，是在大限來臨之前，定有本尊的修持經驗，即使此刻從未修持過本尊儀軌，自今日起，向上師求取灌頂、引導，得到修持本尊、持咒的許可後，每日不間斷的觀誦。知曉本尊種子字的顏色、形狀，直接將自己觀想成種子字，或是先觀想種子字，再化為本尊的形相，接著以祈請的心態而入胎，秉持這樣觀想，投胎成為具備修持佛法條件的人身。

如何祈請呢？想著：「願我投生暇滿的人身，以此能修持善妙正法，並藉此得以利益無量無邊的有情獲得解脫、證得菩提！」總之，自己想著相似的善願，秉持這樣的念頭、想法，專注的祈請，即會自然投胎而去了。

如是入胎與一般人的投胎就不一樣了，會生於佛法昌盛之地，成長於信奉佛法的家庭，自己會有男或女的莊嚴清秀面容，與生俱來對佛法具備信心，對眾生有悲心，自己會有聽聞佛法的智慧，願意在佛法中精進……等順緣皆能具足，有著如是的功德。生前半輩子的辛勤努力，在中陰必可發揮這樣的作用。

## 觀佛父妃或種子字

另一種說法是，同樣的把面前的那對父母觀想成為佛父、佛妃。若問佛父、佛妃怎麼觀？現在就要選好佛父、佛妃的形相，可以請示自己的上師，由上師指定自己的本尊，亦可自行選擇。

可以是勝樂金剛與金剛亥母，也可以是金剛手與金剛亥母，亦可是馬頭明王與金剛亥母……或許認為這麼艱難，該怎麼觀？可以不要觀想出形相，但要認定他們就是某男天尊與某女天尊，自己本尊的種子字總想得出來了吧？先觀想出種子字，再變成本尊的形相最是理想，倘若實在做不到，觀想著種子字也是允許的。

必須要熟悉種子字吽（ཧཱུྃ）、釋（ཧྲཱིཿ）、當（ཧཾ）、嗡（ཨོཾ）……或許會問「觀想漢字吽、釋、當、嗡……可不可以？」因為我不是上師，沒有權限開許以漢字代替藏字種子字，請各位去請示自己的上師：「ཧཱུྃ好難觀想，我觀不出來；ཧྲཱིཿ好難觀想，我觀不出來……請問上師我可以觀成漢字的吽、釋、當……嗎？」如果上師說可以就可以，不是我說可以才可以，我無權回答此問題。

至於我個人是觀想藏字，因為自古以來，所有印、藏二地的祖師眾、成就者，都因觀想梵文或藏文而解脫的，尚未聽說有人觀想漢字，當然這也是因為密法沒在漢地廣為流傳的緣故，或許曾有人觀想漢字。但是除非「觀落陰」，否則要怎麼探詢？找不到人來詢問的。

## 如何發願往生淨土

稍微具足善根、福德的，能像睡著般入胎而後醒來，會發現已處於生前發願往生的淨土裡，這要看個人的因緣、造化，不見得都會是一樣的往生過程，不可一概而論。若問：「該如何讓自己往生到發願的某個淨土呢？」必須從今起，直到往生之前，天天發願要往生到某某佛或菩薩的淨土，也要每天不間斷地唸誦某某佛、菩薩淨土的往生願文，或每天不間斷地唸誦其心咒，圓滿後迴向功德，願自己日後能往生於彼淨土，藉著往生淨土，利益一切的眾生……等等，以這樣的方式來發願。這是平日就要踐行的，不是臨終前，法友來到身旁提醒了才做。

如果事前沒有任何準備，臨終前，誓言清淨的金剛師兄弟來到身旁，他可能了解你沒有禪定的功夫，隨後附耳提醒你記得「一心求生淨土」。屆時若想「淨土」——極樂世界還是現喜淨土？彌勒淨土還是普陀山淨土？該選擇哪個？！

這是不行的，來不及了！現在就要先選好淨土，切莫死到臨頭六神無主、拿不定主意。因師兄弟可能不清楚你想求生哪個淨土，但是自己已選定了，師兄弟還會在耳畔低語：「記得祈請上師、往生淨土。」問題又來了，「上師？我的上師是誰啊？我沒有認定上師啊！」這就很麻煩了，這些問題請在思路尚是清晰敏捷時先處理好，不然會給自他帶來很大的困擾！

師兄弟不會知道你認定的根本上師是誰，他只會照本宣科在耳邊提醒而已，但自己不能什麼都沒準備啊！如果直到往生前所想、所在意的還是：可以賺多少錢？可以買多少房子？怎麼獲得更好的生意利潤？或是要如何擴大道場的營運……等等，那就很悲慘了。

## 一切託付上師三寶

我不願落入這種執念，所以我從未計畫道場該怎麼發展。這樣講好像很不負責任，尊勝法林佛學會成立大概快十三年了吧！其實當初我以為應該撐個兩、三年就完蛋了，因為我從未想過要經營得有聲有色。我向寺院護法神祈請：「如果這個中心有存在的價值，請您保佑可以經營下去；如果沒有存在的必要，就讓中心關門。」

因為再怎麼善於經營，就算我活到一百歲，到最後還是兩手一攤，什麼都沒了！道場有什麼好執著的？但是道場存在的一天，當然就要盡力發揮作用。尊勝法林當然也不是說多優秀，沒有弘法人才，也沒有一直舉辦這種引導講座，因為我從不認為自己可以出來講這些主題，畢竟已有太多的上師在弘揚法教，不差我一個人。適逢這兩年來的疫情蔓延，暫時沒有上師可以來台弘法，山中無老虎，猴子只好出來耍戲了！

放手去做任何事情！但是不要執著，因為任何的事情到最後，關係到自己的生死。當然我們會想：「我還活著，要拚出一番大事業！要做得轟轟烈烈。」可是誠如密勒日巴說的，「即使擁有整個南贍部洲，死時還是什麼都帶不走。」若想擁有南贍部洲，除了轉輪聖王，誰都做不到；然而就算是轉輪聖王，死時也是什麼都帶不走，這就是要看破了。

## ◇如法觀誦保證解脫

剛才提到本尊的咒語，不論學顯學密，或就算沒有學密，多多少少還是會唸一些咒語，像往生咒、大悲咒、藥師咒、七佛滅罪真言、「嗡木 瑪 呢 悲美 吽」或「嗡木 大惹 嘟大惹 杜惹 梭哈」……還是會接觸到咒語。

有人曾問我：「如果持咒就能解脫，那為何還要修四加行、四不共加行、六度、生起次第、圓滿次第……為何還去學這些有的沒有的，持咒就好啦！」試想光是持咒，就算持了一千萬遍、一億遍、十億遍的咒語，倘若不懂任何的訣竅，持了這麼多的咒語，死亡來臨時，有什麼把握？唯一的把握是：「我持了那麼多的咒語了，來世應該有個好去處吧！我求的度母應該會保佑我吧！」「我應該可以往生度母的淨土吧！」

基督教也說「蒙主恩召，死後到天堂」，回教也說可以到阿拉的世界，天主教也有類似的說法，道教就是駕鶴西歸到瑤池金母、玉皇大帝所在的世界，佛教講是往生淨土。各位是否想過，佛教與這些外道有什麼差別？佛教也是到他方的淨土去，道教也是到別人家的地盤，有什麼差別？

有差別的！切莫把「往生極樂」與所謂的「駕返瑤池」想成是一樣的事情，那是不一樣的。當然淨土各教主之願力、殊勝各有精采，佛教當然是說自己的淨土最為殊勝，說最殊勝是有原因的，但那還不是重點，重點在於怎麼去認識所嚮往的淨土，怎麼理解、保證可以往生彼淨土，這才是重點。

發願往生淨土——往生彌勒淨土兜率內院、不動佛的現喜淨土、阿彌陀佛的極樂淨土，但是若把往生想成是到某尊佛的地盤去做子民眷屬，那不是內道的見地！這與基督教、道教、回教有什麼差別？一樣是在別人的地盤生活啊！只不過是脫離這個娑婆世界，來世不得不去選擇一處天堂、淨土而已，這樣的往生有什麼意義？到彼淨土還是帶著業、煩惱一起過去啊！每個人都帶業往生，到淨土還不是一樣又亂成一鍋粥？人世間有什麼紛亂，到了淨土還不是一樣捲土重來？哪有什麼差別？這必須要先深切考量的。

適才提到觀想天尊與持咒，光是以持咒來說，如果今天是如理如法完整的流程，持咒的過程可以保證往生乃至成佛，保證面對三個中陰——臨終中陰、法性中陰與業之中陰（或投生中陰），都在持咒的過程裡得以串習，可以累積資本而有所把握。絕對可以有把握的，但若不清楚竅訣，就無法保證。

其實這也不是什麼祕密，在觀修生起次第時就要明白的。我不知道各位有沒有掌握到這些重點，或許以為今天向某某上師承諾說，我要持十萬遍的什麼咒，念珠拿起來就「嗡木 阿惹 巴匝 那諦、嗡木 阿惹 巴匝 那諦……」、「嗡木 瑪呢 悲美 吽、嗡木 瑪呢 悲美 吽……」短期內勤勇堅猛持完十萬遍咒之後，就心滿意足地稟告上師自己持了多少咒，好像納稅似的交完差，就沒事了，其實這都不是持咒該有的態度！

## 持咒的竅訣

真正的持咒是自己必須要先消融於空性，並從空性中契入悲心，在空悲不二的狀態裡，顯現出所要持誦的那一尊佛、菩薩的種子字。

比方說觀音就是白色的釋（ཧྲཱིཿ），咕嚕咕咧佛妃就是紅色的釋（ཧྲཱིཿ），白度母就是白色當（ཏཱཾ），綠度母就是綠色的當（ཏཱཾ），黃文殊菩薩就是黃色的諦（དྷཱིཿ），白文殊菩薩就是白色的諦（དྷཱིཿ），如果是普巴金剛就是藍黑色的吽（ཧཱུྃ）……等等。先牢記自己的本尊的種子字，在空悲不二的狀態裡，顯現出種子字的字形；再由種子字轉變成天尊的形相，維持天尊的形相狀態中，心間化現出蓮花，其上有日輪或月輪；種子字再立於月輪或日輪的中央，咒鬘以順時鐘或逆時鐘的排列圍繞而旋轉，在咒鬘旋轉的過程中，這才開始持咒。

若忽略前述觀想步驟，拿起念珠「嗡木 瑪呢 悲美 吽」或「嗡木 大惹 嘟大惹 杜惹 梭哈」，完全沒有觀想度母在前方虛空或是自觀度母的步驟，僅是心裡祈求著：「度母請加持我發財啊！」「請讓我能夠早生貴子！」「度母請加持我事業順利啊！」沒有用的，就算稍有持咒功德，但與中陰階段的解脫無關。

有人會問「為什麼唸了那麼多咒都沒有感應？」「別人都沒有唸咒或別人只唸一點點咒，就滿天神佛的示現！」有些人會有這種疑惑啊！

各位，如果從未依循上述觀想步驟，也沒有出現滿天神佛，真的是祖上積德。如果沒有上述那些步驟，一坐下持咒卻出現滿天神佛、觀音授記：「啊，不用修了，你的根器太好了，你前世是我的弟子，或你是我心頭的一塊肉，你是下凡要來救度眾生的……」等等，慘了，絕對是著魔，這並不是好事情！

## 持咒三種三昧

如理如法的持咒絕對要以上述的步驟來做才行。這三個步驟是什麼？持咒絕對不能脫離三種三昧，三種三昧恰恰對應於臨終中陰、法性中陰與有之中陰（或投生中陰），這三種中陰就以前述的三種認知來面對。

比方說觀修空性，或者說消融於空性，是所謂的「真如三昧」，得以在臨終中陰時認持母光明；對一切眾生生起悲心，是所謂的「普明三昧」，具備著如是的悲心而修持時，在任運自成的境相顯現時，就得以認持文武百尊，而無須一尊佛一尊佛去認持。為什麼呢？因為文武百尊再怎麼形相不同，都是自己內心佛性，或說本智嬉戲、本智的遊戲所顯，皆是源自於心性的力用。若能掌握重點母法後，契入子法的顯現是不成問題的。

錯過這二種中陰之後，轉瞬間即是投生的階段。剛剛已經知曉種子字了，應用在最後的階段，空悲不二的本質化現為種子字，稱為「本因三昧」，種子字再轉為天尊的形相。今日或許沒有概念，可是經過了一個月、兩個月、一年、二年，甚至十年、二十年的時間，練習、觀修之後，死亡來臨時，嫻熟於生起次第、圓滿次第，絕對可以從容面對的，這是水到渠成的必然。

但若每天二十四小時，僅花個十分鐘、一小時做功課，那就不敢保證了。不管再怎麼忙，一定要挪出一些時間來做功課，功課不用做多，但一定要掌握住重點。每天持咒時不要想：「啊，討厭！我的功課還沒有做，怎麼辦？」功課不是做給誰看的，是為了自己的生死而做的；若會抱怨，乾脆就別做了，先擱置一旁，等到想做時再來做（如果那時還沒有死去）。所以要認知日課是為死亡做準備而進行，這樣才是正確的心態。

## 第5偈

地水火風融入於識故，散失體溫口渴嘴鼻乾，
失溫短而急促吸氣時，斷要取為道用祈加持。

引導開始之前，依循說法的軌範，應先對說法師與即將聽聞的教法獻出曼達供養。獻出供養之後，就是祈請說法師大轉法輪。同樣比照上一次的模式，我將以中文祈請傳承祖師暨根本上師，各位也在心中祈請自己的上師，而後即可聞法了。

為了維持會場的整潔，不灑米而以念珠代米獻供。其實手中拿什麼供品皆非重點，關鍵在於「觀想」。觀想的內容如供養偈所云，主要是冥想香水塗抹整片大地且滿布花朵，再以裝飾日月的須彌山、四大八小部洲為供品，緣取諸佛的淨土作為獻供的對境，願以此獻供的福德，祈令眾生能於淨土受用無窮盡，而後再唸誦供養咒。這樣即是如法獻出供養。

其實，獻供還有個要點：或者手中拿著供品，但無須彌山等的觀想；或者手中雖無供品，但以觀想為主。如若既不觀想、手中又沒供品，卻唸誦供養偈而獻供，據說以空手獻供的緣起，會感得來世貧窮的果報。因此，即使僅是念珠，或任何的首飾、物品等，皆可以作為獻供的依據。

而後是祈請說法，一如偈文的內容，祈請隨順眾生的思惟、根器，轉動大小共通乘等等的法輪，以如是思惟祈請說法。

## ◇三種三昧對應中陰三階段

觀想天尊時，「三種三昧」或「三定」是不可或缺的，分別是觀修空性的「真如三昧」，觀修悲心的「普明三昧」，觀修種子字的「本因三昧」等，三種三昧恰是應對中陰三階段的最好方法。

例如，出現大光明時（大光明其實就是指自心實相、如來藏、佛性完全開展時的狀態），假若在生前對於何謂佛性、實相、如來藏完全一無所知，彼時出現大光明與否，其實對於亡者沒有多大的差異；但若在生前對於心性已然嫻熟而做好準備了，在光明顯現的時刻，將有極大的認持機會，一旦認持，即是成就法身佛了，不是技術性的說法，是確實的成就法身果位。

假設錯過了認持「臨終痛苦中陰」階段，即是生前所觀修的「真如三昧」、空性、大手印或大圓滿的觀修不是那麼到家，而錯失良機了。

即使如此，尚有前文提到的文武百尊等聖眾出現的「任運自成境相」可供認持。然而，認持的本錢或資格是什麼？即是生前在「普明三昧」對一切眾生所起的悲心，得以在「法性光明中陰」階段，認持顯現的文武百尊。

每天唸誦文武百尊的心咒，細看唐卡、熟悉文武百尊的形相固然很好，但較於觀修悲心而言，嫻熟於形相僅是子法，真正的母法（源頭）是悲心。每天觀修本尊之前，若能先契入悲空不二的狀態再觀修，將有很大的機率可以在第二階段的「法性光明中陰」得以認持天尊，倘若那時得以認持，即是成就報身佛。

常說希望自己死後可以往生淨土、蒙佛接引，或是「願生西方淨土中，九品蓮花為父母，花開見佛悟無生，不退菩薩為伴侶……」，這些都極殊勝；但「蒙佛接引」之意是佛來引領，隨佛而去。這兒帶出重點——佛現身引領至淨土，佛是我的主人，因此，隨佛而去，但我不是佛！

所謂成就報身佛是指：在法性光明中陰時，佛來接引或是謁見佛時，理解佛與我無二無別；既然佛我無二，怎麼會有祂是佛、我是人，或我尚是某某的差異認知呢？當佛來引領時，不管佛手持紫金蓮花或紅、白蓮花都一樣殊勝，重點在於能否了知，佛其實是內心如來藏的功德之外顯而契合。

藉著生前觀修的悲心，了知眼前所出現的西方三聖或東方阿閦鞞佛，乃至於北方不空成就佛等等，或任何一尊佛顯現時，當知此尊佛與自心的功德無二無別；若能安住在不分彼此、沒有自他的狀態，其實不需要佛接引到淨土，當下即得與佛合一而成佛了。

若還心存疑惑——我與佛合而為一，合一時的「我」在哪裡？合一後的「我」又何去何從？——其實，眾生與佛的差異，是因尚有「人我執」、「法我執」的存在。

在法性光明中陰階段，因為本智氣的展現，或說佛性徹底開顯的緣故，沒有被三毒、業力所綑縛，第六識「意識」、第七識「煩惱識」尚未成形，生前一貫堅守的「我」的概念還未出現；直至錯失了法性光明中陰成就報身佛的機會，霎時邁入第三階段的「投生業之中陰」或「有之中陰」，此時所謂的意形身——由心意所生出的身體，前六識、第七識「煩惱」識復再生起，「我」的概念才會出現，「我」的形相隨之而來。

誠如〈普賢如來願文〉所言：「一基二道二成果。」以認持外在一切境相皆為自心外顯與否而為「二道」——佛以了悟外境顯相為心性本色而成普賢如來，我等則是誤以為外境是真實存在而成眾生。

第七識「煩惱識」往內看時，「我」即存在；向外看時，就會出現是「此」是「彼」的想法。好比蛇的蛇信有兩個尖端，第七識既可向內、又可向外尋伺觀看。當它往內觀看時，存在著「我執」，藉著「我執」的存在，又會向外執著於「他」，以內心的「我」認定那是外境的「他」，起了自他執取二相，即是「遍計所執」。

因此，向內看、向外看，兩者互不相干，就會愛自己勝過他人，因為無明。什麼是無明？未能持有明覺即是無明，以無明產生我執，因為有「我」就有「他」，既然有自他，一定是愛「我」勝「他」；習氣不斷地積累，形成了現在認為的我是某某某、我要這麼說、這麼做、我要執行我的意志……

因認定佛是佛，我是我，即使佛出現了，自心尚會思忖：「佛從淨土來接引我了。」或疑惑：「如果我與佛合而為一了，『我』將在哪裡？」若不理解佛其實是自心如來藏的功德之外顯時，定會以為，將從這個娑婆世界前往至一個清淨剎土，宛如搭飛機到遙遠的國度去別人家作客一樣。不能說這種想法是錯誤，但並非最究竟的見地。

所謂「帶業往生」，倘使每個人都是帶著宿世的業力到阿彌陀佛的淨土，即使在淨土裡，也難保不會出現什麼差錯。當然因為佛的願力，可以暫時壓制宿世業力，在《阿彌陀經》、《觀無量壽經》也都有了很好的解釋——仰仗佛的願力、功德力，即使帶業往生，先在蓮華裡被淨化五百年，雖經五百歲常不見佛、聽不到佛法，也見不到菩薩及諸聲聞[58]，於蓮華中住滿十二大劫，華開得見觀音、勢至二大菩薩，聞法而發菩提心。

這些當然都可行，眾生也都可以慢慢成佛。然而較於執著深厚我執的帶業往生，遠不如未起我執之前，秉持佛與自心無二無別的見地，藉著法性光明中陰階段認持顯相，而成就報身佛，來得更加珍貴難得啊！

假設錯失了認持法身佛，也錯過了認持報身佛，到了「投生業之中陰」階段，依恃著「本因三昧」，以空悲不二的理解觀出本尊所屬的種子字，像是吽（ཧཱུྃ）、舍（ཧྲཱིཿ）、諦（ཧྲཱིཿ）或當（ཏྃ）……等等種子字而投生。

當然不是說今天聽完了引導，回家什麼都不做，等死即可！等到那一天來臨時，再臨時觀個吽（ཧཱུྃ）、想個當（ཏྃ），不是的！除非是上根利器，不然所有的法門都是需要長時間的薰習、觀修的。必須在平常就勤加練習，方能在習慣成自然的慣性之下憶起種子字。

## 秉持見地入胎

在第一七四頁已說過投生的方式，在「投生業之中陰」先觀種子字，種子字再轉化成生前所觀修的天尊形相；面對將成為自己來世父母的那一對男女時，為了避免生起貪欲、瞋怒，亦將二人觀為天尊相，或是理解彼二人即為空悲不二的本體，以如是理解摒棄了貪、瞋二念，生起了對天尊的虔誠信仰，秉持要與本尊合而為一的心態，在三方皆為天尊的清淨狀態下，即會

58 見《觀無量壽經》。

自然而然地投胎。

同樣是入胎，秉持此見地投胎的成果與以貪、瞋心態投胎的效益是天淵之別。若以一般的貪、瞋心入胎，就是投生一般的人家，根據自己業力的優劣，投生到富裕、貧困、和睦、離散好壞不等的家庭。然而無論是什麼樣的家庭，皆與佛法扯不上邊，無福緣習法。

若以方才的觀想方式而投生，可以投胎至出世即可學習佛法的家庭，自己也會長相清麗莊嚴，對佛法具備與生俱來的信心，天性有著智慧、悲心，也願意精進於佛法等等，具備種種的益處，且以福德[59]於一生學法的過程中，資糧不虞匱乏。若要在「投生業之中陰」達成目標，其實要做的就是：在今生還活著時，以正確的見地實修而行就對了。

可能是台灣弘揚密乘有著語言的隔閡，導致各佛學中心為了要廣度眾生，也是要招攬信徒壯大道場，不得不在傳法時，選擇偏向人人喜愛的角度而說。每一天尊確實各有各的示現因緣，故而特別針對其功德而強調其優勝，例如，命裡無財，當供讚財神；想找終身伴侶，要勤求咕嚕咕咧佛妃；工作不順遂，觀誦綠度母；身體不健康，建議觀修白度母……偏重強調天尊功德，卻不重視聞、思、修，造成學密者不會著重於出離心、菩提心的實修，不知如何安住空性見地，不知觀修悲心，觀修天尊的生圓二次第等等。竟演變成：明明由自心功德所顯，可以在我等死後、中陰、來世作為得度依怙的出世間諸天尊，變成僅能滿足此生欲望的工具了！

其實這也是大眾誤會密宗的原因之一。例如，看到雙身像時，第一個念頭就是：「這是邪教！」接著心裡想：佛教何等的清淨，教導弟子要息滅煩惱、所知二障，怎麼還會出現這種雙

59 參見註33。

身像？這是印度教性力派[60]的造型，這種形象必定是印度人或藏人自己仿冒偽造的，佛經裡哪有講要雙修這種事？

這些疑惑，因為語言的隔閡，沒有人幫我們釋疑，反倒是因為這些見地不太容易理解，所以這些立論、觀點被刻意的迴避，僅強調觀修效驗殊勝的部分，只弘揚可以被眾人接受的內容；遂漸演變成，只要一見到雙身像，上師避而不談，弟子為了道場莊嚴也避免提起，甚至佛學中心會用盡各種的方法，可以避免就盡量不供奉雙身佛像，即使擺置雙身佛像，可以遮蓋性器官亦盡量加以遮蓋，導致大家的誤解就愈來愈深——真的是不可見人之事物！甚至同是佛教的僧人，還會公開聲明「密宗是邪教」，理由是密宗的佛像根本與佛經所說大相逕庭。

## ◇雙身：昭空不二具體化

即使撇開所謂的成佛的話題，雙修佛像其實是在「投生業之中陰」階段最為貼切，例如適才提到即將投胎的時刻，於中陰意形身時，看到眼前的那一對男女進行交合時，當自心具備著雙身像的見地，明瞭男性天尊其實代表的是悲心，女性天尊代表的是空性，說是雙身或男女合抱的佛像也好，所彰顯的只不過是空悲不二的見地而已。

即如眾人耳熟能詳的《心經》那十六個字：「色不異空，空不異色；色即是空，空即是色。」藏文版《心經》云：「色是空矣，空性亦色；色自空性而無他，空性亦自色而無他。」何以見

60 該派別與濕婆派、毗濕奴派並立為印度教三大派。從濕婆派分化而來，崇拜性力女神難近母、時母、瑪哈嘎哩、辯才天女等女神，性力派主張，這些女神從男神那裡得到性的力量，是創造、誕生宇宙萬有的本源。

得此偈與雙身像有關？必須理解，就像是作夢時，無論出現怎麼樣的夢中顯相，在夢境顯現的當下，本身即是空性。因為是空性，方可顯現夢中種種，因此，「顯現」與「空」二者乃是雙運。因為「空」是指人我二執皆不存在的「空」；空的自性又有「昭分」存在，「昭分」是「空分」的本色，此中一切具足，「悲」、「智」、「力」……等，無有匱乏，應有盡有。「悲」的本質是「空」，「智」的本質是「空」，「力」的本質是「空」。正因為「空」的本色即是「悲、智、力」的「昭分」，「空」「昭」不二稱之為「空性」。

空與色，色指的是顯相，所看到的形相，任何的形相皆是緣起互依，所以「昭空」、「色空」或「相空」必定無法區分。就像是水，如何分離水和濕潤？分不開的！如何區隔太陽和陽光？分不開的！如何分開蠟燭的光和熱？分不開的！

同理，對眾生生起悲心時，悲心的本質就是空。為什麼說是空？因為如何能在生起悲心時，涇渭分明地區分心性的左側區塊是空、右側區塊是悲？我的悲不是空，因此，悲是一塊什麼樣的實體放在右側半幅而成悲；左側看不到的半幅心性就是空——絕對無法明確指出，空在心性中屬於哪一區塊，悲在另一區塊，而令二者相對而望。

對眾生生起悲心時，悲心的本質一定是空；證得心性時，即是證得「空性」，而不是僅證得「空」，代表「空」中存在無法分割的「昭亮分」。「昭亮分」是指什麼？指的是悲心、鑒智、力量，也正因為昭空不可分割，在密乘的教法裡，昭空不二的見地嘗試顯示為圖象、形貌時，就變成了男女雙修的形相，雙修的佛像是因此而出現的。

## 有慧方便解

誦讀《心經》「色不異空，空不異色」時，咸皆認為是高深奧妙的立論；可是看到雙修佛像就會認為「呃……怎麼是這樣子？佛教哪有這種說法！」其實在《維摩詰經》也提到：「無方便慧縛，有方便慧解；無慧方便縛，有慧方便解。」無「昭亮」的「空」是束縛，有「昭亮」的「空」是解脫；無「空」的「昭亮」是束縛，有「空」的「昭亮」是解脫，意思就是僅有其中之一、單一而行，皆是束縛在輪迴的原因之一。

例如，什麼是方便與智慧？六度[61]裡的前五度，都可歸納在「方便分」裡；般若當然歸為「般若分」或說智慧度，就是所謂的空性度。禪定有時也會被歸納在般若分或說空性度、智慧度裡。

總之，行持布施、持戒、修安忍或忍辱、精進、禪定，都必須知曉其本質是空，以這樣的理解，所修的六度萬行就能成為從輪迴解脫的資糧。如果不知其內涵，比方說，在路邊看到一個衣衫襤褸、面色烏黑乾癟的乞丐，「啊……他好可憐哦！」就從口袋掏出一百塊給了他。「我」覺得「乞丐」好可憐，所以心生拿出「一百塊」給他。我、乞丐、一百塊三者互動是存在的，布施之後，「哇……真棒！我今天幫助一個人，做了一件好事情，好開心哦！」這當然是善事，但這裡面完全沒有所謂慧（般若）的存在。

有慧（般若）存在時是什麼狀態呢？知道對方是可憐的乞丐，但也清楚，其實從空性勝義諦來說，亦只不過是形相的存在而已，拿出的這一百塊錢，也僅是形相而已。「我」自身不存在，

61 密勒日巴尊者：「斷捨我執彼岸中，所謂布施再無他；斷捨諂誑彼岸中，所謂戒律再無他；無懼於義彼岸中，所謂安忍再無他；無離修持彼岸中，所謂精進再無他；安住狀態彼岸中，所謂禪定再無他；證悟實相彼岸中，所謂般若再無他。」

乞丐「他」也不存在，既然自他都不存在，從自他所衍生出來的心態、錢也是不存在的。在「三者皆不存在」的理解，把錢給了對方，給了就不再牽掛了。

若以這樣的理解來行善，就是般若，就是所謂的「有方便慧解」、「有慧方便解」的意思。具備這樣的慧所行持的任何方便，或說任何的法門、善行，都成解脫之因。如果不知方便與般若的道理，即使是行善，但其業果就是在六道裡的三善趣，不斷地享用人天福報；能不能解脫？可能久遠久遠的以後，終究還是可以解脫吧！但應該是一件遙不可及的事情。

## 佛妃表徵空性

昭空不二、色空不二、悲空不二應用在實修時，即化為圖象、形體相貌的雙身相。或問：「難道顯教沒有雙身相的法門，就不會解脫嗎？」不是這樣說的。顯教是指漢傳佛教或一般所謂的大乘佛教，顯教雖然沒有雙身相，即如眼前講壇上這一尊釋迦牟尼佛，這尊佛像沒有佛妃，是最正統、最沒有爭議的佛像，但這有無所謂的色空不二、昭空不二？當然是有的。

以緣起互依來說，這尊佛像是以種種的因緣聚合在一起的，形相的顯現即是色，一旦失去聚合的因緣，佛像將不復存在，所以本質為空，這是「色空不二」了。再就形相而論，釋迦牟尼佛手中捧持的缽，其實就是表徵佛妃；講到佛妃時，切莫以為一定是女相，佛妃表徵的內涵是空性，當佛現手捧缽盂時，表徵的是佛色缽空，亦是外顯色空不二、昭空不二的功德，應如是理解佛像的涵義。

又如蓮師也不一定是男女合抱的雙身相，單身相的祂，左肩斜倚的天杖即是表徵佛妃，但是此時隱藏佛妃，以天杖表徵佛妃斜倚於左肩，或佛妃不以女人的形體顯於外，不是怕被笑話或是做什麼見不得人的事而刻意避嫌。從昭空不二的顯像而言，天杖本即表徵「空」，「空」可以任何形相來顯現，並非一定要限定於顯現女身或某種特定形相。《中論》：「於何允許為空性，彼即一切皆允許。」正因為是空性，才可以隨心所欲的自在幻化！

假設親謁本尊了，看到虛空顯現佛菩薩的聖身形相，看到的顯相就是色；然而，諸佛菩薩形相亦由自心的空之體性而顯，雖顯而非實體並無自性，如同虹彩無可捉摸即是空，那也是「色空不二」。

## ◇境相即心顯

臨終時，假如親見佛現聖相前來接引，當然必定欣喜異常——這是因為自己善業的累積，感召佛前來接引，可以這樣理解而信受奉行。但也要明瞭，這其實是因為奉行十善、六度淨化罪業障蔽，而讓自心宛如摩尼寶珠的如來藏，從煩惱縫隙散發出光芒，故而以為所見的光芒燦燦之莊嚴佛身是由外而至，實際上就是自心佛性功德的外顯。若以這樣的心態去認持，見佛也好，遇魔也罷，皆能自守心性分際，不會因見佛而喜，亦不會因遇魔而懼。

在密宗的觀點而言，修行最忌諱兩種心態：**希冀與疑慮**。希望與疑慮是修行最大的忌諱，觀修、持咒、誦經也好，我「希望」可以親謁本尊、「希望」可以清除業障、「希望」可以累積福德……等，這是希冀；疑慮什麼？「疑慮」咒語唸得不好、「疑慮」誦經會不會召魔侵擾、「疑慮」觀修天尊是否不如法、「疑慮」持咒引鬼尾隨身後傷害我……這是「疑慮」。故應知「希、疑」是修行最大的障礙。

因此，禪宗說「佛來斬佛，魔來殺魔」，所闡釋的並非行者的狂妄，而是明瞭，任何形象的顯現，只不過是自心習氣、妄念的外顯，良好的顯相固然是心性功德的外顯，恐怖的顯相不也是心性念頭的嬉戲嗎？所以，心性所現的輪涅諸相沒有新鮮事，任何顯現皆以平常心而觀待，故曰：「佛來斬佛，魔來斬魔」——心態如此保任，修行方能進步。心住中庸，不因作了幾天好夢而開心歡喜，不因修行幾年不得任何良善徵兆而沮喪受挫，心態持平，方為該有的修行。

例如，夢到被鬼追殺了，會怎麼反應？跑！當然一定要逃跑！若問為什麼要跑？我希望抵達安全之地、疑慮被鬼傷害——看！希、疑就這樣出現了。若在夢裡會奔跑逃命，在中陰也會有相同反應，所以，中陰只能隨業流轉而解脫無望了。

「執實」是我等眾生最大的弱點，必須不分日夜不斷練習如夢如幻的概念——夢中看到鬼來殺害的千鈞一髮之際，儘管就地安坐下來，想著：「從無始以來，得過了無數次的人身，但從未行持過真正的布施波羅蜜多，願施予此以執取所成的肉體讓鬼魔滿足，感謝彼眾幫助自己圓滿布施波羅蜜多！」以此心態坦然而住——我保證鬼一定吃不掉你。

若問：「好吧！就算夢境階段皆為虛妄，白天的一切總是真實吧？難道看到鬼還不跑嗎？」眾人心中咸認為白天階段的一切皆是真實。但若以佛的角度而言，白天清醒階段與夜晚睡夢階段無所分別，二者皆是虛妄迷亂相。

或許看多了鬼片，眾人寧願相信電影、小說的情節而質疑佛語：「萬一鬼魔把我吃了，我豈不形神俱滅？或是墮入地獄而永世不得超生了……」

密勒日巴祖師曾在《道歌集》開示：

「心之體性自然光芒昭亮，離卻戲論諸邊，即如善妙上師以聖語甘露所指，於此無生滅的心之自性，縱被閻羅千萬兵將包圍，降以諸種兵器暴雨，瘋狂砍殺亦無絲毫毀損；即使總集十方三世諸佛億兆道光芒與功德力勢，亦不能出現顏色與成為實體，更不會變得更完好[62]，心的本性即是無可整作矣。」

尊者已經講得這麼明確了，若再不相信聖語，而選擇相信編劇、小說家的想像力，實在是無言了！

有一陣子，我會在網路上看藝人講鬼故事，發現鬼故事的第一個要點就是「執實」——執為真實，「鬼來了！」緊接著描述鬼的形相：「好恐怖哦！」——「執相」隨即唸了「阿彌陀佛」，沒效！又唸觀音聖號，也沒作用！後來開罵三字經，好像有效了！其實那都沒有意義的，因為一開始就「執實」了，一旦執實時，確實唸什麼佛號都不會有效用。不用說一般人沒有效，即使是密勒日巴在世時，觀修忿怒天尊也無效。

長壽天女最初為了試煉密勒尊者的道行到底如何，開頭率領無量無邊的部屬，以極為猙獰猛厲的形相做出傷害之勢來恐嚇，彼時，尊者先示現自觀忿怒天尊相，持誦威猛咒來回應，隨後祈請上師、傳承的祖師來拯救自己，秉明因為鬼魔要來傷害了，彼眾擾亂行者的修行，祈請即刻前來救護！

62 漢文版《心經》：「是諸法空相，不生不滅，不垢不淨，不增不減。」藏文版《心經》：「如是諸法空性，無相，不生不滅，無垢無有離垢，不減不增矣。」

傳記裡記載：當時，鬼魔聽到密勒日巴這樣祈求上師時，開心異常，這是正中下懷，原來此人的心中還有「希」、「疑」的存在，大夥兒有機可乘了！「希冀」什麼？「希」求上師本尊救護；「疑」慮什麼？疑慮將被鬼魔侵擾殺害了。這是人之常情，但正是這種人之常情，造成鬼魔前來傷害的最佳良機！這個故事不再贅述，因為祖師傳記若講下去，不要說十二月，可能到明年都講不完。

總之，出現任何境相時，沒有什麼好開心、得意忘形；也沒有什麼好憂慮、灰心喪志的。每晚可以嘗試秉持正念而睡，一旦在夢裡出現上述的情況，有鬼或是仇人前來尋仇要殺自己時，試著站在原地讓他打、讓他罵、讓他殺，其實醒過來什麼事都沒有！主要是測試、磨練自己在中陰歷程怎麼去應對而已。

以上即是修行所該覺察的心態「希冀」與「疑慮」——「希」、「疑」是修行人最大的軟肋！總是希望觀修了某天尊或某大法，能迅疾獲得成就，三年內親見謁本尊甚或幾個月內蒙佛眷顧而脫胎換骨……等，實際上是急不來的。近日被魔騷擾或疾病纏身了，趕快觀修藥師佛，讓病痛霍然而癒；事業、工作不太順利，趕快祈求綠度母讓一切障礙、小人速得移除。這些祈求恰恰彰顯了行者心中「希」、「疑」的成分，此時該怎麼做呢？

真正的學佛人心境應當如下——無論遭遇順境、逆境，悉能認知：「哦！這是上師、三寶的加持！」例如生病了，心生歡喜：「哦！這是上師、三寶要讓我藉著生病消除業障，感謝三寶的恩惠！」若是得到了大眾的讚揚，或夢寐以求的財富、名望時，心生感恩：「哦！這是三寶的恩惠，是三寶加持令我善緣成熟獲得福報！」明瞭一切皆為三寶的恩惠，即使今天中了百億樂透，都無須得意洋洋，那僅是仰仗三寶令自己福報現前，僅此而已；即使傾家盪產什麼都沒了，窮得只能喝西北風，也要感謝三寶，起碼自己還懂得佛法珍貴無價，尚有心力修持佛法。

## 在生住中陰用功

總結四種中陰相應的道用或解脫的方法，分別是以「飛燕築（入）巢」對應「自性生住中陰」或「異熟生死中陰」；以「美女照鏡」對應「臨終痛苦中陰」；以「子入母懷」或「如遇故人」對應「法性光明中陰」；以「接通溝渠」對應「投生中陰」或稱「業之中陰」。以上是寧瑪派或舊派生動淺顯易懂的說法，在噶舉派或新派，沒有這樣連接譬喻與義理合一而說，但方法是一樣的，在此就以寧瑪派的方法解說。

請問，剛才提到的四種中陰，包含現在所處的「生死中陰」或「生住中陰」，以及未來將面對的「臨終中陰」、「法性光明中陰」、「投生中陰」等，如果必須選擇四個中陰之一重點用功，應當著重哪個？

請細想，要以什麼把握認持「臨終中陰」？要以什麼把握認持「法性中陰」？要以什麼把握認持「投生中陰」？當然是以現在還活著處於「生住中陰」時，藉由目前所擁有的經驗去認持，所以「生住中陰」是最要緊的。

若不在「生住中陰」奮力打拚實修，想在上述三個中陰解脫，是癡人說夢。因此在「生住中陰」階段，應以所擁有的條件修持純正的佛法；不過，純正佛法並非狹隘地局限密乘的法教，只要是純正的大乘教法，都可以全心修持！

## 修行趁早趁年輕

可能一般人會認為，現在還不急，還有工作、事業要忙，修法等退休了再說。目前好像是六十五歲退休，退休後不知道尚能活多久，就算活到八十歲，尚餘十五年。

假設前半生幾乎沒有打下基礎，沒有在修持上用功的經驗，六十五歲後的心智、身體各方面肯定大不如年輕時，所以岡波巴大師說「修行要趁年輕」。若在耳聰目明、思路清晰敏捷、四肢有力的年輕歲月不好好用功，退休後，雖然說一整天都是時間，但能夠用功多少、記得多少，很難講了！況且是否真能活到退休也很不好說，「死無常」是必須要謹記的，因為壽命無暇，完全無可預知死亡何時來臨。像現在病毒越來越進化越活躍了，很多人因為擔憂被病毒感染，所以請假不敢來現場聽課，現場可以看到很多空的座位，這也是無常的顯現。

據說按照聯合國的年齡評估標準，六十五歲不是老年人，而是中壯年。可能那一些寫評估的人，自己已經超過六十五歲了，為了讓自己顯得年輕，所以不認老。無論是不是中老、中壯年或老年人，最重要的關鍵在於：要把握餘生來修持佛法！

有些人包含在座的各位，聽了中陰有關的內容後，可能當成聽演講，評價：「嗯，還不錯！還不錯！」有些人會嗤之以鼻，認為是胡說八道；有些人會覺得這事不關己：「你講你的，我做我的，又不一定會發生在我身上！」有些人心想：「哦，還真奇妙！還有這四種中陰啊？嗯，好聽！好聽！」有些人會當作故事一樣來聽，想著：「還會出現那些千奇百怪的人物、場景，比愛麗絲夢遊仙境、電影《明天過後》更驚險刺激、更富創意！」聽聞的人各有想法，可是這些想法對於面對死亡根本沒有任何意義。

死亡來臨時，當然可以鴕鳥心態認為：「死了就什麼都沒了，想那麼多做什麼？」或「二十年後又是一條好漢。」但是這種心態對於真正面臨死亡那一刻，沒有太大的作用！

我們的上師德頌仁波切講過一個故事：過去有一個嘎當派格西帶著一個小沙彌，格西每次對大眾開示時，都會詳述三惡道恐怖悲慘的境相，這個小沙彌聽了總是不以為然，他認為這不過是師父在矇騙這些不懂的人而已！有一天格西出門去了，恰好有一些村民來找格西，看到格西不在寮房，就問小沙彌：

「格西上哪兒去了？」

小沙彌回說：「我師父出門去嚇唬那些老人家了。」

轉心四思惟、中陰教法，有些人聽得再多也不以為然，若自己和這個小沙彌有相同的心態，就太可惜了！

必須明白中陰的內容絕非恐嚇的劇情，三惡道比電影更加森然恐怖的境相、酷厲的刑具、漫無止盡的飢渴、任人擺布宰割的動物……不是憑空杜撰出來的，都是佛確實地以五眼親見後，以真實語為聽法的大眾宣說，芸芸眾生日後確實會遭遇的境遇。

既然現在尚有做好準備的機會，應自今起，對善惡的取捨謹慎小心，是顯得格外重要的。即使是小善也盡力而為；縱然是小惡也盡力避免，做到行善止惡而住，即使今晚就要死了，也能無悔地面對死亡。要達到心無罣礙、坦然瀟灑而去，可能有點困難，但至少心中應做到無所遺憾的面對，為了能達到這樣的程度，切不可輕忽平日確實的修持。

## 為屍體灌頂晚矣

蓮花生大士曾開示：「未死之際即應修正法，亡者頭上灌頂時已晚；神識如狗飄蕩於中陰，將彼度至善趣艱難矣！」在還沒死前，就應好好地思惟終將死亡而修持正法，假使生前什麼都不做，等到死後，才讓家屬急忙找來上師到屍體面前，在屍體頭上舉行灌頂（藏人有這樣的習俗）的儀式，蓮花生大士認為，亡者的神識像流浪狗似的，早已不知飄蕩到哪邊去了，這種「為亡者灌頂」的意義不大。

藏傳佛教也有所謂的四種解脫，其中一種是「嚐即解脫」，像吃甘露丸、黑藥丸、彩虹丸等等，這些藥丸通常要在斷氣前吃才有效用，斷氣後再吃這些就沒有意義了，因為已經吞不下去了！為什麼說「亡者頭上灌頂時已晚」？因為神識飄蕩於中陰，此時的神識就像流浪狗，完全不知所蹤，亡者都已經不曉得飄蕩到中陰哪邊去了，廣大無垠浩瀚大過宇宙的中陰狀態，難以尋覓。

第四句「將彼度至善趣艱難矣」，連蓮花生大士都這樣感嘆了，我們怎麼可以冀望這一輩子開開心心地活，瀟灑走一回？反正早已存一筆錢供養上師，請他幫我在死時能幫忙修〈破瓦〉度亡。這雖然也是一種保險概念，但是會不會真的度走，尚有變數，因為壽命無常，誰知道自己與上師誰先死？這都很難說的，況且娑婆世界有著難以計數的違緣，就算已把錢給寺院了，能否如願也很難說！

藏傳寺院在冬季皆是忙碌不堪，各寺要舉辦各自的大法會，僧眾要領職事；在夏季又會有一個月的假期，四月幾乎放空。所以還真的要選好死期，倘若死在冬季，沒空檔幫你舉行什麼大型度亡法會；倘若死在夏季，不好意思，喇嘛們放假去了，寺廟沒僧人幫你舉行什麼大型度亡法會。要選什麼時候死呢？若可死在春、秋季較為理想，看來，為了達到死期自在，不好好的修持是不行的！

祥仁波切也說：「傷已方穿鐵盔甲，臨終方慎於罪業，死後為屍行灌頂，對是對矣遲甚遲！」祥仁波切是岡波巴的弟子，也是四大八小裡面的四大——擦巴噶舉的開山祖師，他是一位比丘，一輩子示現的卻是帶兵打仗，他領兵到處殺人，大家疑惑：「一個出家人怎麼會帶兵打仗？還殺了這麼多人！」但是因為他是位成就者，所有在他發動的戰爭所死去的人，都會被強制地度往淨土。但是在世俗人眼裡就是一個行為乖張、好戰狂妄的人，可是他真的是一位如假包換的成就者。

祥仁波切說什麼呢？「傷已方穿鐵盔甲」，因為他有豐富的戰鬥經驗，就地取材，他說受傷之後才穿上盔甲；第二句「臨終方慎於罪業」，一輩子壞事做盡，等到躺在床上快死時，才生起畏懼之心，害怕終將墮入惡趣，幡然悔悟要謹慎於罪業，終於發願「從今起不再造罪了」；第三句「死後為屍行灌頂」，這與蓮花生大士所說的相同，幫屍體行灌頂；第四句的結語是「對是對矣遲甚遲」，祥仁波切亦感嘆以上所做，雖然是對的，但恐為時已晚矣！

密勒日巴尊者：「暇滿人身不難得，因持守戒律甚難得！」這個「因」不是「因」為的因，是指「因」果的因，「暇滿人身不難得」，這密勒日巴講反話，從反面來說明事理。為什麼「不難得」？其實是難得之至，為什麼難得呢？因為暇滿的人身是憑藉持戒而得來，既然都不持戒了，怎麼可能不以持戒為因，而在果上獲得人身呢？「起因」上持守戒律甚難得，對於九百年前的農、牧民的人來說如此，對科技發達的現代人來說亦然。持戒[63]是一件很難的事情，所以密勒日巴反面詮釋，此處「不難得」其實可以改成「真難得」，為什麼難得？因為根本就少有人願意持戒啊！沒有人願意持戒，哪來的暇滿人身可得？

我所講的引導內容不是我個人編造出來的，全都是依靠佛的無垢聖語，以及結集歷代的祖師們所講的聖語而為各位說的。成語有一句話叫做拾「人」牙慧，我這是拾「佛」牙慧，除此之外，我沒有什麼內容可以對各位說的，只不過是因為我懂一些藏文，就用個人對藏文理解的程度，以中文來闡述內容而已！

在此四種中陰裡的「異熟生死中陰」或「自性生住中陰」，因為擁有現在這個身體，所以占有相對的主導權，而且「生住中陰」是上升、下墮的分界線，所以才說是四種中陰裡最為關鍵的。「臨終痛苦中陰」是什麼？在此中陰裡，會出現所謂的母子光明相會，但在所謂的第四剎那大光明出現之前，會顯現「消融次第」。

如祈願文第三偈：「無常虛幻此體棄捨時，貪愛瞋怒戀著普斷已，心性無整置放於自地，死亡取為道用祈加持。」這是之前講過的，但重點是如何把死亡取為道用？若要把死亡取為道用，就要做到「心性無整置放」。要把心性無整作而鬆坦置放，方能將「死亡取為道用」！

63 密勒日巴尊者：「斷捨諂誑彼岸中，所謂戒律再無他。」

## 切勿干擾入定行者

一直很照顧我的安江長老在圓寂之前，安諦長老在他耳邊輕語：「要把心性置放於自心實相。」據聞安江那時回答：「什麼實相不實相的，不就是放在本初心上嗎？」因為二位長老皆是此中達人，安諦點頭：「對！對！這樣就好了！」

安江長老要圓寂前，瑜伽士們不是去助念，對於會入定的行者，不可以助念來干擾，臨終之後事情的發展，講白一點，真的是袖手旁觀。就這樣蹲在旁邊，安江長老躺在床上，眾人僅能眼睜睜看著他自己斷氣，慢慢地臉色從斷氣之後變成灰白，再從灰白轉成紅潤而入定。

就這樣放著，不管他了，不會再做任何事情。點香、點燈、唸經、持咒等事皆不被允許，唯一能做就是在旁打坐，據說彼時一起打坐有很大的利益。

何時可以助念？或說何時方可在聖體旁唸誦往生的迴向願文？其實如此的成就者無需助念，即使誦經持咒，也要在出定之後方可進行，入定時絕對不可以擅加干擾的。

若要現證「死有法身」，亦即是所謂的「光明」，僅需要「心性無整作」而「鬆坦置放於自地」而已。

還活著時，除了行善積德，淨除罪障，最最重要的是要在有信心的善妙上師座前求取心性引導：「上師啊，請您給我心性引導！」上師若覺時機成熟，就會給予引導。傳統上，是做完四不共加行之後再請求，四不共加行未圓滿前的心性引導不太可靠，不是上師不可靠，是因為四不共加行乃是積聚資糧、淨除障蔽與獲得傳承上師加持的殊勝途徑。《子音母音瀑流續》云：

「精要義理非詞句所見，離詮俱時生起此本智，唯有所作積資淨障暨，具足證量上師加持外，應知依止他法甚愚癡。」

除卻積資、淨障與具備傳承的上師加持三種條件之外，想要證悟自心實相（精要義理），都是癡心妄想的愚人作為。

當自己所做的不是積聚資糧，亦非淨除自己的業障，更不是向具德的上師求取心性引導的口訣，想著用其他任何心外求佛的方法，印度教、基督教、道教、回教……等任何的方法，對於證悟自心實相毫無意義。因此，求得心性引導的口訣後，藉著勤修也有一點點的體悟，在死前，有誓言清淨的金剛師兄弟在耳邊提醒：「某某某啊，心性無整置放於自地！置放於自地，切莫散亂！」以過去觀修的經驗立即了然於心！

## 蛤，瞎米心性

萬一沒有此等經驗，當被提醒「要記得心性置放於自地，置於本初實相！」你就……「蛤？瞎米？心性？」完全不知所云就尷尬了！或被提醒：「記得祈請上師！」如果沒有認定上師，或是對上師根本沒有信心，那時想到上師讓你厭惡的種種行徑，心裡一陣嘀咕○◁○#，專見上師的過失會阻隢往生，這條路也不可行。或被提醒：「記得祈請本尊！」又有問題，如果生前對密法「太有信心」，導致這個本尊也好、那個本尊也好、那尊也供讚一點、這尊也觀修一點，太多喜歡的天尊了，被提醒記得觀修本尊時，腦中閃過十幾尊本尊，「我……我要祈請哪尊啊？」這又亂掉了，也行不通！

為什麼說印度人容易成就？因為他們是「一法、一師、一本尊」所以容易成就；藏人是「多法、多師、多本尊」成了樣樣精通，樣樣稀鬆！太多選擇反而到了臨終要用時，不知如何抉擇……其實不是不能「多法多本尊」，而是要明瞭要訣，要訣即是「萬法皆為自心本性的外顯」！

或問：「難道不可以向多位上師求法嗎？」可以的。認定根本上師，其他上師皆是根本上師的示現，抱持這樣的理解去求法，是沒問題的，可以是噶瑪噶舉、竹巴噶舉、巴隆噶舉、直貢噶舉，然而秉持自派的傳承為主軸而求法。

執持自派的法教，指的不是門派之見，而是自知法脈但無宗派之見，學習其他教派，參學其優勝見地，讓自己的見解更加堅定，一如善財童子五十三參。因此，不是不可有眾多上師、天尊，但要確知重點在哪裡——即是〈祈願文〉所云：「心性無整置放於自地」，心性無所調整造作而鬆坦置放於自地。

若未曾接受心性引導，無法知曉什麼是心性。為了確實了悟心性，大圓滿法、大手印皆有加行，了悟心性所需的積資淨障、上師加持，四不共加行完全具足——以大禮拜、百字明咒淨除業障，以獻曼達積聚資糧，以上師相應法祈求上師、傳承的加持，這是求心性引導前必行之事。

臨終時，心性無整置放於自地的把握，必是生前有所觀修，觀修源自昭空不二的正確見地，見地來自求到的心性引導口訣，因此，偈文的「心性無整置放於自地，死亡取為道用祈加持」以此而來。

若問：「我什麼都不會，可以直接唸誦〈中陰祈願文〉嗎？」當然可以！但僅唸誦〈中陰祈願文〉無法在臨終時認持心性，因為從未有過認持的努力（因），自然無法認持了（果）！

## 八憶念曲

《那若六法》提到，四種消融出現於第四剎那大光明顯現之前：境相消融、粗分消融、念頭消融與細分消融。四種消融是指什麼呢？其實皆與祈願文的內容相關。

第五偈：「地水火風融入於識故，散失體溫口渴嘴鼻乾，失溫短而急促吸氣時，斷要取為道用祈加持。」此偈所描述，正是「粗分消融」。

《密勒尊者道歌集》提到：在一家旅店裡，有一名為月摩尼的商主，帶著眷屬僕從正在享用佳餚，尊者向他們化緣，商人一臉鄙夷地說：「你們所謂的瑜伽士，與其化緣他人財，不如自力積攢，如是安享而住，不會來得更開心嗎？」

尊者回道：「目前看來當然是那樣較為快樂，但那是因未能憶念以此而起的苦果之故，且聽我歌一曲！」

密勒日巴唱起了《八憶念曲》：

汝今城堡家宅屋邸皆聚誠樂哉，自己死時自成空無而須離去能憶否？
汝今驕橫護衛皆聚誠樂哉，自己死時無依無怙淒涼而去能憶否？
汝今父系族人親眷甚多誠樂哉，自己死時親友普皆遠離而去能憶否？
汝今僕從子眷財富皆聚誠樂哉，自己死時無財空手赤裸而去能憶否？
汝今財力勇氣謀略皆聚誠樂哉，自己死時身體捆縛三折而去能憶否？

汝今諸根敏銳青春誠樂哉，自己死時腹中水外無他而去能憶否？

我憶彼諸事修佛法，無世間享用而安樂，八憶念曲此歌謠，藏地嘎惹旅舍中，瑜伽密勒我所唱，視彼為勸善提點矣！

以上是道歌的譯文。是尊者的加持力，亦是商人月摩尼頗具宿慧，以此歌深受感化，進一步求取法要，後來成為一個良好勤勇的在家瑜伽士。各位不妨思惟此道歌的意義。

## ◇粗分消融

為什麼地、水、火、風稱作「粗分消融」呢？因為身體是由地、水、火、風與意識所組成的，活著時，為什麼總感到打坐或觀修時，似乎心不太定得下來，總是妄念紛飛呢？那是因為多種氣息在多條脈絡中出入，多種氣息出入，即引生多種心思，因此極難生起細微的本質或說光明。

在第一中陰或稱臨終中陰階段，地、水、火、風四大會毀滅，八十條脈絡盡皆斷滅，導致心識飄散，生前依止於心識的佛性（如來藏）因頓失所依，將會全然赤裸裸呈現。所謂的全然呈現，並非一整團光明稱作佛性，而是指如烏雲的業氣消散後，如太陽的佛性會全然的展現。

這在往昔無論是密宗、禪宗，或是其他佛門宗派的祖師眾，稱作開悟，亦名大手印的境界。了悟這樣的境界愈徹底，境界就越高。

在大手印有所謂的「四瑜伽」：專一、離戲、一味、無修。因為各人境界不一，四瑜伽可以再細分而有：專一的專一、專一的離戲、專一的一味、專一的無修，到專一的無修都尚未開悟，僅可名為「定」（止寂）。真正的開悟是證得離戲——遠離一切的戲論，無可描述是此或彼稱作離戲。

離戲就是真正了悟心性。離戲有著初地菩薩的程度，是很了不起的境界。離戲又有細微的區分，一般會分為小離戲、中離戲、大離戲；本派會分為離戲的專一、離戲的離戲、離戲的一味、離戲的無修等。以此類推，依循悟境，每一不同階段的進展，分為十六個次第來解釋，所謂的悟境即是本智的開顯，自我心性實相的顯現而已。

## 五主氣流失徵象

適才講到身體會有多種氣息出入，體內有五主氣：等住氣、持命氣、下行氣、上行氣、遍行氣。

①等住氣：臨終時，身體的等住氣開始流失，無法消化食物且體溫散失。

其實，人老了因為等住氣漸漸流失的緣故，愈老愈病，消化功能就不太好，無法消化食物。老人家的體溫較低，年輕人或小孩子的體溫較高，也是因為等住氣的強弱所導致的。

②持命氣：持命氣逐漸流失的緣故，導致臨終病人的意識開始混亂而躁動。安諦長老曾說：臨終時，只要不發燒，靈台清明憶起口訣而亡的機率是不低的；倘若發燒，會因昏迷而無法執持正念。

③下行氣：下行氣流失的緣故，大小便就會失禁了。

**四瑜伽**

專一 → 離戲 → 一味 → 無修

專一
- 專一的專一
- 專一的離戲
- 專一的一味
- 專一的無修

離戲
- 離戲的專一
- 離戲的離戲
- 離戲的一味
- 離戲的無修

一味
- 一味的專一
- 一味的離戲
- 一味的一味
- 一味的無修

無修
- 無修的專一
- 無修的離戲
- 無修的一味
- 無修的無修

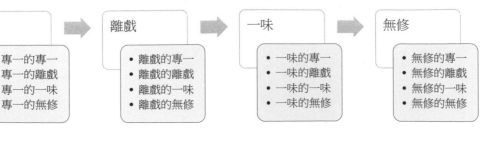

④上行氣：上行氣流失的緣故，開始無法吞嚥飲食，呼吸變得短促。

⑤遍行氣，遍行氣流失的緣故，四肢不聽從使喚，病重的患者是無法站立的，也因為遍行氣流失，脈絡開始萎縮。

## ◇脈輪斷滅當知祈請

身體的頂輪、喉輪、心輪與臍輪等四輪的脈絡將會斷滅。中陰教法只說四輪，不說海底輪與其他脈輪。

**臍輪**首先毀壞，散失「能撐氣」的緣故。上述的地、水、火、風四大開始消融，「地大」融入於「水大」。外相上體力流失，脖子無法撐起頭，腳無法撐起身體，手握不住碗盤，臉上、牙齒出現汙垢，且無法控制口水、鼻水。內相則是極度紛亂而蒙蔽，出現甚是消融之相，有著雙手伸向空中抓物、脫衣、瞪視天花板，因為地大消融，身體好似坍塌了，會說「扶我起來」、「把我的枕頭墊高」……等囈語。密相則是光明模糊顯現為陽焰，此時，眼、耳、鼻、舌、身五根之眼識、耳識、鼻識、舌識、身識融入於阿賴耶。此刻應將上師觀於心間，以心意專一祈請。

**心輪**接著毀壞，散失「生出威采氣」的緣故，「水大」融入於「火大」。外相上口舌乾燥，鼻子漸漸塌陷，舌頭歪斜而已不能視舌尖。內相則是心識煩躁不定而易怒。密相則是出現煙霧般蒸騰飄搖之相。

**喉輪**接續毀壞，散失「分辨清濁氣」故，「火大」融入「風大」。外相上，口鼻的氣息漸趨冰冷，體內熱氣向外散發，而周身有蒸氣冒出，且溫度逐漸降低。若是修持佛法者，溫度會從腳底往頭頂冷卻，這是往生善趣的徵兆顯現；若是罪業重大者，溫度會從頭頂往腳底冷卻，這是必將墮入惡趣的徵兆。內相則因心識時明時昏之故，對人、事、物時而認識時而陌生。密相則是出現螢火般紅通通的境相。

此時，對於「這是我的財產、土地、兒女……等等」的執著認知已經消失，但因意識還存在，心中尚殘留許多微細的貪、瞋、癡、慢、妒等五煩惱的習氣，當意識融於虛空時，此等念頭才會消融。

**密處輪**最後毀壞，散失「劫業氣」故，「風大」融入「神識」。外相上氣息層疊，出息甚長而入息艱難，出現吼氣聲而翻白眼。內相則是心識迷亂而見種種境相，造罪者將見閻羅、黑白無常、牛頭馬面拘拿，或冤親債主前來索命，因未曾聽過中陰的引導，將境相執為真實，而生恐懼並發出驚恐哀嚎；善業者則見自己的上師、勇父空行、菩薩諸眾迎接等瑞相，學顯者會親見阿彌陀佛、觀音菩薩、大勢至菩薩或地藏王菩薩……各別現身接引，甚至西方三聖同來接引，皆以個人發願、因緣為主。密相則是出現油燈燃燒之相。

因為至此，五大、五主氣皆消融故，五分支氣[64]亦連帶消融，導致五根力量衰微消融，而對色、聲、香、味、觸五塵感受顛倒，無法區別喜好厭惡。四大融於意識，四大消融時，應當專注於上師勝解心。

若不是學密的人，應當專注祈求諸佛菩薩，若對阿彌陀佛有信心，即專注祈求阿彌陀佛；若對觀音菩薩有信心，即專注祈求觀音菩薩……總之，關鍵在於專注祈求自己有信心的聖境就

64 五分支氣：遊走、極遊走、正遊走、甚遊走、定遊走。

對了。

最後一句「斷要取為道用祈加持」，要如何將「斷要」取為道用呢？如果因為欠缺臨終與來世所需要的善業而驚慌失措，此刻方想要積聚資糧，已沒有時間了！對今生的貪戀與不捨，復以對來世的茫然無知與徬徨，會造成死前的多種痛苦紛陳，這即是所謂的「臨終斷要」。要由衷祈請上師（諸佛菩薩）加持，避免出現斷要的情況。

假設一輩子貪戀著這一生的享用，從來都不願意正視死亡、對來世的話題嗤之以鼻，到了臨終時，口裡喃喃念著「斷要取為道用祈加持」是沒有意義的。那該怎麼辦呢？在平時，要培養自己的心能向著佛法[65]，盡量在佛法上好好的修持才是重點。

## 插一百次吉祥草也沒用

這時，若自恃生前曾被某上師〈破瓦〉開頂，死後無需疑慮。應當自省，若是〈破瓦〉開頂之後，隔幾個月還會自修複習者，另當別論。我無意吐槽開頂這件事，只是善意提醒：現在所謂的〈破瓦〉成就，是指頭上梵穴部位被插上一根吉祥草，但那是別人在你的梵穴插草，這對自己往生沒有太大的用處。為什麼？因為不是自己開的頂啊！是假借他人之力打開的，自己未曾有過經驗，以房子做譬喻，自己根本不知道門在哪邊。

斷氣後，神識要離開軀殼時，一般有九孔，算上梵穴是十孔，自己像瞎子一樣的神識如何知道門在哪裡？從未自己出入過，如何確知門在哪裡？上師協助在梵穴插一根草，掛保證說，

65 〈岡波四法〉：心向於法、法入於道、道除迷亂、迷亂現本智。

門在那邊已打開，出去吧！問題是自己是瞎子，完全不清楚門在哪邊、方向在哪邊，那怎麼辦？迷亂中隨便找到出口就衝出去了！真正的梵穴出口是出不去的，原因是不熟悉路徑。

只要不是從梵穴出去，基本上就是墮入六道。因此，倘若想要以〈破瓦〉讓自己解脫，建議還是自修較為妥當，不然，縱使上師幫自己插一百次的吉祥草，都不起作用，自己不會知道出口在哪裡的。或許會認為：我知道啊！不就是在梵穴這邊嗎？但死時不是現在知道在這邊，屆時就可從這邊出去的，因為那時自己的靈台是不清明的，若非平常有所串習，難以僥倖成功。

方才講到地大融入水大、水大融入火大、火大融入風大、風大融入識，這是指地、水、火、風就此消失了嗎？不是的！切莫以為四大就此消失無蹤，剛才提到四大消融的原因，乃是本智氣逐漸強大的緣故，本智氣強大是因為，第四剎那光明即將破闇而出，本智氣強大導致業氣衰弱，業氣衰弱了，五大（省略空大即是四大）、五蘊、五主氣皆會消融。

僅僅是因本智氣強大而消融了地、水、火、風四大的業氣，並不是說地大就被水大給消滅了，水大融入火大也並非水被火給消滅了，也不是水就蒸發了，實際上要理解，四大僅是又隱藏至阿賴耶中，等待再獲身體時，復又發揮其作用。

## 第6偈　神識融於光明外氣斷，住於內息而於四剎那，顯增得相大光明四者，依次了知本面祈加持。

內息與外息區別如下：

醫學上的宣布死亡，是所謂的外息中斷，即是瞳孔放大、心臟停止跳動、呼吸停止……這些是屬於醫學上判定的死亡。外息中斷之後，尚有內息的存在，內息存在可維持多長？一般人的時間不會太長，按照貢嘎敏就多傑祖師所言，假設是生前有修持經驗的行者，無法確定內息階段的時間長短，因此未能給出標準答案，一定是這麼長或那麼短。一般人多長呢？凡夫大概是一彈指或是一剎那、一眨眼的時間就沒了。外息中斷，緊接著內息也斷了，只要內息亦中斷了，就不會發生所謂入定的狀況了。

### ◇念頭消融

在一彈指的時間內，尚有顯、增、得與近得四相，會在電光石火的時間內迅即完成，這即是適才所講的四種消融裡之第三「念頭消融」這一部分，是一眨眼或一彈指的時間即刻消失無蹤，稱之為「念頭消融次序」或「融序」亦稱「內在融序」。

何謂「念頭消融」？依循〈中陰祈願文〉所述，融入光明的次序分別為「顯相」、「增相」與「得相」這三相。在這三相消融的同時，生前所有的貪欲、瞋怒與愚癡等三毒所造成的八十種妄念，以及三毒所形成的八十條脈絡，也會悉數阻滅；阻滅時，會顯現出白道、紅道與黑道這三種境相。所謂的白道、紅道與黑道，並非真的是一條或白或紅或黑色的道路，這是指出現白茫茫、紅通通，黑濛濛的景象，像是點了白色的燈、點了紅色的燈或是伸手不見五指的那種感覺，即是所謂的白道、紅道與黑道的意思。

呼吸中斷前，地、水、火、風四大消融於意識，接著，意識會消融於空，消融於空時，內息亦中斷了，此即念頭消融。意識消融於虛空時，會呈現一片空的狀態，但這時據說還不是真正的空性實相，只是單純地呈現出空洞的狀態而已，因為意識已滅盡了，會出現像似被整個掏空的感覺，或說一無所有的覺受。

《中陰救度險徑》云，以上為共通的死兆，所有的人無論有無成就，都須如是經歷。有些人到此全然空無階段時，尚可死而復活，可以在網路上的影片看到所謂的死而復活，就是到此空無階段，先看到了幾近一片虛無的完全空洞，突然被什麼聲音召喚後就還陽了，其實即是到了此階段的景況。

## ◇細分消融

最後虛空融入於「光明」時，稱為「細分消融」。光明即是法界也是法身，亦是自心實相……等。理解到如是消融的過程，要能「依次了知本面祈加持」，這是指祈求加持令自己能理解，同時憶起念頭消融的整體過程，所以稱為「依次了知本面祈加持」。

從這一偈的第二句開始，「住於內息而於四剎那，顯增得相大光明四者，依次了知本面祈加持」，其實這也是發願，雖是發願，但了知與否，是由現在還活著時是否修持而決定的。不然，僅憑唸著此句「依次了知本面祈加持」，倘若即可了知本面，這對於真的勇猛實修、不敢鬆懈放逸的人，似乎有點不太公平。實修者付出心力潛心實修，結果唸誦者僅憑唸過四句偈即了知本面，這是不切實際的，確實僅憑一句經文就要達標是較為困難的。

基本上，若真的想要了知心性的本面，需要仰仗上師傳授竅訣。這一偈所說的四剎那，此時此刻正是最重要的關鍵。

絕大多數的眾生在死時皆會昏迷，難以憶起往昔上師傳授的竅訣。既然要了知本面，必須在活著的時候即精勤於修持。是故，臨終前，迎請具德合格的上師來引導，或與自己誓言清淨的法友前來提醒，這是很重要的。所以即使在世時是位不錯的修行者，在臨終中陰階段，仍舊需要被提醒的，畢竟這種緊要時刻凶險異常，極可能因為發燒、昏迷而有遺忘往昔竅訣之虞，因此十分需要上師或法友的提點。

上次引導也曾提醒，上師很可能因為忙於弘法，臨終時段不一定在自己身邊，或者可能年紀大於自己，早已先一步到他方淨土去了；但是法友大多年紀與自己相仿或是更小，平日應當遵循「四攝法」[66]為師兄弟相處的準則，善為經營佛法上的聯繫與眾人結善緣，大限來時可以請法友從旁協助。當然，要找願意於法道上修持的，只會約出去喝下午茶、聊天的就不用了。

66 虛雲老和尚法語：「何謂攝，攝者攝受善人；佛菩薩為利益眾生，故不避艱危，有四攝法：一、布施攝：若有眾生樂財則施財，樂法則施法，使生親愛心而受道。二、愛語攝：隨眾生根性而善言慰喻，使生親愛心而受道。三、利行攝：起身口意善行，利益眾生，使生親愛心而受道。四、同事攝：以法眼見眾生根性，隨其所樂而分形示現，使同其所作霑利益，由是受道。佛菩薩之積極為何如。」《華嚴經》云：「若能成就四攝法，則與眾生無限利」。

真正的師兄弟是與自己在佛法上有良好的互動，討論上師如何給予教言，彼此督促提攜，相互交代彼此臨終時段該當如何處理，都要先做好預防措施的。

## 第7偈　顯之內兆為煙外兆者，似月照耀瞋怒所成之，三十三種念頭阻滅時，執以明晰念願祈加持。

### ◇顯相之內外兆

同樣的，徵兆皆分為內、外。出現顯、增、得三相時，第一個「顯相」的內兆是看到煙，外兆則如朗月照耀。此時眼、耳、鼻、舌、身、意等六根六識雖已消融，但因為阿賴耶還存在的緣故，尚有一絲絲殘存的作用存在。

「顯相」時，基本上身體已經無法支撐了，八十條脈絡中，由瞋怒所成的三十三條脈絡悉已毀壞，所以不但起不了瞋念，據說此時就算是有不共戴天的弒師滅祖、弒父弒母、殺妻殺子的仇人來到面前，完全不會生起絲毫的瞋念，因為體內能起憤怒的三十三條脈絡悉已毀壞了，怒氣找不到路徑，失去作用了。因為業氣消失，所以本智氣增長，本智氣裡沒有貪、癡、瞋的成分，所以無論是如何十惡不赦的罪人來到面前，因為脈絡毀崩壞的緣故，完全無感。

#### 白明點下降

在頭頂的「白明點」，是今生投胎時，由父親所得的。白明點也稱作「白分」（意為白色的部分），身心聚合時，脈絡可將其撐住固定，三十三條脈絡毀崩壞後，失去支柱的白分會緩慢地往下降到心間。在下降的過程裡，內兆會出現方才提到煙霧瀰漫的白茫茫境相，外兆則是明亮如同月照晴空。皓月高照不是指月亮照到地面的反光，而是此時看見明月高懸晴空的情景。

何以區別內兆、外兆呢？實際上並不是眼睛看到，因為六根、六識都已消逝了，何有內外之分？這是指亡者本身的神識向內與向外看時，神識會有向內、向外的區別，以此而說內兆、外兆。

例如，顯相分為內顯與外顯，亦即內心的感受與由內心所感受的外境，這兩者稱為內兆與外兆。不過，所謂的內心與所感受到的外境，並非眼睛看到外境的意思，只是神識本身的作用罷了。這時，第七識（即煩惱識）融入第八阿賴耶識了，故於最後一句「執以明晰念願祈加持」，是指自己要覺察何謂顯相，且於這時對於生前上師所賜予的中陰口訣，例如觀想本尊、持誦心咒、安住心性等口訣，亦祈求加持在中陰期間悉能清晰憶起。這是四剎那的第一「顯相」。

某些引導文云，此時需將上師觀想在臍輪的部位，開始準備觀修〈破瓦〉了。但〈破瓦〉不一定是以「呸」（ཕཊ）從梵穴出去，〈破瓦〉也有所謂的法身破瓦、報身破瓦與化身破瓦。法身破瓦就是融入母光明或融入法界，亦即臨終中陰最後的義理光明，得以子母光明相會的意思，以〈破瓦〉讓心性融入於光明而成就法身佛。

消融次第

| 三相 | 三毒 | 徵兆：內兆 | 徵兆：外兆 | 80條脈絡 |
|---|---|---|---|---|
| 顯相 | 瞋 | 白茫茫的煙霧瀰漫 | 如朗月照耀 | 33條脈絡毀壞 |
| 增相 | 貪 | 似螢火蟲四處飄飛<br>剎那間出現紅通通的境相 | 光芒萬丈<br>如同旭日高照般的感覺 | 40條脈絡崩壞 |
| 得相 | 癡 | 如同身處被罩住的油燈內部<br>像在密閉空間裡燃燒的感覺 | 黑濛濛的景象 | 7條脈絡崩壞 |

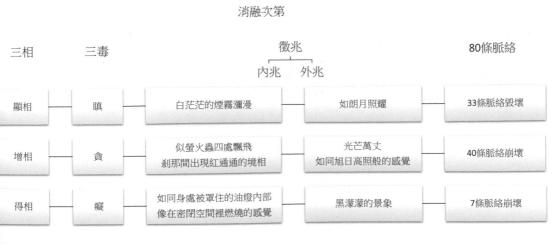

## 第8偈　增之內兆螢火而外兆，似日照耀貪欲所成之，四十種念亦成阻滅時，秉以正知正念祈加持。

### ◇增相之內外兆

「增相」時，隸屬貪欲所成的四十條脈絡在此時段也崩壞了，貪欲的脈絡完全毀壞之故，此時即使面前出現美如天仙的絕世美女或是曠世俊秀奇男，因為沒了起貪的脈絡，完全無法產生貪欲之想。此時，原本用於固定由母親所得，安住肚臍處「紅分」的支柱也崩壞了，因此，紅分開始往上浮升，將在心間與白分（白明點）值遇。

紅分往上浮升的過程裡，內兆、內相上，彷彿像是螢火蟲四處飄飛的感覺，剎那間會出現紅通通的境相；外兆（外相）會出現光芒萬丈如同旭日高照般的感覺。雖然現在聽來像是冗長的過程，實際上只是瞬息即逝，時間短至有如流星一閃就消失了！

「正念」是指自己能安住在心性上，「正知」是指清晰地確知安住在覺知上，所以「秉以正知正念祈加持」是指覺察到：顯現時，祈求加持能於中陰期間維持清晰的覺知而安住在心性上。

說實在的，打坐與發呆，外貌看似一模一樣的，打坐、發呆差別在有無覺知而已。發呆時沒有覺知，常聽有人說「我要放空、耍廢一下」，耍廢是最近的詞彙，之前沒有聽過。因為我在印度十七年，與中文的世界中斷近二十年，察覺到大眾日常用語的變化。比如我從未聽過的一種文法——常常在媒體上看到，某官員做錯了什麼決策，當眾說「在這裡跟大家做一個道歉的動作」。或許乍聽覺得這沒什麼語病，在我聽起來很奇怪，什麼是「道歉的動作」？以前講的是「在這兒向各位道歉」或「在此鄭重向各位致歉」，「做一個道歉的動作」其實一開始是有點聽不太懂的，想到怎麼台灣的文法變成這樣子了，這是火星文嗎？但現在連官方都使用了，不僅是青少年講的，媒體上的公眾人物也都這樣講，這應該不是正確的文法吧？但現在都已積非成是了！

## ◇觀上師於頂輪

閒話表過，對於出現「增相」時，要能確實安住在心性上，維持清晰的覺知，是非常重要的。〈引導文〉提醒在此時刻，要將上師觀想在頂輪。有時〈引導文〉提示將上師觀想在臍輪，有時在心輪，有時又在喉輪。但這略嫌複雜，其實只要能時時刻刻地憶念著，學密的人憶念上師，學顯的人憶念自己最虔信的佛、菩薩在心間或肚臍處亦可。憶念佛菩薩與自己不相離，若能持續憶念的狀態，直到自己昏迷而死去，就不用擔心來世了；但若未能做到這樣，來世實在是極堪極堪憂慮的。

## 第9偈　得之內兆如同油燈燃，外兆黑道即如羅睺羅，愚癡所成七念阻滅時，秉以真實正念祈加持。

### ◇得相之內外兆

顯、增、得三相裡最後的「得相」是指紅白二分在心間相遇。在心間相遇後，八十條脈裡，起先三十三條脈毀滅了，緊接著四十條脈也毀滅了，尚餘七條脈，這最少的七條脈就是愚癡。安諦長老開示說：「如果你問一個人，貪、瞋、癡裡，哪一念頭較重時，大多數會說，我好像貪念比較重或我瞋念較重較易生氣，很少很少有人說自己癡念較重的。因為癡脈在比例上，本即不成正比，所以一般人不是自覺貪念重就是瞋念重，容易生氣或易起貪著，貪、瞋是人的兩大特質；不是沒有愚癡，而是前兩種煩惱過於強大的緣故，第三種比較不易察覺。」瑜伽士是這樣開示的。有些人可能會說：「不會啊，我沒有什麼貪戀的事物，也不容易生氣發怒，我只是較笨而已。」好吧，這也有可能！

屆此階段，剩餘的七條愚癡的脈絡也毀壞了，過程的內兆就像點一盞油燈，假設用壺、燈罩把油燈罩住了，卻看得到油燈的內部，就會像在密閉的空間裡燃燒的感覺。「外兆黑道即如羅睺羅」，外兆會是黑濛濛的景象，這時該怎麼辨呢？「秉以真實正念祈加持」意指覺察何謂「得相」，能認持融序（消融次第）的出現，將上師、本尊合一而觀，再一次祈求上師、本尊的加持，祈求加持皆能清晰地憶起中陰期間的竅訣。

## ◇〈祈願文〉即竅訣

中陰的竅訣是什麼？就是此篇〈祈願文〉！建議背誦此篇〈祈願文〉，經過講解之後，即能大致上明瞭，「顯」是此義，「增」是此義，「得」是此義；既然懂得其義又明瞭虔誠祈請上師、本尊的加持，只要得以確實憶起，助力之大，無可言喻。此故，〈祈願文〉即是竅訣！

萬一，不要說心性引導，連開顯竅訣的〈祈願文〉也從未唸誦，或僅是偶爾唸過一二遍，就期盼要「秉以真實正念祈加持」，試問「要憶起什麼？」內心全無可供憶念的資本啊！倘若希望在中陰獲得解脫，定要熟讀這篇〈祈願文〉，就像買樂透彩才有中獎的機率。能夠背誦、隨時朗誦是最好的，遇到突發情況，即可將偈文信手拈來，猶如佛學院的學生們行雲流水般背誦《入菩薩行論》的正文。

各位看到有些堪布講解《入菩薩行論》時，可以不看正文而滔滔不絕的宣講，因為正文諸偈已牢記在心，故可舌燦蓮花、引經據典而解釋其義。《入菩薩行論》是佛學院最基本的功夫，另外《中論》等各大論的正文諸偈，也都要流暢背誦。因為要背誦大量的經論偈文，再理解內容含意，所以每個得到堪布學位的僧人，皆是善於講經說法度眾的。

但我不是佛學院出身的，沒有能力流暢的講經說法，我只不過是複述從師父座前學到的法要。所以我講的不會是佛學院的邏輯，佛學院是很有系統、組織，結構完整、條理分明的，我是隨性地想到什麼就說什麼！請各位包涵。

## 憶念上師即是關鍵

「得相」出現時，無明融入到阿賴耶，此時方為佛教認定的真正死亡。剛才講到外息中斷後，內息會有四剎那，每一剎那出現各別徵兆的光明——第一剎那稱為「空之光明」，徵兆是「顯」相；第二剎那稱為「極空光明」，徵兆是「增」相；第三剎那稱為「大空光明」，徵兆是「得」相；第四剎那稱為「義理光明」，也正是母光明，「義理光明」才是所該證取或說契入的。

到此屬於臨終痛苦中陰的階段，所出現的各種消融次第的狀況，也已完全講解完畢。

此時該當如何？應要全然憶念且祈請根本上師。密教之所以這麼強調上師，並非極度崇拜、神格化某人，而是因為攝受自己、教導口訣、賜予灌頂的這位上師，密教稱為根本上師，顯教稱作善知識，他所所傳授、教導的法教，可以令自己解脫乃至成佛，難道還不殊勝嗎？佛子恭敬佛、法、僧三寶，例如，眼前這尊釋迦牟尼佛像是佛寶，作為三寶弟子，即使供養、莊嚴佛像塗金鑲鑽，且虔誠祈請並行十萬拜大禮拜，可是，佛像不會開示佛法，無法指導善惡取捨。行善助人，佛像微笑垂視；造惡害人，佛像依然微笑垂視。始終如一的慈祥面容，不會開口指導、勸誡。

是的，「念佛一聲，福增無量；禮佛一拜，罪滅河沙。」但關鍵是：即使罪滅河沙，依舊對死亡沒有把握啊！讓自己有把握面對死亡、中陰與來世的是根本上師的竅訣。

簡而言之，上師會如佛經所云，以「四聖諦」的見解引領入門：「應了知輪迴諸『苦』，應斷捨『集』苦之源；應依止解脫『道』法，應契入究竟『滅』果。」並進一步說明如何依止「道」

法而解脫的口訣：「於諸罪惡不造作，善行圓滿予奉行；自心普悉予調伏，此乃佛陀之法教。」

佛已不在人間，佛像不會開口講法，僅能作為福田而膜拜，以此積福消業；唯有仰仗根本上師的攝受，即如密教偈語云：「功德縱然等同於諸佛，恩德較於諸佛更勝怙；恭敬祈請根本上師足，生起證悟實相祈加持。」

釋迦牟尼佛雖然不在人世了，但大悲心卻會永續不斷地示現化身度化眾生，此之所以「上師即佛」；然而對於弟子而言，藉由上師引導而知曉如何修持，以勝解心獲得加持，並得以生起證悟心性實相，這是密宗之所以如此看重上師的原因，不是沒來由地特意要神格化一個人，也不是要眾人去貪愛上師——我是指男女之間的情愛，這現象在密教裡還蠻嚴重的。其實從釋迦牟尼佛在世時，這些問題已然存在，到了密勒日巴時代也是如此。這也是極難避免的，畢竟上師是男性，佛教又以女性信眾偏多，於是問題層出不窮。

## 貪愛美男惹瓊巴

密勒日巴尊者的道歌裡記載，因為長年的苦行，導致密勒尊者容貌枯槁，復以年紀又大了，看上去就是個糟老頭兒模樣。尊者的如月大弟子惹瓊巴，外貌俊秀飄逸，意態軒昂，說是當代藏域第一名美男子都不為過。如此俊美無比、風度翩翩，女信徒尤其是年輕的少女、少婦，不由自主被吸引而對惹瓊巴生起信心。女眾為了要討惹瓊巴的歡喜，盡其所有地滿足惹瓊巴，但對雙目炯炯有神、乾癟枯槁的老頭子是沒有感覺的，所以尊者幾乎什麼供品都收不到。正因如此，惹瓊巴才要離開上師，因為他認為，留在上師身邊，只會造成上師的障礙，沒有信徒願意供養密勒日巴。雖然密勒日巴不需要供養，但惹瓊巴心中深覺愧疚過意不去。

剛開始惹瓊巴收到豐盛的供養時，以為：「我這麼微不足道的修行人都有這些供養了，我的上師更不用說了。」拿著自己收到的供品，建議尊者說：「上師，我們都收到這麼豐盛的供養，來辦個薈供吧！」密勒日巴指著旁邊：「好，我的供品都在那邊。」惹瓊巴走過去一看，才發現一瓶快要臭酸的優格、一兩塊不怎麼樣的肉乾，此外一無所有。這時，惹瓊巴才明白，原來信徒們的想法都是顛倒的，他為了不搶上師的風采，決意離開上師，這是第二次離開上師的原因。

由此可見，重點在於向上師求取見、修、行所需的口訣而勤習直至解脫。上師之所以重要無比，不是因為他是神采煥發、玉樹臨風的男人，也不是因為他是仁波切、祖古或堪布，而是因為上師對自己有教授法教的無比恩惠，故而虔敬承事。

事實上，上師也會因為時間流逝而變老變醜。我幫噶千仁波切翻譯時，老人家自我調侃說：「我現在變得很醜，醜到都不想看我自己的臉！我年輕時不是長這樣的，年輕時的皮膚很好，長得很好看的！」上師是會衰老的，如果只是在乎上師的外相，不會成為獲得解脫的原因；憶念、祈請是因為上師傳授口訣，給予灌頂、教導，故而全心全意承事。很多信眾因為不了解箇中道理，導致道場裡彼此出現爭風吃醋、明爭暗鬥，毀損三昧耶戒而障礙解脫，這是十分錯謬且可惜的！

## 第10偈

**第四廣大光明顯現時，內相離雲即如虛空般，**
**外相即如曙光顯現時，母子光明融合祈加持。**

最初以父精母血，亦即紅、白二明點相遇的作用，形成身體而出生；死亡也會有紅、白二明點的作用。在母胎形成身體後，白明點住頭頂，紅明點住肚臍，二明點各居一方而滋養身體，待身心分離之際，即如前述，氣、脈將各自毀壞，在紅、白明點一下一上且在心間值遇而撞擊的過程中，顯、增、得三相依序發生。

### ◇如秋日晴空

剎那間，生前阻撓明覺展現的八十條脈絡皆已崩毀，此刻，神識陷入昏迷，直到此階段為止，凡夫與修行者的反應一模一樣。差異在於甦醒的同時，完全離卻思惟、言詞，所謂「無言思說般若波羅蜜，無生不滅虛空本體性」，真正的基位光明，如同明鏡澄澈潔淨、秋日離雲的晴空將出現，彼時，沒有接受心性引導的人，根本不明白這是怎麼回事，宛如秋高氣爽走在戶外，抬頭望見一輪明月，「哇~真美！」除了欣賞別無他想。

倘若上師指示這就是心性，自己會想：「這與心性有什麼關係，不就是風景而已嗎？」「如果這就是第四光明或基位光明，與平時有任何差別嗎？」純粹欣賞風景是徒然的，往「外」而視正是凡夫一貫的作為，因此，絕大多數無法契入母子光明相會。

## ◇日月蝕時氣入中脈

在臉書上，我寫過有關日、月蝕的文章。談到台灣人喜歡看月蝕，肉眼無法直視日蝕就轉向關注月蝕，再分享觀賞月蝕之後的種種心得。其實對於修行人來講，日、月蝕不是用來看的，日、月蝕是用來修持的最佳時刻。但不要說一般人，即使佛教徒也不一定有此認知，看到日、月蝕就是讚歎大自然的造化奧妙、拍攝留念，或是標註幾點到幾點是如何的變化等等，完成圖文並茂的「月蝕札記」，覺得心滿意足。留下了五十年、一百年難見奇景的紀錄，但同時也錯失了百年難得積資淨障的良機。因為日、月蝕過程中的力量強大，《律經》有云：「日蝕將近時，千萬再化十萬倍，月蝕化為七千萬，四大節值日月蝕，其時福德更超勝。」善惡皆以千萬或億兆倍增長，所以日蝕、月蝕皆應用來修持，不令空過。

在宗教上，認為日蝕與月蝕是受羅睺羅侵擾所造成，亦即說是日月被星曜神吞噬了。看似先民的無知迷信，實際上並非毫無根據！星曜神吞噬日月是指，當時在體內，左右二脈的業氣皆入中脈而轉化成智氣，以白話而言，即是煩惱被正念覆蓋的意思。原因就在於體內三條主要脈絡，也就是中脈、精脈、血脈。精脈是月亮，血脈是太陽，中脈是羅睺羅，一旦發生日蝕或月蝕時，在神話中說是羅睺羅吞食了太陽、月亮，實則是指在中脈兩側的精脈、血脈之氣在此時進入了中脈，二脈內部的業氣全因進了中脈而轉成智氣，在那樣純淨湛然、安住不動的狀態中，善惡之力必然廣增。也正因為如此，我等凡夫住於智氣狀態時，必把握機會行善止惡，在有限時間內廣修功德，才是智者所為。

## 基位光明周遍

同樣的，基位光明無時無刻都顯現在心續中，卻因為無明，粗分煩惱，亦即粗大的貪欲、瞋怒與愚癡三毒的干擾，導致無法了知。但到了母光明顯現的階段，無明、五毒煩惱悉數消融於勝義法界，本智氣已經完全消滅了業氣；這時勝利屬於正義這一方，佛性、明覺、如來藏完全開展，不再受到三毒的綑縛、遮蔽而赤裸裸的周遍顯現！

有關「赤裸裸的周遍顯現」，若用心地閱讀噶舉巴祖師眾開悟時的描述，皆會提到覺性赤裸裸的展現——「赤裸裸展現如同持矛揮舞於虛空一樣毫無阻礙」。沒有這種經驗的人無法體會在講什麼。「開悟」與拿著矛在空中揮舞有什麼關連？有關連的！赤裸裸的周遍顯現，或有時的描述是「如同樹皮剝落般，自心的實相徹底的展現」。因此，目前自己被三毒綑縛了，即使上師給予心性引導，也可能聽不懂或不曉得該怎麼做，或是僅能安住半秒隨即散亂，但在第四剎那光明顯現時，總會有機會的！

赤裸裸的周遍顯現之後，本初的光明法身，本初實相、光明、法身皆是同義，本初、光明、法身，可以三者合一而說，也可以各別而說，所指就是同一心性。但這三項又該如何闡釋？就是不假造作的離戲，離諸心念的鋪陳，言語所無法描述的「俱生大手印」，自心實相與法性同時生起，沒有所謂的先後，「俱生」就是同時生起的大樂本智。為什麼稱為「大樂本智」？因為此中安樂沒有任何的痛苦，且是恆常、不變，沒有高低起伏，一直無所不在的本來佛智；或說確實了知心性本即存在佛的法、報、化三身，即是「本智」。

## ◇悟後起修

心性本初實相在第一臨終痛苦中陰定會顯現。顯現時，以內相來講就是明覺、覺性，以當時自己的感受來說，猶如離雲的虛空（空暇時可以看看沒有雲的虛空是何狀態）；外相即如清晨曙光顯現之時，所謂的真正的明覺、真正的光明、俱生本智，此刻會全然的開顯，倘若自己已在生前掌握空性的見地，即可當下認持。

此時講的見、修、行，就是見地、修持與行為。「見地」是指經過心性的引導後，對於輪涅本質——空性的理解稱為「見地」；具備空性的了悟之後，尚須以正知加以保任「修持」，否則很快將會因為散亂而消失無蹤。其實開悟沒有想像中的那麼難，也沒有想像中那麼厲害，可以很容易就開悟，但並非一開悟就馬上變成初地菩薩。佛教史上，「開悟」即得「解脫」的上根利器者，稱為「同時者」，僅有寥寥數人。因此，了悟空性後，需要強力保任以令茁壯。

為了讓心安住，傳統上，必須以閉關保任、鞏固之，閉關就是身、語、意遠離喧囂。台灣人十分好樂閉關，只要一講到閉關，常見一窩蜂的人踴躍報名。如果詢問：「閉關確實要做些什麼？」大多數人可能是一知半解。最大的原因還是在語言的隔閡，藏傳佛教的上師博學多聞也有實修經驗，但傳法必須透過翻譯。

我自己作過同步口譯，我要很坦白說，即使像我這樣與藏人生活了十七年，還是做不到百分之百、一字不漏地翻譯，頂多翻到九成五，就覺得自己對得起聽眾了，大多數應該翻到七八成而已吧。我不是說我藏文有多好，而是與長老、師兄弟朝夕相處，我聽得懂藏人的方言，也能理解講這句話蘊含的真正意涵是什麼，但即使如我，亦不能百分之百譯出全文，其他譯者可能也半斤八兩吧。

我知道台灣大部分的藏文翻譯是看書學的，並不是在藏人的環境裡學語言。就好比學英文一樣，在英、美城市與當地人二十四小時相處，與在台灣語言中心學英文的程度還是會有所差異的，不是誰優誰劣，而是因為相處的環境所造就的。就像我有次當翻譯時，那位仁波切就說，如果用文言文講經文裡面的內容，台灣的譯者譯得很好；一旦以通俗白話講故事時，因為不是以書面語講故事，台灣的譯者反而聽不太懂。

我的意思是，上師們精通教法，但是透過翻譯，多少會打折扣。單以時間而論，中陰引導從一點十五分到四點四十五分，有三個小時的時間。假設今天要透過翻譯，再好的翻譯也要與上師各用一半的時間，實際上說法、聽法各占一個半小時，時間耗去了一半！今日來聽中陰的內容，實打實的聽了三個小時的中文的引導，但即使是如此，我還不見得能夠完全講得很完整，更何況是閉關的時候呢！

## 閉關還是關禁閉

比方說，參加三天的綠度母閉關，在入關前，對於期間的流程，例如累積咒數前的三善妙[67]步驟——前行皈依、發心的含意、必要性；正行的「併命四釘」[68]，其中以「真如三昧」契入空

67 寧瑪巴云：三種善妙——前行善妙發心、正行善妙無所緣、結行善妙迴向。
68 併命四釘：三昧緣取釘、心要咒語釘、收放事業釘、密意不變釘。

性、「普明三昧」觀修悲心、「本因三昧」觀出種子字為主軸；結行的迴向、發願、祝禱吉祥等等細節。理論上，閉關者必須已了然於心，帶領的上師雖也會大致講解提醒，提綱挈領如何善用「併命四釘」契入空而結合悲心，在空悲不二的狀態中，怎麼觀想出種子字，咒字的顏色、字形，再如何轉化觀想出天尊的形體相貌，例如成為綠度母之後，心間的種子字必須如何呈現，需像彩虹而非石頭，或是像唐卡所畫般的顯現等等重點。但在閉關時，一定要做與觀修相關的事，不可能三天的時間都聽講解，那就不是閉關而是引導了！

閉關確實是要圓滿咒數，以累積咒數親近天尊，但前提是，確實明瞭上述的三善妙、併命四釘與三種三昧等步驟。然而，一般對「閉關」的認知僅是多多持咒，盡力拼滿多少咒數才算圓滿。其實這沒太大意義，與其拼咒數，不如確實掌握閉關的步驟而腳踏實地觀修更實際。

臨終躺在床上時，假設看到黑白無常前來拘拿，不知「萬法唯心顯」、「心性昭空不二」的見地，「執著」黑白無常為「真實」，故作鎮靜：「我已持十萬遍忿怒蓮師咒，不要過來！」祂們理你嗎？假若知曉，黑白無常、冤親債主現前，只不過是造罪的心所顯現出的幻象，以坦然之心面對：「要什麼都拿去吧！反正都要死了，如果覺得這個肉體可用，就儘管享用吧！」若有這種體悟，以坦然的態度去面對時，冤親債主、黑白無常也好、牛頭馬面都無法傷害自己。

觀修本尊時，執「實」又執「相」，心中又有「希」冀、「疑」慮，這些問題加在一起的閉關，不是閉關而是「關禁閉」。什麼是真正的閉關？真正的閉關不是把自己關起來，不被別人看到，好一點手機關機，差一點手機開機，就閉個三天、五天乃至於幾個月的關，期滿出來說閉關圓滿了！閉關不是拿來炫耀的，閉關是指身體、言語、心意的隱蔽。不與他人聯絡亦不被看見，是身體的隱蔽；從頭到尾禁語，是言語的隱蔽；心安住在正知正念，是心意的隱蔽。其中以「意」的隱密是最重要的，自心不被妄念所干擾，安住在正知正念而觀本尊、誦咒語。

所謂的正念就是安住在心的實相上，或至少試著安住在空悲不二的狀態裡，顯現出本尊的形相，持有本尊的我慢，觀想心間種子字常時的安住。嫻熟於此，方為臨終時面對死亡的把握！

除此之外，即使持了一千萬遍的咒語，對死亡也沒有「用處」；沒有用處不是沒有「幫助」，而是咒語只能作為來世投胎較好去處的資本而已。死亡真正來臨時，又不能拿咒語次數賄賂閻羅或炫耀而得免死：「這邊有一千萬遍的蓮師心咒，誰敢冒犯？」「我拜過一百萬拜的大禮拜，誰敢碰我？」牛頭馬面、黑白無常皆是自心所變現的，倘若生前未能處理自心的念頭（因），到死時，念頭就會反過來吞噬自己（果），這是因果的必然。

總之，假若在生前以空性法門熟悉見地，諸如大手印、大圓滿、中庸、能息、真如三昧、圓滿次第……等等法門，直到臨終出現基位光明，以昭空不二的正念為主，安住明覺的分際不散亂、不迷失，鬆坦於心性實相的狀態，亦即消融次第無論如何顯現，境相的消融、粗分的消融、念頭的消融乃至於最終的細分消融，必須像是坐在車內看窗外的風景，不特別執著風景，好比走馬看花，風景過了不再回頭眷戀。但對境相歷歷分明，靜待出現第四剎那大光明而契入，這時，出現於世人眼界的就是某某修行人死後入定，所謂的「住於圖當」即是此意。

## 鬼魔懶得理你

「能息」是指「斷法」，華語世界被譯為「施身法」，其實施身法僅是斷法的旁文末節。

施身法不是重點，一般人嚮往修持，是因可以一邊搖鈴一邊唱誦，看起來似乎法力高強、氣場壯盛。其實，那也不是重點，倘若未能掌握空性見地，一味追求好聽的唱調，兼能口誦吽吽呸，手鼓響咚咚，儼然一副修行莫測高深的樣子——如果志向僅止於此，就是被施身法表相所耽誤的修行者！因為鼓敲得再動聽，鈴搖得再悅耳，呸音唸誦得再好聽，剛令[69]吹得再悲悽悠遠，對證悟心性與修行誠然沒有幫助。

雖說在眾多施身法的故事裡，出現安然度過鬼魔侵擾而功力大增，所謂「斷險境」的記載，但那是因確實觀修而出現妄念外顯的考驗，已達到出現鬼魔騷擾的程度，代表在空性見地上頗有境界。如果修持過程能出現魔考，那是好事，代表確實到了一定的境界，魔眾願意現身騷擾。反之，僅以法器在那邊咚咚咚、鏘鏘鏘，鬼魔完全不會想要騷擾，因為行者沒有掌握觀修要點，好像小孩子嬉戲遊玩，彼眾不認為有侵犯性，到死都不會造成任何威脅，也不會因此而脫離了魔的掌控。故而放任自以為是地修持「施身法」，不會出現任何的考驗。

有些人問，觀修四加行是否會招來鬼魔侵擾？唸誦咒語是否會引來魔怨？我看網路裡的鬼故事，都強調在醫院不能唸經、唸大悲咒，否則會招鬼相隨！其實，若唸個咒就讓鬼願意死心塌地地跟著，真是所謂修持過人了！鬼應該不會隨隨便便跟著一個人，除非相欠或曾被傷害。

我的職業需要經常出入醫院、太平間、殯儀館，去那些場所不是唱歌、郊遊，而是去唸經、誦咒。不曉得在座有人有陰陽眼嗎？按照台灣民間或道教的理論，卡到陰時會有黑眼圈，倘若屬實，本人後面應該跟了一大堆眾生。不過，好像也沒有睡不著，應該沒有黑眼圈吧！若說連

69 即大腿骨。

佛的示現是自心的功德投射所成，鬼魔當然也是自心妄念的投射，只不過凡夫已經執實到念頭堅固，夢境的好壞都會深覺開心或憂愁，影響日間的心境，深怕惡兆降臨或錯過善兆！

話說，屍體並非如預期中的恐怖駭人。因為從小看了太多小說、太多的香港殭屍電影，認為人死後不小心被貓跳過就變成殭屍而起。華人的電影是把西洋跟東方的殭屍揉合一起，香港演的殭屍好像會吸血！其實殭屍是不吸血的，殭屍為什麼要吸血？殭屍是把對方也變成殭屍。殭屍有三種，「皮」僵屍，「骨」殭屍，「痣」殭屍，名字即是各自的弱點。

皮殭屍最易調伏，把屍皮劃一道傷口就會倒下去；骨殭屍是要打斷手腳或身體上任何一根骨頭就倒下去；痣殭屍是最難對付的，整個身體就只有一顆痣是罩門，必須要找到那顆痣再戳破才算調伏。殭屍如何把人變成殭屍呢？我們現在不是看到上師時，都會低頭請上師摸頂加持嗎？摸頂就是殭屍把人變成殭屍的方式，此外沒有其他的方法。所以說殭屍是不吸血的，吸血是西洋的吸血鬼德古拉，那是不一樣的。

## 不為夢境所動

我常常被問，「喇嘛！喇嘛！我做了什麼什麼夢，夢到被誰追了！」或是，「我夢到祖先討要物品或功德，這該怎麼辦呢？」或是，「夢到祖先來接我了，是不是我將要死了？」很多人都有這種疑惑。真正的修行人其實是不需要這麼執著夢境的，當然不敢說完全不會出現任何的徵兆，但任何的夢境皆可忽視而不必在意。

岡波巴大師在密勒日巴尊者的座前僅待了一年餘，因為是上根利器的勝士，曾經獲得一個宇宙頂級無敵的好夢，醒後忙去稟告密勒尊者，尊者為之一一解釋。閱讀那些內容時，想到古代人真有閒情逸致，因為對於夢境內容，竟以類似崑曲、歌仔戲而唱誦問答。

傳記記載：岡波巴一早連粥都來不及煮好，飛奔至尊者所居的洞穴，見尊者以幾塊布墊為枕頭而睡，頂禮後：

「尊者呀！我有極為重要的大事，請別睡了，請起身呀！」

「你生起妄念了，今早我已出現覺受，有什麼不安適的，說吧！」尊者說。

「要向上師大寶稟告夢境諸種兆相，祈示那些是善或不善矣。」

於是岡波巴以近二十分鐘的時間唱歌稟告後，密勒尊者也以過人的記性指示夢裡的每一種細節表徵之義，乃是授記日後將如何如何。

密勒尊者在指示前先提醒岡波巴：「兒啊，醫生法師，莫讓心裡不舒適，就讓覺識鬆坦而住吧！莫入妄念網絡我執棉絮中，疑惑繩結自地解除，二執的繩子從細處斬斷，習氣微塵從墊子薄處戳，心莫過多集散，應置於無整作的嶄新狀中。我是嫻熟於幻身的瑜伽士，了知於講解夢境，了知於轉化夢境，亦有以睡夢真如印契之把握！總之，我已洞澈夢境之真如故，對於孩兒你所說的那些兆相，此次老父我將以詳細詞句指示表徵的義理（而讓你）必定明瞭，心莫散亂，豎耳諦聽兮！」

於是，尊者唱了回覆祈示夢境之歌：

「歌此問答矣！醫生啊，豎耳諦聽兮當專注！子受白銅派之勝樂法，中原上部聞嘎當，駕馭善住三摩地，彼諸歎為大稀有！夢境習氣而迷亂，兆另眼相待意眩迷，子兮，所聞少耶？而佯作姿態，抑或未讀經續論典矣？了義波羅蜜多云：夢境非為真實矣，空虛飄渺甚虛妄，無實義乃牟尼云。如是幻術之八喻，亦如上述廣宣說，彼義汝心豈不知？雖然此次諸兆相，授記未來大稀有……」

整篇內容請自行閱讀傳記。雖然密勒尊者也承認岡波巴所夢甚是稀有，但亦告誡「佛說夢境非為真實，無有實義不得為其所動」，即使是成就者的夢境，亦不可注重而沉湎所夢。況且白天散亂一整天，完全控制不住一大堆無聊的念頭；夜間睡覺整個處在迷亂狀態昏沉入睡，隔天又是睡眼惺忪醒來的人，其夢境有什麼好執著的？應如是看待自己的夢境。

安江長老也是這樣告誡的。少年的我也是偶爾做了什麼好夢，急忙告知安江夢境內容，長老他起先陪我玩時，還會說：「來！來！來！講看看做了什麼夢！」我也誤以為長老喜歡聽我說夢境。聽得多後，他說：「其實無需執著夢，做了什麼好夢又怎麼樣？一整天都在散亂了，晚間迷亂時，投射日間習氣的夢有什麼好執著的！」瑜伽士們是不執著夢的，各位也不要執著夢，不要去執著做了這個夢會不會怎麼樣，真的有什麼事情的話就讓它發生，一切託付三寶，該怎麼樣交由三寶決定，不要想太多！

真正修持空性法門的人，一生就等這一刻，要靜待第四剎那大光明的出現而契入「安住圖當」。若問：「這樣入定住於圖當了，有什麼好處？」答：「就是修行的究竟成果，成佛了！」瑜伽士們生前離群索居的修持，摒棄了名聲、衣食各種享用，摒棄了世間一切的利益，等的就是一勞永逸的這一刻。

若還問：「為什麼要成佛？成佛有什麼好處？」這就不是佛弟子該問的問題了，如果佛教徒對於成佛不以為然，真的不用學佛了！儀軌開頭的發心偈：「以我所作布施等福德，利益眾生之故願成佛。」學佛就是為了要成佛利眾，如果連什麼是成佛的必要性與利益都不清楚，建議真的要再多加聞思了。

若能做到臨終中陰階段鬆坦住於空性實相中，已經萬分足夠了，無需再多作努力。憑藉生前得到上師給予的心性引導後，不斷地保任所了悟的空性見地，往後餘生盡自己所能，善用幾十年的時間保任空性的見地；好比認識一個知己，彼此深交數年、數十年，不管走到天涯海角，一旦相遇，必定一眼即能認出。就像適才所講的子入母懷、如遇故人，必得解脫成佛。

因為已經安住在空性實相裡，生前所保任的子光明見地，會在此刻如同他鄉遇故知，很容易地認持基位光明，得以契入初始的母光明而住於「圖當」，當即解脫成佛了，這也是母子光明相會的作用。學佛人發願能得「母子光明融合祈加持」，即是此義。

## ◇另類圖當

若問：「是否所有死後能入定的人皆是成佛解脫呢？」其實也不一定，臨終時，若執著於某一念，也可能出現類似「圖當」的狀態。

這是流傳已久的老故事了。以前在昌都有個屠夫，死後竟然也出現「圖當」而直挺挺的坐著，街坊鄰居都說：「原來這是大菩薩的示現，眾人都錯怪他了！」「這屠夫並不是什麼罪業重大者，而是一位大成就者呀！」此事一傳十，十傳百，傳到格魯派昌都寺的住持帕巴拉的耳中，住持告訴侍者：「你派人去屠夫的耳邊說：『某某地方來的那隻白頭牛已經被宰殺了！』就可以檢驗是不是『圖當』了！」侍者如囑派人去屠夫耳邊複述一遍之後，果然屍身就從坐姿癱軟倒地。眾人恍然大悟，原來不是住於「圖當」！

這是什麼原由？因為屠夫死前一刻心心念念惦記著尚有白頭牛待殺，專注在「那頭牛還沒殺」的念頭上斷氣了，身心不得分離，因此，外相上看起來會像「圖當」一樣端坐著，其實那不是「圖當」而是執念。

因為會有很多類似的歧途，總之，需要上師的指導，方知如何確實地契入「圖當」，絕不是以現在的心智去臆測彼時的情況，若自以為，「那還不簡單，反正臨終時等待著基位光明出現，再認持契入不就是了嗎?!」

然而卻沒有那麼簡單，有如烏龜脫殼般斷氣的痛苦會擾亂心智，平順契入的難度很高；就算運氣很好，是心肌梗塞當下斷氣，也要有能夠在死亡的當下，契入昭空不二心性的能耐才行！

## 明覺顯現的瞬間

試想，自小至今都有被突然驚嚇的經驗，比方說走在路上，猛然間，同學「哈」一聲大吼受到驚嚇，或者是拿在手上的杯子或碗盤，突然手滑掉到地上，「噹」的一聲破裂了。意識反應過來之前是無念的，無念的瞬間稍縱即逝，卻是明覺展現之時，即如〈三句擊要〉所云：「任何皆非甚愕然。」然而，一般人完全未能了悟，僅受驚愕而一無所知。受驚嚇後一片空白，念頭再起，始得反應，回神後邊拍胸口邊說：「嚇死我了！嚇死我了！」杯子掉到地上破裂的當下，電光石火間亦是驚詫而無念，待反應過來時，先檢查自己有無受傷，才說：「糟糕！杯子破了！」

或「糟糕！弄髒地毯了！」結論是：「哎呀！下次要小心一點！」除此之外，不會有任何認持。

但是，據噶千仁波切說，「被嚇到的當下，或打噴嚏時，時時刻刻顯現的明覺會在念與念的中斷時得以親見。」那些突發狀況是明覺顯現的良機，但沒人會去體悟那些，只會提醒自己下次千萬要小心。

虛雲老和尚在五十六歲時，因被熱水燙到手而開悟。為什麼開悟？就是燙手的當下，造成念與念的中斷，親見念念中斷，無可言說、不可思議的實相，以此而開悟。唐朝的香嚴智閑禪師也是在耕田時，不經意拾起一塊石頭向後拋，而擊打到背後的竹片，聽到石頭、竹片碰觸發出的清脆響聲而開悟，那亦是當下親見念念中斷間，展現無可言說、不可思議的實相而開悟。

閱讀顯密祖師公案或傳記時，常覺得莫名其妙：「為什麼這樣就開悟了？」自己每天身處敲敲打打的噪音環境，這大半輩子也數不清打破多少碗盤杯子、被熱水燙過幾次，為什麼依然一無所知，沒有開悟？禪宗不會說破這個，會步步緊逼著，直至走投無路而豁然開朗；但是密宗不但主張刻意說破何謂悟境，為了普被上中下三根，還安排了各種種前行俾讓有志修持者，具備了悟念念之間明覺的條件，一旦達標，就用餘生的時間去串習，等待臨終證得佛果。

## 前行比正行深奧

但學密的人通常不太會去注重最緊要的密法，徒而錯失了關鍵，甚為可惜。大多數所錯失的重點，都是在於：未曾確實修習共同前行，令心向法。僅是聽說密法十分厲害，成效昭著，於是以不甚正確的動機修持法教，或四處找上師求灌頂，大多求事業蒸蒸日上、求升官發財、求桃花、求工作順利、求高分通過考試、求家庭和樂、求諸事遂心等等，都是在世間事上打轉，為達世間目的，要讓自己更有權勢、更有名望、更有魅力、更有錢等等。

其實這樣學密也無可厚非，因為沒有很確實的引導，誤以為學密就是要有所求才是正統。即使初入門的法友也都認為要學大法，達到禪修時數後，要學大手印、大圓滿的頓超、立斷，認為四加行、五加行的前行小法完全不重要而予漠視，其實是大錯特錯！前行法才重要。吉天頌恭祖師說：「前行較於正行更深奧！」除非是像凌卿惹巴祖師那般上根利器，不然無人不需要四加行！史上每一位上師都必經四加行的淬煉，凡夫如我等，怎麼可能不需要四加行呢？

如果有志契入「圖當」而「想作佛」，真的在活著的今日就要勇猛努力了！不是有句話「少壯不努力，老大徒傷悲」？老大不見得會傷悲，但「臨終」徒傷悲或「中陰」徒傷悲，卻是萬分沮喪淒慘的。畢竟不是證得八地以上的菩薩，尚未證得業力自在，既然沒有業力自在，就要隨業投生。若是隨業投生，就算這一世沒有造作惡業，也難保前世、前前世或在某一世沒有造過惡業，萬一惡業成熟，無人可知彼時會飄蕩至何處。因此讓自己稍微有一點自主的把握，是必要的！

密宗又是如此殊勝，只要獲得上師給予心性引導，每天僅需做好「保任心性」這件事，觀修本尊、持誦咒語也是不離自己的心性。觀修、持誦皆屬於「昭分」的生起次第，生起次第與契入心性「空分的」圓滿次第，皆是心性的觀修，不可拆開而觀，故名「生圓雙修」或「生圓雙運」，即是所謂的「昭空不二」。雖然雙修、雙運在華人世界已淪為騙色的代名詞，但實際上確實是上述的蘊含。

顯教觀修「空分」的心性，但是沒有屬於「昭分」作用的生起次第，密宗則有「昭空不二」的生圓二種次第。應理解這是見地的差別。

空性有很多相關的名詞，像是基位光明、本初心、母光明、義理光明、般若波羅蜜，勝義諦、無分別念，或是大圓滿教法裡第四階段的「明覺達性」等等，在此統一名稱是「第一中陰光明」，即會是在臨終中陰出現大光明。也因為生前能做好準備，面對斷氣後種種認持的機會，所以密勒日巴尊者說：「非為死亡乃成就，行者得證小佛矣。」前文提過所謂得證小佛，是指有別於千佛示現在菩提樹下證悟成佛，不具備三十二相八十種好的莊嚴，但實際上是一樣的內涵，故而稱為「得證小佛」。

## ◇死亡是解脫成佛的良機

因此，對於真正在佛法中修持者來說，死亡是從輪迴解脫成佛的良機。平常若已有空性實相的修持，雖然母光明在臨終中陰階段一眨眼即消失無蹤，可是基位光明卻可以長時間的顯現以備認持；再加上中陰眾生的根器、反應又比在世時要靈敏千百倍（〈中陰說法〉以「如同水中皮筏，易於轉向」為喻），因此大可藉由認持而成佛。

假設未能夠契入第一臨終中陰而錯失母子光明相會，尚可解脫於第二法性光明中陰階段的清淨幻身；此時能聽、能聞，造業的迷惑幻相還未生起，神識能夠被導至任一方所，還可憑藉自己的力量證悟佛的果位，所以能因認持第二法性光明中陰而解脫。也就是藉著親見文武百尊或聽到聲音、看到光芒，得以認持自心光明而成佛。

心性即是「空分」與「昭分」，第一中陰是以證得「空分」而成法身佛，第二中陰是以證得「昭分」而成報身佛。「昭分」以空分的本色而顯各種形相，「空分」則是各種形相顯現的本質，故說「昭空不二」，所以證得法、報二身皆是成佛。若能於這時刻解脫，即似陽光出現同時，黑暗即刻消失，能以此道上的光明獲得解脫。上至修持者下至螻蟻蚊虻，都會出現如此的基位光明，差別只在於時間的長短以及能否認持而已。認持心性者一直到出定，亦即是「圖當」圓滿結束前，即使是三十幾度、四十度的炎炎夏日，大體也不會腐爛、發臭；而且在此階段，積資淨障的力量非常強大，能夠成就法身或報身佛。

「圖當」解除時，原本撞擊於心間一白一紅的紅白明點，也稱為「紅白菩提」，有時從上方的鼻孔流出；有時分別從上方的鼻孔及下方的密處流出，端看各自身體的構造、脈絡而定。

無法認持者，藏傳佛教說「心」、「氣」二者因為散亂而纏繞糾結無法區隔，再因紅白二明點撞擊的緣故，「心」「氣」會被困住，在臨終者的感受上，彷彿是天地互撞而合一了，霎時變得一片黑暗，因為過度驚嚇導致昏死。

在甦醒的當下，因為不知認持光明，紅白明點將再次各自上下移動。在彼時，神識將會隨著業氣煩惱而行，從身體的九孔（也稱九門）隨意飛遷而出；然而，究竟會從何處遷出，就由各自所造的業來決定。其實中陰的這種說法是很有邏輯的。

以上第四至第十偈歸納在臨終痛苦中陰的階段。接下來幾偈，把法性光明中陰與投生業之中陰二者混合而說。

伍

# 法性中陰

證取報身佛果位的關鍵時刻。自此開始將法性光明中陰、投生業之中陰二者混合而說。

神識若不住彼而遷徙，肚臍眉間囟門與耳鼻，
眼暨糞道尿道嘴九者，閉已區別一門祈加持。

## ◇三相逆序顯現

「若不住彼」是指方才在消融次第時，依序出現的顯、增、得三相，先「顯」再「增」後「得」消融，是為「順序」的消亡，因為八十條脈絡悉皆崩壞，明覺藉此完全開顯，神識卻錯過母子光明相會，也錯失認持昭分顯現報身佛的清淨幻身。倏忽間，因為未能認持法、報二身，三相將會再「逆序」的顯現，也就是反向的形成——先「得」再「增」後「顯」，於是進入投生業之中陰，復又生出愚癡七脈、貪欲四十條脈、瞋怒三十三條脈，八十條脈絡再度包覆明覺，此時的煩惱三毒又如同往昔了。

「若不住彼」意指錯過了母子光明相會，錯過了證得法身佛的機會之後，原本臨終時出現的顯相、增相、得相，是因本智氣不斷地增長而削弱業氣，導致地、水、火、風四大依序消融；消融過程裡，三十三條瞋怒脈絡、四十條貪欲脈絡與七條愚癡脈絡，連同臍、心、喉、頂等四輪也依序衰敗，直至脈、輪完全衰敗之前，本智氣無法徹底開顯。

不過，縱然於開顯之後，出現認持基位光明的機會，倘若之前並未經過**直指於本面**以及認**持臨終中陰**的準備，想要**子入母懷**是非常困難的。因此，錯過認持機會之後，原本消融的顯、增、

得三相，會再次「逆序」陸續顯現，也就是反向以得、增、顯的流程，死灰復燃的業氣，再把百年難得一次完全開顯的本智氣整個團團包覆了；再次被覆蓋的本智氣，以其在空性本即具備的力用，任運自成顯現出文武百尊。

其實，這有兩派的看法。主張不會顯現的一派認為，倘若生前從未聽聞大圓滿頓超或中陰文武百尊的法教，完全沒有可令其在心中顯現的習氣作為依據，何來顯現之說？或是即使有所聽聞，卻未能付諸實修，亦無法在中陰顯現，認為在任運自成境相的法性光明階段，僅會出現光芒或音聲，但無從具體顯現文武百尊，所以不承許顯現文武百尊。

主張顯現的一派認為，於剎那之間先顯現的五十八忿怒天尊，這時的忿怒天眾以身上衣飾、手中的標幟等為莊嚴，偕同多種的面相遍滿世間界；不是在唐卡看到僅一尊與自己面對面，而是遍滿整個虛空，其莊嚴、威猛的風貌姿態，即使是全世界上技藝超凡卓絕的畫師都無法臨摹畫出。

在亡者自身的感受，會看到整個世界都遍滿了忿怒尊。如前所述，忿怒尊自帶背景音樂而非靜音模式，以法性本音而聲吼如千雷同響震徹十方，難以思議的各色強光、兵器等降如暴雨一樣，全然現出無量恐怖的境象。對於亡靈來說，因為不認得是何方神聖而茫然無知，或不記得是哪位天尊而驚懼不已，以此極度恐懼而昏死。再次醒來時，出現伴隨著耀眼的彩虹光芒，且顯現出廣大、周遍、威嚴、俊美、無邊際的寂靜的四十二尊。

## ◇認持文武百尊的要訣

曾有人問：「不是先顯現寂靜尊，再顯現忿怒尊嗎？為什麼這裡是顛倒而說呢？」其實先寂靜後忿怒或先忿怒後寂靜，各派、各伏藏的說法不一，亦是眾祖師各自的主張，不是我可置喙。持平而論，寂怒二相誰先出現都不是重點。關鍵在於，若能認持，如何顯現皆可以認持而成佛；若不能認持，寂靜先現或後現實並無差別，重點是亡靈自身要有能力認持。

認持的要訣在於：生前熟悉觀修普明三昧，普明三昧就是悲心。除了生前觀修悲心之外，還必須能夠掌握所觀修的本尊威采；這是指能了知所有聖眾，無論是單身或雙身相，無論有眾多的眷屬或僅是單身天尊，要確知這些境相都是自心佛性功德之外顯，秉持縱現一尊、百尊、千尊乃至萬尊皆為同一體性的決定信解。

平常秉持如是透徹的理解而觀修，習慣成自然，因此在中陰階段出現彼等聖眾時，絕不會被光彩炫目的外境所迷惑，確實了知，一切清淨或汙穢的外境，皆是源自於同一體性，如藏文版《心經》所云：「無有汙垢，無有離垢。」萬象悉與自心無二無別。若於當下具備此等認知，絕對能夠契入而得證昭分，成就圓滿報身佛了！

若能成就報身佛，中陰到此即止，不會再顯現下一個「業之中陰」（或稱投生中陰），在此階段就成佛了。成就報身佛與成就法身佛，其實沒什麼差別，二者皆是成佛，甚為殊勝稀有，只要能予認持即可。說起來非常容易。然而要能這樣的了知而認持，須以畢生的精力去熟悉，「養兵千日，用在一時」，一輩子的努力，就為了這短暫不到一剎那的時刻，僅需掌握住這關鍵的一剎那，即是徹底的解脫而能成辦自他二利了。

這也是為什麼，住山瑜伽士們能完全捨棄此生的名利、衣食、供養，而讓自己潛心苦修的主因。是因為知曉付出這一點點的犧牲非常值得，以此不但令自己永斷輪迴之流，並可以悲心恆常解脫他人，所以瑜伽士能夠閉關好幾十年而潛修。倘若不明白這樣的利益，當然會認為，人生苦短幾十年，不趁機享受，反讓自己更吃苦，吃不好穿不暖睡不飽的修行，簡直愚笨至極！這就是在認知上的差別了，端看是否願意為了最大利益而付出罷了。

在此法性中陰階段的亡者，因為法性力或說原本法界力量的緣故，會出現五神通，包含天眼通、天耳通、神變通、他心通與宿命通等神通；也會出現六隨念，隨念是指憶念：隨念起本尊、隨念起上師引導的見地、隨念起道（憶起所修持過的法門）、隨念起生處（憶起下一世出生的地方），隨念起禪定，隨念起上師竅訣。前提是先前必得曾經學習過，如若曾聞、思、修，擁有過，都會一一憶念。

據說還有所謂過目、過耳不忘的「不忘總持陀羅尼」，能像阿難尊者恆持三昧等，皆會自然顯現；即使在生前，對於佛法一竅不通，卻能在這時將八萬四千法門全然顯現於自心續中。

總之，若能在緊要時刻，憶起針對彼時所需的要點，亦即應時的口訣，必定能於此中解脫。

## 業之中陰

萬一再次錯失了法性中陰，也就是證悟報身佛的機會，等於皆已錯失認持臨終中陰、法性中陰兩種階段的法身佛、報身佛，神識將從九門遷出而與身體分離，繼而開始「業之中陰」。

另一說是，無法認持臨終中陰階段的法身之後，神識將會從九門的任一門遷離，此時將會進入到寂靜和忿怒諸尊顯現的狀態。

雖有證悟報身佛在神識遷離九門前、後的兩種不同說法，其實個人認為，哪一種說法都不要緊，重點在於自己是否做好準備，若能確實認持，前後順序都無所謂。

上次沒有講到九門。為什麼會從九門出去？因為九門是神識原本就熟悉的出口，且由業力深淺的不同，自然而然浮現從其中任何一門遷移的思惟。倒是對於修行者來說，因為要成佛或往生淨土，在法性中陰階段，應該關閉九門。所以最後一句：「閉已區別一門祈加持」，這一門就是大手印門，也就是從昭空不二門飛遷而出。昭空不二門就是梵穴，若從梵穴遷出，必得解脫。

## ◇觀修〈破瓦〉須知

以此之故，〈破瓦〉十分重要，但是〈破瓦〉也不是僅有一般認為的「呸」音而已，口中喊「呸」僅是法身破瓦、報身破瓦與化身破瓦等數種選擇之一。化身破瓦就是眾人所理解的「呸」，開頂時插根吉祥草的那種，稱為化身破瓦；但實際上，真正的〈破瓦〉並非僅是唸「呸」而已，「呸」只是斬斷妄念的一種方法，最主要的是自己生前的觀修。

在世時觀修〈破瓦〉確實是會折壽，這是沒有懸念的，也因此在每次練習之後，必得觀誦長壽佛的心咒來調節自己的壽命。何以如是說呢？因為觀修〈破瓦〉的過程中，在梵穴會出黃水、會癢、會腫痛，出黃水、腫痛，就代表修成了。但是如果沒有修誦長壽心咒，基本上，修成的同時壽命也縮短了一些，縮短多少不清楚，但是肯定會減壽，所以必得觀誦長壽佛心咒來延續壽命。

如若能於四加行，觀誦百字明咒而進行「甘露降淨」觀想，將與觀修〈破瓦〉有異曲同工之妙，一樣以梵穴為道，一樣在頭頂出黃水，證明道路可以被開通的。曾有抽菸習慣的人，更須觀修「甘露降淨」，雖然在醫學上所說的尼古丁對肺部造成怎麼樣的影響，那是其中一種說法。

在引導中陰時，或所謂的《破瓦引導》裡，蓮花生大士告誡不得抽菸，因為菸葉據說是魔女的月經所成，魔最不願意眾生從輪迴解脫，眾生滯留輪迴，方可擁有眾多眷屬，因此以菸擋梵穴，讓吸菸者不得解脫。因此，抽菸或許是世間的享樂，卻是修行解脫很大的危害；抽菸會阻塞梵穴，之前抽過菸的，雖然戒菸了，但因抽菸而造成的堵塞，更應藉由「甘露降淨」來疏通。至於吸二手菸是否會造成堵塞，就不清楚了，總之避免去抽菸的場所是較安心的。因為菸確實是非常的傷身，也有損佛性的展現，一定要避而遠之。

「甘露降淨」是真的好處連連，以觀誦金剛薩埵的方法，並非拿工具刻意鑿通自己的梵穴。在完全不碰觸梵穴的前提下，單單是以觀想「甘露降淨」的方式，就可以淨化罪障，而出現打通梵穴的兆相，連帶的因為抽菸所產生的汙垢、穢氣，也一同被淨化，但能不能淨化肺部的尼古丁就不得而知了。

請求上師幫忙修〈破瓦〉開頂、插吉祥草，並不保證必可往生淨土，除非確定那位幫忙插吉祥草的上師在自己往生時，能來到床榻邊，再一次幫自己觀修〈破瓦〉，這樣就可以一輩子都不必擔心，死到臨頭也是請上師把自己的神識從梵穴飛遷而出，度至淨土即可。

但假若無法確定，開頂的上師能否在自己往生時給予引導，建議還是自己觀修〈破瓦〉，修到成功開頂，才是萬無一失的。一旦開了頂，一年約需練習一次，維持路徑暢通就可以了。因為已經確知往生的路線，臨終時，在地、水、火、風消融境相出現後，知曉時候已至，即可為自己觀修〈破瓦〉飛遷至淨土。

〈破瓦〉應該也不是僅讓身心分離，〈法身破瓦〉和〈報身破瓦〉一樣是入定，這不是說讓身體變得與屍體一樣，因為藏傳佛教很多自己修持〈破瓦〉的上師，自修〈破瓦〉後，死後住於圖當，那應屬於法身或報身的〈破瓦〉，與一般的理解不盡相同。以寺院的往例，若有人重病即將過世，僧人不會去臨終助念，是在接獲確定已斷氣的通知後才去誦經，誦經到末尾即修〈破瓦〉，確定亡者的心識與〈破瓦〉所觀修的淨土教主合而為一，例如阿彌陀佛、不動佛……等等，以此而飛遷往生。

以上乃是有關於〈破瓦〉的認知，如果有意願以〈破瓦〉離世，應當自己觀修〈破瓦〉，千萬不要自詡已被某某上師開頂、插草，而耽誤自己的解脫機會！因為，若從未了解要怎麼開門，在死時的一片黑暗裡，只能在本即不熟悉的地方胡亂衝撞，最後只好糊裡糊塗地從九門的任一門出去了。

如同夢境由自心所顯，錯失「臨終中陰」的神識即會進入「法性中陰」，又稱「任運自成中陰」。較為普遍的說法是：因為心性覺知作用自顯的緣故，文武百尊定會顯現，於剎那間，先示現忿怒的五十八尊，飲血忿怒的天眾各具不同的衣飾、手中的標幟（或法器）作為莊嚴，偕同多種面相、姿態遍滿世間界，因為此時尚處在法性光明中陰階段。「法性本音」如同千雷震天撼地般，光芒、兵器降如雨般遍降大地，天地間顯現著豐盛飽滿詭譎的景象！

## ◇皈依自明

何以稱為「任運自成」？〈中陰祈願文〉強調此階段要「皈依自明」（自我的覺性）。在法性光明中陰階段出現文武百尊、光芒、聲音等，並非由誰所特別創造，而是心性「昭分」的自然作用。皈依自明是因為自明本即具備佛、法、僧三寶，何以見得？在《本智成就續》偈文：「得淨遠離心為佛」，自心佛性本即清淨，僅是驟然遭無明障蔽而生煩惱、所知二障。佛除了「體性本淨」，在事相上也遠離了煩惱、所知二障而得「驟然垢淨」，以獲得二種清淨而成佛；眾生僅有體性本淨，煩惱、所知二障尚未清淨。所以「得淨」且「遠離人、法二種執著」的心性、明覺即是佛。

猶如密續說「不變無垢是為法」，心性原本即如是而永無變遷，三世諸佛齊聚放光加持，不會使心性變得更好；全宇宙的鬼魔以種種的兵器加以破壞，心性亦無絲毫毀損，故說「不變」。無垢之心性原本即無五毒煩惱汙垢，縱使久遠劫來浮沉於輪迴大海，自始至終不染汙垢，確如龍樹菩薩所喻：「一如深埋地底的清泉，雖然被層層泥土覆蓋，卻從來不會被塵土所染汙。」八萬四千法門本質即是無垢的真理，法的特質是前善、中善、後善，法的起首入於佛門，轉心向法是前善；修持過程，障蔽漸除，福德增長是中善；修持之後，獲得解脫，自利利他是後善，故說「不變無垢是為法」。

「功德普圓」意謂心性全然具足佛身、佛剎的功德，例如，五十八尊飲血忿怒尊的標幟、四十二寂靜尊的威采全然具足，不假任何造物主創造，自心本性的功德普遍圓滿而不可思議，此等功德皆由具足二淨、遠離二執、無所變異、無染汙垢的「昭空不二」自心而來，以此圓滿具足種種功德的特質。僧伽亦是奉行佛說諸種學處而為僧，故說：「功德普圓即僧伽」。

以究竟了義而言，佛、法、僧三寶就是心性，「是故自心性最勝！」因此，若能被指引心性，通達佛、法、僧三寶實即心性之全然展現，以安住自心為最最關鍵的奉行佛敕，「是故自心性最勝！」亦即是「自淨其意，是諸佛教」，即此一切皆足夠矣！

恐怖境相顯現時，不是來自他方的鬼祟現身騷擾，無非僅是自己心念的投射。秉持佛教「萬法由心顯，一切皆虛幻」的理解，即可看清類佛外道似是而非的理論，與佛教有著很微細而關鍵的區別。比方說，台灣某些宗教團體所謂的跑靈山，他們會到某個地方，聲稱這是幾百世以前的什麼什麼靈，要收回來，那邊一個靈，這邊一個靈，收了好多的靈到自己的體內，可能是壯大聲勢或增強靈力。但是若能清楚明瞭佛教的核心見地，即可理解，為什麼藏傳佛教自稱「內道」，而把非佛統稱「外道」（漢地雖未見「內道」之稱謂，但是佛教的核心價值始終是「往內心求法」的「內道」）。

內道佛教真正的見地是：承許一切有情心續中，本即自性清淨無變的如來藏。如來藏是一切法的究竟實相，何時能認持、了悟一切法的究竟實相，彼時即說是佛陀果位，屆時，即無主客、自他諸相的區分。

不過，不是在現今的道上階段宣稱沒有我、沒有眾生、無須布施、無須持戒……在道上學習的階段皆須循序學習；然而，道上學習的階段中，並非一味執實、執相，是與「證得無我般若」

圓融而行，直至某時得證諸法究竟實相時，前文所述那些自他諸相等迷亂的事物，自然盡可完全棄捨。

## 聖地是內心功德顯現

因為學佛並非向外尋求，而是往內心求法，故說佛教是內道；不向內心求法的宗教，統稱外道，只要是說神明住在某某地，那都是外道。

有人會問：「不對啊！印度不是有佛教八大聖地？中國不是有佛教四大名山？不都是說佛住在彼地嗎？」假如真的以為就在彼地，那就錯了。其實也不僅有中國的四大名山，在印度、尼泊爾、西藏等地，還有所謂的勝樂金剛的二十四境、三十二處等聖地。比方說，密續中開示，印度北方的固魯山是勝樂金剛的膝蓋，德威果乍是勝樂金剛的眼睛，巴基斯坦是右耳，喜馬拉雅山就是勝樂金剛的跨間等等，確實皆是有根據的說法。

再問：「佛教還不是一樣向外求法！聖地還不是一樣在外面！」確實，如果單以名詞看來，會以為聖地在外而非心顯。其實是指內心的功德顯現為勝樂金剛，勝樂金剛的形象投射於外時，會以某些聖地、聖山代表其軀體的某部分；但是，並非彼聖地真有勝樂金剛實體的眼、耳、膝、腿等，不然天尊的聖身好像被分屍了，一塊在這邊、一塊在那邊！佛性昭空而周遍，無所不在的佛性顯現為勝樂金剛或其他佛菩薩的形象時，此形象會在世界的某處作為勝樂金剛或其他佛菩薩的表徵。

因此，朝聖時，「去五台山拜文殊」，「去九華山拜地藏」，「去普陀山拜觀音」，世人大多抱持這種想法，但若問朝聖的人，在普陀山是否看到觀音？在五台山有否看到文殊？答案是沒有看到！為什麼看不到？因為自心根本沒有受過任何的鍛鍊，從未挖掘自己內心的寶藏，對於「自心體性為『空』，本色『昭』亮能顯諸相」的見地，從未有任何的理解、思辨，更別說開挖了！到聖地就是虔誠地燒燒香、拜拜佛、誦誦經，想著「到此朝聖了，得到佛菩薩的加持了」，這是良好的朝聖行；再次等的是去擺個姿勢照個相，刻上某某某到此一遊的名字。

## 兩種方式朝聖

其實，這都錯失了朝聖的意義。真正的朝聖有兩種方式，一是在「心性昭空」的觀修有一定程度的契入，正因為契入昭空的心性，了悟到每一個聖地皆是心性昭空不二的功德外顯，所以朝拜聖地時，自然而然就會看到（或感應）與自己證悟程度相符的聖地聖況。

一如岡波巴的傳記裡所載，岡波巴與姪子楚寧二位在拉薩大昭寺時，岡波巴問姪子說：「你在這裡看到了什麼？」姪子答：「看到覺沃佛、其他佛像等等，就像大家看到的那樣子。」岡波巴說：「我看到的不是這樣，我看到的是密集金剛（或喜金剛）的壇城。」您的姪子聽了很是羨慕問：「我是否也可以看到呢？」岡波巴淡然道：「只要虔誠的祈請就可以了。」於是，姪子一心虔誠的祈請，果真在大昭寺看到天尊壇城，主尊密集金剛即是岡波巴大師，他自己也是其中的一尊眷屬。原來，大昭寺不僅是肉眼所見的大昭寺而已，也是天尊的壇城。所謂「清淨相」即是業障清淨、資糧具足時所顯現出的境相。

第二種方法是秉持「生圓二次第」的確實理解，在昭空不二的狀態裡，顯現為本尊而持誦心咒。比方說，若是想去普陀山朝聖，事先如理如法圓滿幾百萬、幾千萬遍或一億遍的六字大明咒再去朝聖，相信看到的普陀山，不會僅是現在要收門票的普陀山，而是看到不一樣的觀音淨土顯現在自己的眼前——因為確實與心性實相契合了，所謂「心性俱時生起乃法身，境相俱時生起法身光」，心性光芒自會顯現真正的觀音，或起碼是不一樣的淨土相。

朝聖很好，但是如果不懂這些見解，朝聖就是走一下路，鍛鍊一下身體，也累積一些資糧的善行，畢竟會供佛、點燈、繞塔、持咒、諷誦、憶持、諦聽、思惟，然而，僅此而已，不會出現不一樣的際遇。

據聞去五台山朝聖，文殊菩薩以願力之故定會示現，但絕不會是已知的手持經書、慧劍的固有形象，會是自己很不以為然、意料之外的另類樣貌，讓朝聖者見上一面。文殊菩薩從未被拆穿其真面目，參訪過五台山的人應該都見過文殊菩薩，只是局限於既定的外貌身形，與菩薩擦肩而過，自己卻無知覺罷了！並非菩薩刻意隱藏身分，只是眾生業障深重無法得見真身罷了。

為什麼在五台山親謁文殊菩薩就要驚訝萬分，無法得見就沮喪不已呢？其實，假若福德不足，業障未清，信心亦不具足，即使聖尊在前，也僅能視若無睹。如同集市上的人群看不見無著菩薩肩上的彌勒菩薩一樣，蓮師、文殊菩薩、彌勒菩薩，我等一再失之交臂。

## 巴楚仁波切的訪客

《普賢上師言教集》的作者巴楚仁波切，既精通佛學又有實修成就，是近代一位不可多得的殊勝上師。一天，巴楚仁波切向營地裡同住的人交代，他正在等待一位非常重要的賓客，預計在當天稍晚時分到訪。巴楚仁波切叮囑大家，為了接待這位特別的訪客，必須確保完美的流程，因此，每個弟子皆盡力準備著。

當天下午，巴楚仁波切的營地果真來了訪客。看起來是個衣衫破爛、長髮雜亂、行為粗魯的乞丐，這名流浪漢的脖子上戴著一串前所未見的項鍊，那是一串由舊靴子鞋底皮所串成的裝飾品。巴楚仁波切一見到這名奇怪的乞丐，當即毫不猶豫地朝他行大禮拜，並且恭敬地以頭頂碰觸這名邋遢訪客的不潔雙腳。在場的人全都目瞪口呆，一句話也說不出來，除了巴楚仁波切，沒有任何人禮敬這名乞丐，更遑論向他行大禮拜。

巴楚仁波切謙和有禮地帶領乞丐進入主帳篷，並囑咐弟子們，不可讓任何人進來，接著便放下帳篷帷幕。這時從帳篷裡傳來進行薈供的聲音，巴楚仁波切唱著迎請蓮師之曲：

「吽！顯兮！蓮花生尊空行聚，鑒兮！十方三世善逝眾，大至尊師蓮華顱鬘力，祈自持明空行地降臨！」

倏忽間，一股不可思議且如薰香的甜美氣味，從帳篷裡飄出來。有一些僧人忍不住好奇心，掀開帳篷帷幕的一角往裡頭窺探。眼前景象令他們震驚無比——帳篷裡的巴楚仁波切正在進行薈供儀式，然而跟巴楚仁波切在一起的，不僅是那一位衣衫襤褸、滿面鬍腮的奇怪乞丐，而是有八位行裝各異的賓客。

薈供結束後，巴楚仁波切走出帳篷，和他一起走出來的卻只有原先那名脖子上戴著靴皮項鍊的流浪漢。巴楚仁波切恭敬地護送這名不尋常訪客，一直到鄰近山口，佇立良久目送乞丐離遠去。

仁波切返回營地後，弟子們急著詢問這名外貌粗鄙、舉止莽撞客人的身分。

「你們既然看得到您，表示一定有積聚些微資糧；然而，看得到卻僅看成乞丐，顯然也有些惡業障蔽。」巴楚仁波切說。

「事實上，那是多傑卓洛（威怒金剛）天尊！」

接著，巴楚仁波切似乎又想起什麼，補充道：

「還有啊，其他所有蓮師的化身也都應邀前來了，蓮師八變都到齊了！」

其實這也沒什麼好驚訝的，自己每天與心性佛、法、僧一同行住坐臥，吃睡都在一起，雖從未照面，也不覺得驚訝！若是這樣就要沮喪，從未見過自己內心的佛，更應要每天扼腕搥胸了啊！

## 驚駭指數超勝好萊塢

回到「任運自成中陰」，「法性本音」即如千雷同響、漫天蓋地而來，眾多挺拔巨大的忿怒天尊屹立空中，光芒、兵器降如暴雨，同時顯現無量豐盈壯烈、勢不可擋的景象，彼時將因極度驚懼、無法認持而昏死！各位可能會質疑，任運自成中陰的顯相，真的會比好萊塢電影更為氣勢磅礴嗎？

寺院裡的一位老喇嘛，是敝寺的阿闍黎，地位崇高。您曾在閒聊時提到，十七、十八歲在藏地祖寺的道具室（專門置放金剛舞配戴的帽子、面具、衣服道具的房間）看過護法神，您雖不確定是哪一尊護法神，但從其武將盔甲裝扮推斷，肯定不是儀軌中的大護法神，應僅是一般護法神而已！無意間一瞥，其所展現的英挺豪壯的風采、自然散發的萬丈威光，不單單是唐卡所畫的那樣而已，只見那尊護法神目視前方直挺威武而坐，全身散發威勇壯烈的氣場！

老喇嘛回憶起當時自己受其威光所懾服，全身毛孔驚悚豎立、頭皮發麻，嚇得全身輕飄飄的，完全不記得是怎麼走回自己的寮房。回房後，向室友結結巴巴說了這電光石火的一瞥，室友聽了饒有興致，拉著他就要起身出門去獵「神」，驚魂未定的他連聲拒絕，並制止室友前去！因為超乎常態的悍勇神威、刀鋒所向無人能擋的氣勢威猛至極，不忍再視！

試想，僅一尊名不見經傳的護法神，就足以讓人望而生畏、聞風喪膽，以此類推，在法性中陰階段，是五十八尊偕同其無量眷屬，散發出耀眼難以直視的光芒，復以自帶 BGM 排場的千雷同響、以雷霆萬鈞之勢登場，要如何去認持啊？這是細思極恐的一件事！

## 悲心就是竅訣

認持的要訣在於生前所觀修的「普明三昧」，也就是悲心。很多人會認為：「為何需要觀修悲心？我就是要累積咒數、圓滿咒語！」「為什麼對眾生觀修悲心？對眾生修悲心有什麼好處？那些人那麼自私貪利，一心要掌控局勢，滿腦子想要億萬財產，一切要聽他的，一不遂意就大發雷霆，既霸道又跋扈，對人又刻薄猜忌，我才不要對他們修悲心！」

其實，正是因為眾生執幻為實，為了得到一己的快樂，排擠、掠奪他人，造下數不清的惡業，才需要對他們觀修悲心；並且，對別人修悲心就是對自己修悲心，是千真萬確的，因為修悲心方可認持文武百尊。若想要認持文武百尊，卻沒有空暇唸誦文武百尊的咒語亦無妨，確實觀修悲心就足以認持了。

但不是單單修悲心或僅觀修數次、數日而已，安住在空朗無邊的空性，契入昭然無阻的狀態裡，對三界六道曾為我母的有情生起悲心，必須有所串習。確實對悲心有串習了，體悟到我等生生世世自無始輪迴沉浮於三界六道，其中所取的各種身體，在數量上無有邊際。三界中的一切眾生流盪時，未有不曾為自己的母親，曾為我母的次數並非單次，而是一而再三的為母；在彼時，如同此世的母親以關愛之心、慈愛之眼、珍愛之衣，食、財眷顧，不斷地辛勤守護，實在恩惠廣大！

彼眾無論如何費盡心思、耗盡全力追求快樂，卻是用錯方法手段，損人不利己，徒然多行十惡，更轉惡趣。能夠熟悉於悲心的生起，就可以了知聖眾聚集的境相，其實就是自心佛性所顯，僅僅是因為度眾的方便，而自同一體性隨機應化種種不同的形象，只要能夠確知「對境的佛」與「我的自心」是同一體性，即得合而為一，當下成就報身佛。多麼簡單的一件事情！

出現眾多聖尊時，也不用刻意去認持，所謂的認持中陰的文武百尊，並非要一一仔細看清楚，「喔！這是不動佛，那是阿彌陀佛⋯⋯」無需如此，誰出來都一樣，同時來一百尊也沒有關係！只要確知與我的自心體性無二無別，即此安然而住就成佛了。

## ◇法性力

講起來似乎很容易，然而知易行難；但實際上無邊祖師眾確實因得證「昭分」而成就報身佛，此即是所謂的法性中陰。錯失了臨終中陰認持法身佛之後，法性中陰或稱任運自成境相，可以如是的認持。這時因為法性力的緣故，會出現「五神通」，會有天眼、天耳、神變、他心通以及宿命通。「法性」就是自然而然、本即如是存在的屬性，如同播種，種子自會發芽成長茁壯，那就是「法性力」。觀修了悲心，在法性中陰即可契入文武百尊，也是源於法性力。

因為法性力的緣故，此時也會有「六隨念」：隨念本尊、隨念見地、隨念道、隨念生處、隨念禪定、隨念上師竅訣，並有「不忘總持陀羅尼」的能力。那時可以比肩阿難尊者，任何法教只要過耳即不忘卻，「恆時三昧」也會自然顯現。

不過，雖然具備種種夢寐以求的力量，懂不懂得運用又是另外一回事。更奇妙的是，在此階段，無論過去對於佛經多麼愚昧無知、排斥抗拒，無論自己博學多聞與否，此時，八萬四千法門自會在心續中全然顯現。因為佛講的八萬四千法門並不是胡亂編造或杜撰的，本來就是由如來藏自然流露，而以語言為載具；一旦自心與佛心無二無別時，心中也會自然地顯現出與佛宣講的八萬四千法門毫無差別的內容。

為什麼佛經那麼重要？我等凡夫如若可以契入光明，成就法身佛、報身佛，是因為以文字、語言為憑藉，聽了佛經的內容而得臻昭空不二的境界，佛經的文字與語言就是恩師。我曾聽過有些人認為，家中佛像高度不夠，會把佛經當作底座墊高佛像。千萬別做這種事情，如果這樣做，佛像裡絕對不會安住天尊，因為佛不會坐在佛經上面！怎麼可以僭越自己的恩師，踩著、坐著祂而得證佛果？那是不可能的！所以一定要明白，在世俗諦上，佛經絕對大過於佛像。

在臨終、法性二種中陰階段，昭空二分會全然顯現，如果平日善加保任練習，也很幸運的，中陰恰好應機憶起上師給予的口訣，一定可以解脫的。假若未能憶起口訣，錯失了中陰的兩種階段，或說臨終中陰與法性中陰的兩種階段，神識將會從九孔（或九門）與身體分離，此時就開始出現那些奇幻詭譎的境相了。

## 第12偈

欲色無色夜叉人非人，人暨畜生地獄與餓鬼，
投生生門閉已空行中，勇父空行迎接祈加持。

### ◇竹巴三猛咒

〈竹巴三猛咒〉：「一切無需求，任一切來，隨其任意去。」竹巴噶舉開山祖師臧巴甲惹為什麼講〈竹巴三猛咒〉？一般的觀念會認為，咒語必須像「嗡木 阿吽 北雜兒 古汝 悲瑪斯衣地吽」、「嗡木 阿拉 巴紮那底」或「嗡木 嘛呢 悲咪吽」……等等，認為梵音才是咒語。但此〈三猛咒〉，無論以中文或藏文的角度來看，都不像是咒語，怎麼會是咒呢？無法符合普遍認知的咒語概念。但臧巴甲惹祖師說這是咒語，既然祖師認定是咒語，竹巴噶舉的弟子就應該時常地把這十四個字憶念在心且常常唸誦。

藏文的第一句：「基江古巴梅」——「一切無需求」。第二句：「既洪瓦兒休」——「任一切來」。第三句：「扛大兒 卓哪頌」——「隨其任意去」。這是藏文發音與中文意譯，可隨意而念。

**出離心**

第一句「一切無需求」講的是密乘一再強調的「出離心」，所有密法必須構築在最基礎的

出離心上。「三界火宅」[70]中輪迴一切皆痛苦，按照佛經所說，輪迴如羅剎女洲、毒蛇坑，是痛苦的深淵；下定決心要從所有的苦痛中獲得解脫，即是出離心。經過如是的理解，不但這一生所享用的一丁點財富、幸福皆非恆常，即使是人天的廣大福報，也像是南柯一夢、黃粱一夢，縱然夢中快樂無比，醒來就煙消雲散，獨留惆悵了。

死亡就更不用說了，一旦斷氣，萬事成空。其實也無須說到死亡，每晚睡著時，白天所擁有的一切都無可掌握而不存在了，即使枕邊躺著的是最愛的人，再怎麼相愛也是同床異夢，不會是一樣的夢境；再珍惜的財物，眼睛闔上即是無法擁有。睡著是如此，死了更是這樣。因此，透過這樣的觀察、思惟，明瞭實際無一物可執著，心中逐漸會出現「一切無需求」的想法。

觀修出離心，明白輪迴諸事既然皆非恆常而虛無飄渺，那還有什麼好需求的？所以第一句不是字面上所看到的，這個東西我不要，那個物品我也不要，什麼都不要，這裡是指理解到輪迴的虛幻、痛苦而無戀著，故而「一切無需求」，臧巴甲惹如是諭示。

## 菩提心

第二句「任一切來」是指密法的第二層基礎——菩提心，什麼意思呢？安住在「利益眾生之故願成佛」的心態時，出現任何的挫折、打擊，任何的逆緣、魔障，好啊！藉此報答曾為我母之恩，完全敞開心胸概括承受[71]，什麼樣的傷害都好，都來吧！這是「任一切來」的意思。

70 「三界火宅喻」出自《法華經》。

71 〈緣相自解脫之歌－所顯等味之口訣〉：「行持利他瑜伽士，苦痛乃心之大莊嚴，當明瞭苦痛之自性，承擔乃菩提心之發揮，此緣相自解脫翩翩起，此隨顯法身響咚咚。」

## 持正見

第三句「隨其任意去」，是指正見，正確的見地，這與〈三句擊要〉強調的見地「直指於本面」是相同的意思。安住時，察覺念頭蠢動也好，是一念不生也罷，如何變化隨他去，自己就是安住在原本的見地上，除了安住之外，再無他事。念頭、境相要去任憑他去，要如何變化任由其變化，僅以持守心性分際隨顯而住，其餘與心性無關者隨其任意去！「隨其任意去」是此意。

其實按照漢字的文法，似乎應該要譯成十五個字比較工整，但是因為藏文的字數是十四個字，就不恣意擅改了，第二句是「任一切來」四個字。

若能理解「一切無需求，任一切來，隨其任意去」，其實對修行是極為受用的。以出離心，無須逢人遇事，錙銖必較；以菩提心，悲憫有情眾生，助人而樂，承擔苦痛、逆緣；以空性見地，故而心長安穩喜樂，見世間如夢如幻而不執著，即使尚未解脫輪迴，至少不會得憂鬱症。

## 投生九門

第十二偈：「欲色無色夜叉人非人，人暨畜生地獄與餓鬼，投生生門閉已空行中，勇父空行迎接祈加持。」

此偈第三句的「空行」，不是一般所表徵的空行母，「空行」是「空」中所「行」，指的是剎土、淨土的意思——祈請上師加持關閉投生三界的生門已，勇父、空行母悉皆現身，迎接自已到空中的剎土。要理解剎土分為「空行」和「地行」，亦即在地上的剎土與在空中的剎土，勇父、空行眾所在地點雖有所差別，然而皆是清淨剎土。

此偈的意思呼應上一偈，死後神識從九門的任一門遷出，即對應著此偈所示之地。九門分別代表著三界六道的去處，神識若從囟門遷出（髮際算起四根手指頭寬的位置，是嬰兒腦門最後的封閉點），即是投生到無色界的四無邊天：空無邊、識無邊、無所有處、非想非非想等四處。

九門出處較於漢人耳熟能詳的「頂聖眼生天，人心餓鬼腹，畜生膝蓋離，地獄腳板出」的籠統說法，有更精細的區別說明。頂部是頭頂的囟門，然而從頂而出，並不一定是聖，雖然天界也有所謂的聖人所在之地，例如淨居天、兜率天的兜率內院，但實際上，從囟門而出是到無色界的四邊天，並不是到欲界的兜率天，也不是到色界的淨居天。

無色界是沒有色相的天人，投生到無色界不能學習佛法，是沒有意義的。「肚臍眉間囟門與耳鼻，眼暨糞道尿道嘴九者」，以九處加以區別。德頌仁波切說過這二偈可以互相對應，唯有一個地方兜不攏，現在就一一來解說。

無色界是從囟門遷出，若從眉間遷出，對應的是色界十七天。若問：「如何知道神識是從哪邊出去？」等往生者身體全涼了之後，觀察最後的溫熱所停之處，就代表投生的去處。

若從肚臍遷出，肚臍一般說是投生至餓鬼，然而，在「中陰法教」云「臍間出，至欲界六天」，最後的溫熱若是停在肚臍，即是投生至欲界六天。

若是溫熱最後停在雙耳任何一邊遷出，皆是人非人。人非人也是眾生之一，其實人非人是兩個問號，「有形的人耶？無形的非人耶？」即是無法界定種類的某種眾生。

若從鼻孔遷出，即將生為夜叉一類，夜叉和藥叉是同樣的，例如財神、藥師佛座前的十二藥叉神將，或是眾多護法神也是夜叉一類。

若從雙眼遷出，則將生而為人，漢傳講眼生天，但在藏傳不講眼生天，若從眼睛遷出，則生而為人。

若從嘴巴遷出，假設就「中陰法教」而言，從嘴巴遷出較從尿道遷出更不好，嘴巴遷出是投生餓鬼，從尿道遷出是投生於畜生。糞道一定是最糟糕的，投生於地獄。

雖說從雙眼遷出是投生為人，但並非生於可以學習佛法的家庭，或許投生富有家族，也許亦可長得俊美，坐擁人間的榮華富貴，但無法入於佛法聞思。神識唯有從頭頂的梵穴遷出是解脫門，方能生於淨土。

另一種說法是，腰部以下就是墮入三惡趣，腰部以上就是趣向善道，所以有多種不同的說法，沒辦法一概而論。

## ◇阻斷九門開一門

該怎麼阻斷九門呢？例如在敏就多傑伏藏師的《天法》裡，觀想「舍」字像貼布一樣貼住九門，除了梵穴無法經由它門遷出，唯一以「吽」讓自己「呸」而飛遷而出，這是天法的傳規；《那若六法》的〈破瓦〉是把「舍」字改為「吽」字，用「吽」字蓋住九門。

再如同此偈所云：「勇父空行迎接祈加持」，祈請傳承祖師、上師賜予加持，得以親見勇父、空行聖眾前來迎接自己到空行剎土[72]。

72 請留意第三、四句的「空行」是不同的意涵。

有關〈破瓦〉也都是要各位請求上師再仔細教導，我僅是概略地介紹一下。

有偈云：「關閉九門開一門，一門即大手印門。」所以「閉己區別一門祈加持」的「區別一門」就是大手印門，從大手印門遷出方能獲得解脫。

因此，觀修〈破瓦〉十分重要，但是寄望別人真的不可靠！拜託他人幫自己開頂，這件事不是台灣人獨有的福利，也不是拿來騙台灣人的，藏傳佛教確實有這樣的事情。

安江長老曾說，曲雷長老尚在世時，您與兩位瑜伽士一同恭請曲雷長老為您們開頂，曲雷長老滿口應允。於是三人虔誠坐著，等待開頂。

曲雷長老立當即唸誦儀軌，三人也隨著儀軌內容而觀想，只見曲雷長老祈請、觀想後，發出「呸」音後，問三人說：「破瓦成功了嗎？」三人你看看我、我看看你，據實稟告：「沒有。」

「哦呀～」曲雷長老又從頭開始唸誦、祈請、觀想後：「呸～」長老又問：「成功了嗎？」三人面面相覷、低聲稟告：「好像沒有～」長老點點頭再次開始祈請、觀想，在「呸～」聲之後，再看看坐在地上三人茫然的表情，自己就哈哈大笑了，那次的開頂就這樣不了了之了。

因少年的我提出要請安江長老直接幫我〈破瓦〉開頂，勾起長老回憶，這才說出此陳年往事，主要是想讓我明白，寄望於別人幫忙開頂是不可靠的，〈破瓦〉最好還是靠自己勤修打開梵穴最為可靠。

# 陸

# 投生中陰

自此開始心痛之旅。若要避免，必須斬斷貪瞋戀著。

## 第13偈

倘若神識飄蕩於中陰，不知自身已死與親友，
縱思親近無應心碎時，斬斷貪瞋戀著祈加持。

大抵而言，即使沒有聽過中陰的法門，此偈所說與眾人的概念相差無幾。對於大善、大惡者來說，直接在此結束。這裡的大善指的並不是布施很多錢財，或者是做了很多世間功德，而是指具備高深證量的人，即使在之前未能解脫，卻可無需經歷接下來的中陰過程，直接於法性光明中陰解脫；大惡也不單指發動國際戰爭、種族屠殺、禍國殃民、殺人放火，這裡是指比較偏向佛法上的，例如捨棄佛法、毀謗上師、造作五無間業[73]。

### ◇斷貪瞋戀著

如果無論善惡，皆無大作為，神識此刻必然飄蕩於中陰。如何飄蕩於中陰呢？因為身心已分離了，此時的亡者尚不知自己已死，就好比每天早上起床後，依舊做著每天固定的事，怎麼會知道自己已經死了？但是慢慢地會發覺，交談時沒有任何回應，別人聽不到也看不到自己，會納悶是怎麼了？為什麼平常享用的那些財富、衣服、食物等資產都被他人享用了，因為不管

---

73 五無間業：殺父、殺母、殺阿羅漢、破和合僧、出佛身血。歷史上據說只有提婆達多完全的做到這五件事，在提婆達多之外，沒有誰可以毫無遺漏做到這五件事，頂多就是兩件、三件、四件而已，因為佛已在兩千五百年前涅槃，如何讓佛身流血？故說僅提婆達多完成五逆，五無間無須五者皆犯，僅一種已罪業滔天了。所以大善、大惡者不需要中陰，即可直接解脫成佛或直接墮入地獄。

再怎麼咆嘯勸阻，無人理會自己。心態較於過去更加的脆弱，導致起了貪瞋的戀著。什麼是貪瞋的戀著？貪固然是戀著，瞋亦是戀著，執著於瞋恨某個人，死死不放，即是戀著。在此時祈請上師、三寶加持自己，斬斷內心的貪瞋戀著。

基本上，其實此偈所述是一般亡者較會經歷的階段，前面四種消融因為太隱祕、太短暫了，基本上極少有人察覺、記得。

看過一些網路分享死而復活的經驗，例如在醫院或家裡，當事人看到親人以為他死了，在屍體旁哭泣，當事人無論在親友身旁邊怎麼呼喊，因沒有形體而無人理會，後來一急一用力就醒過來了！久病在床的人，死後親人悲痛欲絕，撫屍痛哭，彼時亡者經歷臨終中陰而入了法性中陰，有了如同夢境中的「意形身」，當時雖然已經甦醒，且站在親人面前特意揮手、表現，說：「我沒死、我沒死，你看！我已經好了，你看！」然卻沒有親人與之回應。例如生前車禍而不良於行，死後，在法性中陰階段，整個人手舞足蹈，炫耀著：「你看！我的腿好了！好了！奇蹟！我沒事了！」其實是以**意形身**存在，卻不知曉自己已死，努力穿梭親友之間，但無人能見！

這個月因親戚過世，我回去南部唸經，再一次複習了台灣民間的習俗。原來民俗認為，人即使死了，也是帶病而亡的，所以必須在頭七拜藥懺，讓亡者疾病痊癒，完全康復後到陰間或下一世。其實，如果連生病的身體都不存在了，何來病痛殘留？或許認為因為亡者仍有執念，以為自己疾病未癒，所以必須拜藥懺。事實上，我們會罹患任何疾病，是業力使然，生病本身就是在淨除業力，一旦惡業清淨了，疾病不是致死就是痊癒，所以死亡表示基本上已經消除相關惡業了。

既然已經脫離今世的身軀，表示在這一世所該受的惡業、善業已了，與這一世的一切沒有關聯了，接下來要面對的是下一世的引業、滿業。因此，不會帶著你前一世的軀殼所生的病到下一世，基本上不太可能，除非真的是業力重大；但反過來說，假若確實業力重大，採用民間習俗拜藥懺並告知亡者：你已經沒病痛，解脫了……等等，也是不會產生任何作用的。

我無意批判民間習俗，各位思惟一下，像在面盆放水，盆上放牙膏、毛巾，假設是在睡著時，在浴室擺的那些東西用得著嗎？用不到！醒過來了才需要刷牙洗臉。如果連身體都沒有了，還要那些盥洗用具做什麼？

## 絕對不能哭

唯有仰仗佛力消除自己的業障，才是唯一的方法。基本上，在親人往生時，或是自己有子女的人，皆應提前告誡，千萬不要在斷氣時哭泣，這對亡者會造成極大的傷害，必須勸阻！即使已有準備，知道該怎麼面對死亡，如果親屬在你身旁哭泣，或是更離譜的拉扯身體，不捨分離，搖啊晃的，可能原本稍有一點點定力，屆時全都沒了。不過，「爸爸（媽媽）你不要走啊！不要離開我啊！」那是電影情節，現在應不會有人這樣做了，若有，也應是為了遺產吧！

總之，無論是自己的父母或子女離世，切記不要哭泣，如果是交代自己的子女，也要記得叮囑親友完全不要哭泣。

## ◇中陰說法——入於殊勝解脫城邑之大門

難道，看著親人離世卻什麼都不要做嗎？拙譯〈中陰說法——入於殊勝解脫城邑之大門〉（或簡稱〈臨終耳語〉），其作用如其名稱：「入於殊勝解脫城邑之大門」，作者是誰呢？因為文末寫著：「秉持善心的古薩里具佛陀名號者，於祥德果倉山穴中撰寫矣！」原本誤以為是果倉巴尊者，之後釐清是桑傑多傑，佛陀金剛。佛陀即是 Buddha 的譯音，祖師法號的藏文是桑傑多傑，故自稱「佛陀名號」。

桑傑多傑是十六、十七世紀竹巴噶舉一位偉大的祖師，大約與第一世康祖法王同一年代，這是一位無論是在寫作、講說、實修都非常了不起的一位成就者祖師。桑傑多傑接了很多傳承的灌頂，弘揚教法不遺餘力，本身也是苦修的行者，曾經以辟穀術只喝花精而修苦行，在雪山聖地親謁妙音天女，蒙受妙音天女的加持。原本就已精通佛學的桑傑多傑，從那之後，完全通達經律論三藏，與誰辯論皆占上風。

藏傳佛教裡說，妙音天女是文殊菩薩的明妃。講到明妃、佛妃，請千萬不要再誤會是文殊菩薩一定要找個伴，明妃的意思是指文殊菩薩的空性，文殊菩薩相的本質是空，或說如來藏顯現為文殊菩薩，如來藏功德所顯的文殊菩薩本質是空，空必然存在，故以明妃身相表徵之。佛性必然是昭空不二，「昭分」顯現的佛菩薩形象，其本質定然是空，空為昭之本質，昭為空之本色。以此見地，每尊佛定然配一明妃，不是說男女天尊沒有彼此無法存活，僅是彰顯內心佛性的功德，而有男女相的佛菩薩，文殊菩薩與妙音天女也是如此而已。

# 〈中陰說法——入於殊勝解脫城邑之大門〉

多傑仁卿　恭譯

對於總體有情，以及處於中陰的各別有情，特別是於彼亡者由衷抱持慈愛之想，以緩慢且易懂的方式而誦（如下）矣：

某某某汝已死亡且以意形身遊蕩於中陰，應予認持且牢記自（心）意！將顯現與往昔活著時相異的四大顛倒的迷亂境相，而出現「恐怖四音聲」等——以地風（出現）如同山崩音聲暨地震境相；以水風（出現）如同海嘯音聲暨洪水滔天漫世間境相；以火風（出現）如同森林焚燒音聲暨火遍方隅境相；以風風（出現）如同千雷同響音聲暨雷電狂降境相！

復又，天地上下倒置，聽聞猛烈音聲，親見夜叉、羅剎憤怒凶惡形相，獅子、虎、豹、熊、羆、惡狗以甚恐怖殘暴（形相）而傷害等，諸多境相縱有可能顯現，那即是自心各種不同的迷亂相顯現為中陰業相。如是無論如何顯現，與夢境中所顯無別之故，無須恐懼亦可卸除脫逃之準備，僅需鬆坦而住即得自解脫。

復次，甚極可能在所見境相顯現即將自白色、紅色、黑色三大懸崖任一之中墜落之相，彼乃於內（心）擁有的貪欲、瞋怒、愚癡之本色顯現於外，此即自心空之本相，並非真實恆常成立，僅認知是自相即可，（彼）將自地息滅。

白色光道乃天人之道，紅色光為人（道），黃色光為畜生（道），藍色光為餓鬼（道），黑色光為地獄（道）之故，莫要慌忙驟起行至彼等諸道之心，而是自持明覺分際。

復次，出現種種顏色的光芒，以及明點與微小明點的閃爍收放，狂風暴雨所追逼，忿怒男女現出怖畏相，凶猛使者狂喊打兮！殺兮！閻羅兵將追趕與拘提諸相等等，（彼諸一切）悉為中陰業之迷亂相，與在夢中所現毫無差異，若是恐懼於彼而驚逃，將入低劣之胎故，當持明覺分際，心識鬆坦而住故得自顯自解脫。

此中，以閻羅拘拿的恐懼為緣，若入於火焰熾燃的鐵屋之中，生於地獄；若躲藏於斷枝、崖穴，生於餓鬼與畜生；沉入天鵝所裝飾湖中，生於東勝身洲；沉入牛所裝飾湖中，生於西牛貨洲；沉入馬所裝飾湖中，生於北俱盧洲；走入良宅與見父母結合，是為生於南贍部洲之徵兆；若見天人之越量宮以及裝飾、受用而生貪戀，即是生於天人之相。

縱然如此，亦是自心造作之故，於彼一切不起恐懼之相，任見諸色相皆起親謁上師、本尊聖顏之想而生勝解心；所聽聞的一切音聲，皆思忖是為正法之音而生信心；無論意中顯現任何念頭，思忖是為法身嬉戲而觀歡喜。今起，無論出現任何的苦樂，邊想著「喇嘛千（上師知）！架速企（皈依矣）！」而殷殷提升勝解心。

若見三稀勝之所依與佛殿、比丘僧團、上師善知識等眾，應將心全然託付，殷殷生起勝解心，想著：「我將投生清淨的暇滿人身，成為修習正法的士夫，願予利益無量有情。」秉此善心而發願，由衷全心託付三稀勝而求皈依！

中陰之所依如同水中皮筏，易於轉向，以此之故，能隨心所欲，無艱難而成辦，是以應將我的口訣牢記於心！以正念赤裸執持自心，神識歡喜而置，是為汝之最善標的。

若是已了悟心性面目者：「應赤裸觀於自心實相，一切境相皆是心所幻化之故，於其所顯安然鬆坦而虛無。心昭空本即為法身，自然地光芒昭亮，應對於上師所指引且自身已修持之善作，自知本來面目而置於（其）上，即於彼狀態中，契入利他菩提心，立下目標，一而再三發下：『願得弘揚佛陀法教暨利益一切有情之殊勝身體』的清淨之願。如是提醒之！」

於彼今後二者間，業遊蕩時引導詞，如是善擇之上師，金剛持外尚有誰?!
縱無把握己於他，欺騙所說狡詐語，俗人或感甚亮麗，說者卻馱重包袱，
撰此白品實體善，普明際跡予隨行，斬斷有之輪流已，願得圓滿受用身。

為能利益若干新進上師，秉持善心的古薩里具佛陀名號者於祥德果倉（雕巢）山穴中撰寫矣！

桑傑多傑尊者就在果倉巴祖師曾經住過的山穴寫了這一部〈中陰說法〉，這類似禪宗的香嚴智閑禪師，所住的禪房也是開悟之地，是在南陽慧忠國師的住所。桑傑多傑住在往昔祖師曾住過的山穴裡修行、利眾，在七十七歲時示現圓寂，以金剛跏趺坐，雙手持說法印，在他頭上兩指的部位，伴隨著光芒、聲音，現出清晰可見的三角生法宮，在這樣吉祥的狀態澹然示寂了。

文中「古薩里」是梵文，意思是「具善者」或乞丐，也就是隱沒於山野、墳林修持的瑜伽士。常看到藏傳佛教的祖師在傳記中，自稱為乞丐或乞兒，就是「古薩里」的意思。最後的三偈：

於彼今後二者間，業遊蕩時引導詞，如是善擇之上師，金剛持外尚有誰？
縱無把握己於他，欺騙所說狡詐語，俗人或感甚亮麗，說者卻馱重包袱，
撰此白品實體善，普明際跡予隨行，斬斷有之輪流已，願得圓滿受用身。

這三偈不是引導文，引導文在「如是提醒之」即已結束了。接著是後記，「於彼今後二者間」，「今」是指今生，「後」是指來世，「今後二者間」是指中陰，意思是在今生、來世與中陰，因為業力而遊盪時，能視根器而在引導詞上善予抉擇的上師，除了金剛持之外還有誰呢？意思即是，上述皆是金剛持的真實不虛的聖語。

第二偈「縱無把握己於他」，祖師自謙，雖然對於死亡沒有任何的把握，自己對於他人「欺騙所說狡詐語」，意即，上述所說似乎顯得自己道行高深莫測，似乎對死亡已然通達的境界，然而，欺騙人所說的這些話語，「俗人或感甚亮麗」，一般不知道的在家人會認為，這位上師

修行好，十分令人佩服，但其實作為「說者」的自己，就像「卻馱重包袱」的人，因為是妄說上人法，所以自身背著很重的業力。第二偈是尊者自己的感嘆，或說是慣性的自謙，實際上，尊者示寂時走得十分瀟灑。

「撰此白品實體善，普明際跡予隨行」，「普明」是指天空、虛空，虛空沒有邊際。此二句的意思是寫此〈中陰說法〉所累積下的白品功德，倘若能成為實體，願隨著虛空蔓延開來，遍滿整個無邊際的虛空。「斬斷有之輪流已」，「有」是指輪迴，因為輪迴以業力不斷地旋轉，是以稱之為「輪流已」。這是指以此無量無邊功德，斬斷了以業力不斷輪轉的輪迴之後，「願得圓滿受用身」，是指發願證得報身佛的果位。

這三偈十二句與引導文沒有關聯，僅是桑傑多傑尊者本身所述的自謙與善願。藏傳佛教的祖師常會在文章結尾說明，自己所寫的內容雖然不起作用，卻又不得不為了利益他人而寫，願以此良善動機，令眾生皆能證得圓滿菩提果位！

## 臨終耳語

開頭的內容是必須要理解的，各位也不要懷疑，當有親人往生時，應該要從「某某某」開始唸誦，直到最後一行「以正念赤裸執持自心，神識歡喜而置，是為汝之最善標的」。唸誦時，不是保持社交距離、坐在往生者身邊，而是以幾乎貼著耳朵的距離唸誦。我記得德頌仁波切圓寂時，曲嘉仁波切把嘴貼在德頌仁波切的耳邊，類似提醒般，唸了一分鐘的內容。因為是附耳低語，聽不到聲音，但我推測應該就是類似〈中陰說法〉的內容。

「若是已了悟心性面目者」——對於已經了悟心性的人來說，可以省略前文「某某某……是為汝之最善標的。」這段，直接唸誦後面「應赤裸觀於自心實相……如是提醒之！」[74]。

藏傳佛教有句話說：「同時者（上根）的良藥，是漸次者（下根）的毒藥；漸次者（下根）的良藥，是同時者（上根）的毒藥。」即是此意。什麼樣的根器宣講什麼樣的法，對一個沒有開悟的人講「應赤裸觀於自心實相，一切境相皆是心所幻化之故，於其所顯安然鬆坦而虛無」，不要說死時，神識清明聽這一句，也不曉得在說什麼。如果對方沒有開悟，切莫講其聽不懂的詞句。

可是死時，亡者沒得選擇，對於沒有修行經驗的人，讀誦不相應的語句也聽不懂，因此，唸誦的人應如此處所說：「對於總體有情，以及處於中陰的各別有情，特別是於彼亡者由衷抱持慈愛之想，以緩慢且易懂的方式而誦（如下）矣！」括號內的字是我另外加的，因為藏文的語法通常都簡明扼要，所以有時看得懂藏文，中文直譯反而不解其義。

## 為往生親友唸誦

從「某某某」念起，例如，我死時，在耳邊：「多傑啊！汝已死亡，且以意形身遊蕩於中陰，應予認持且牢記自（心）意！」那個「意」就是身、語、意的「意」，括號的文詞可以唸誦沒關係。「將顯現與往昔活著時，相異的四大顛倒的迷亂境相，而出現『恐怖四音聲』[75]等」，其

74 對於了悟心性者而言，不需要再被提醒那一些會出現的種種恐怖景象，只需要提醒全然安住在心的實相即可，因為只要在臨終中陰解脫了，第一段所說的那些內容，根本就不會出現！

75 詳見第20偈關於「恐怖四音」的說明，三四七頁。

實在〈中陰祈願文〉也會有所說明。等待聽完〈中陰祈願文〉的引導後，讀誦〈臨終耳語〉就更能明白其含義。

「恐怖四音聲」是什麼呢？「以地風（出現）如同山崩音聲暨地震境相」，聽到的是山崩，感受到的是地震。「以水風（出現）如同海嘯音聲暨洪水滔天漫世間境相；以火風（出現）如同森林焚燒音聲暨火遍方隅境相；以風風（出現）如同千雷同響音聲暨雷電狂降境相！」經歷這四種世界級災難的任一種，都一定會驚嚇顫慄、拔腿便逃。

那麼，為什麼是地風、水風、火風、風風呢？其實風是煩惱的意思，這都是因為煩惱的干擾而出現的境相，出現境相時，下文會說明應對方法。

「復又，天地上下倒置」，天地如何上下倒置？因為紅白二明點已在心間會合了，所以亡者會出現天地上下倒置的錯覺。其實世間萬物都是業力迷亂相所成，那時將會「聽聞猛烈音聲，親見夜叉、羅剎憤怒凶惡形相，獅子、虎、豹、熊、羆、惡狗以甚恐怖殘暴（形相）而傷害等，諸多境相縱有可能顯現，那即是自心各種不同的迷亂相顯現為中陰業相」。這時的關鍵是要確知，那只不過是心中原本就有的種種念頭所顯現，因為業力故，而看到各種的迷亂相。

例如，這個娑婆世界明明是大日如來的清淨境相，但凡夫自己卻看成了有山河大地、華宅、貧民窟、車子、男女不同的迷亂境相。實際上是大日如來淨土的清淨相，看不到是因為自身的煩惱、所知二障所障蔽的緣故。在中陰的階段，身體雖沒了，但心還在，自心因為業力而存在的那些習氣，就顯現為中陰的業相。

以上講的諸種形相皆是中陰的業相，以自心的迷亂相顯現為中陰的業相。現在是世間的業相，到了中陰就變成中陰的業相。

「如是無論如何顯現，與夢境中所顯無別之故」，中陰階段所顯現的一切影象、音聲，與夢中所經歷的夢境一樣皆為虛妄，雖然作夢當下不覺其虛妄，總是在夢醒時分，才驚覺只不過是一場夢！「無須恐懼亦可卸除脫逃之準備」，因為在夢中認定為真實，因而心生恐懼而想逃命。看到一個人拿著刀砍殺自己，逃跑是理所當然，然而醒來之後，才知道原來是場夢，根本是自己嚇自己，僅是因為執實而無端受苦。

## 僅需鬆坦而住

同樣地，無論在中陰裡看到任何驚怖的影象、音聲，皆無須害怕，只不過是自心的迷亂相顯現，傷害不了自己。該怎麼辦呢？最後一句，「僅需鬆坦而住即得自解脫」，僅須安住原地就好了，這是平常就要有的見解與行持。假若在世幾十年，向來是我最優秀、一切要聽我號令，從未練習鬆坦而住，突然要求在中陰時段要如是觀為虛幻、鬆坦而住，應該是癡心妄想吧！

修《施身法》時也是這樣，《施身法》其實是《斷法》的分支。斷什麼？斷我執！因為自己最愛的是什麼，其實不是另一半，也不是自己的子女、財產、權勢、外貌，而是自己的身體。從何得知？比方有人說：「給你一百億，換你一條命！」應該沒有人願意吧？就算是拿到一千億，都不會把命給別人，命沒了還要錢做什麼?!可想而知，命比錢重要的多。「我的」生命、「我的」身體是自己的最愛，因此，「我執」是最大的罩門！

《斷法》的精神是：即使有人要加害於我，要取我的性命，密乘行者的見地是：「從無始輪迴以來，雖已獲得無數次的身體，卻從未以此身圓滿布施波羅蜜多，今天無論是魔或誰要了，那是圓滿布施波羅蜜多的助緣，請恣意歡喜享用吧！」無須懼怕，心生喜悅面對即可。中陰則因了知其虛妄不真而更加豁達，就像觀看立體動畫，故可「僅需鬆坦而住，即得自解脫」。

什麼是自解脫？修行到某個階段時，務必要「斷險境」，必須到有鬼魅存在的墓仔埔（墳場、屍陀林）、鬼屋修練，試煉自己的見地是否堅固。那時所該做的僅是——鬆坦、不執著即已足夠，其實不需要再準備其他。

有些人認為密宗可以降妖伏魔，因為有很多厲害的法器，例如九股金剛杵、普巴杵、金剛鉞刀、大腿骨……等等，能以此斬妖除魔，令其形神俱滅，永世不得超生！果若如此，密宗與道教有什麼差別？道教也是斬妖除魔的，密宗也是斬妖除魔，那不就改信道教就好了，為何要信佛教？

不是的！佛教的見地是昭空不二，一切迷亂因為無明而起，斬妖除魔亦僅是除去由內心我執投射於外的鬼魔，也就是：降伏、誅殺的鬼魔不是別人，而是最嚴重的「我執」。即使是行誅殺，也是在自他皆為空性的基礎上，見對方因為煩惱而起種種的迷亂相，為了避免彼等肆無忌憚造下無邊惡行墮入三惡趣，以殊勝廣大的悲心誅殺彼等度至淨土，令其獲得解脫。這是密宗的見解，而不是以強凌弱，與道教或其他外道，表面上可能是一樣的行為、動作，但是見地的差異何止十萬八千里了。

修《施身法》時，為什麼必定要以「斷險境」加以試煉？即使知道「萬法皆空，三界唯心」的理論，實際上不見得做得到，故而需要鬼魔諸眾作為鞭策，以此提升證量，俾使修行更上一層樓。

我聽過台灣也看過國外很多人喜歡觀誦《施身法》，想必是覺得不但唱腔好聽，還可以披上瑜伽士的衣服，搖鈴、打鼓、吹腿骨，儼然一副觀修精深、證量非凡、不可一世的模樣。然而，此法重點在於以無錯謬的見地破除我執，而非看似煞有介事的外相。什麼是無錯謬見地？心中生起與諸法實相同等的空性慧，即稱之為「見地」。

## 蹣跚的鬼婆婆

以前曾有一位上師每天觀誦《施身法》，每次必然按照儀軌的流程，勾召三界十方的無量鬼魔前來，進而布施自己的身體，以布施自己的最愛，破除內心我執。因為觀想清晰，所有的鬼魅皆能實際現身，來到上師所住的山洞裡恣意享用美食，以上師的修持能見到前來的鬼魔賓客，爭相搶食他的手腳、五臟六腑、軀體，盡情享用之後，眼見群魔盡皆歡喜離去了。

上師正想下座之前，突然從洞外走來一位身形佝僂，走路微微顫抖，拄著拐杖的老嫗，拐杖觸地發出「篤！篤！篤！」之聲，在萬籟俱寂的黑夜聽來格外清晰，老嫗邊走邊哀怨地訴苦：「我沒吃到！我沒吃到！」

如果是夜深人靜發生在自家佛堂裡的情況，先前的漫天鬼魔就別說了，僅是半夜憑空踽踽走來一個老嫗，當下會怎麼反應？一般可能會嚇呆或大喊：「你是誰？不可進入，退！退！」當即打出手印，使出驅魔「退！退！」、結界、護輪一大堆步驟，加以反擊。以密法的「結界」劃清界線，以「護輪」阻擋外魔，以普巴金剛杵「迴遮」障礙，以金剛鉞刀將其碎屍萬段……

其實密宗的行者從來就不把外境執著為真實，遑論在「斷險境」的考驗中，更不做這種所謂讓鬼魔形神俱滅之事！

真正的密法行者怎麼做呢？——師看著老嫗步履蹣跚地走來，和善問道：「妳怎麼會沒吃到（施食）呢？」她那憂急焦慮的神情現於容色：「眾鬼搶食，毫不退讓！我年紀大，加上行動不便，走路又慢，自然搶不過群鬼！沒吃到……沒吃到……」

看著那跛腳又拄著拐杖的乾癟老嫗，上師於心不忍心地問道：「既然妳沒吃到？那麼妳要吃什麼？我給妳。」老嫗說：「我想吃大腿。」「好！」上師二話不說，手起刀落直接切下右大腿交予老嫗，只見皺紋滿臉的老嫗面露喜色，將大腿扛在肩膀上；舉步維艱地往洞外走去，發出「篤！篤！篤！篤！」而上師則如常觀誦、迴向功德。

隔天一早醒來，這位上師發現左大腿依然完好無缺，昨夜際遇宛如夢境一場，確實印證：

「鬼魔相由心念顯，知其虛幻不執相；契入無我般若慧，積大福聚智廣增。」

然而，執著於身體的我等，此刻會想：「糟糕，竟然有鬼魔覬覦我的身體？還說要來吃我了！祈請上師、本尊趕快救我啊！趕走這個居心惡毒又飢渴的老婆婆啊！」凡夫定會出現此想，拚命地保護自己身體，不允許任何人（包括猛獸、蚊、蛇）侵犯我的身心，這就是「我執」了！祖師眾一再強調「希冀」、「疑慮」是修行最大的敵人——希冀加持、成就；疑慮侵擾、障礙，由此可知，學佛最大的障礙，從來就不是外來的敵人，而是自心的「希、疑」。

當然，功夫尚未到家前，還是應當事事以上師、三寶為唯一祈請的救怙處；火候成熟後，師心、己心再無二別，顯有諸境皆為上師的嬉戲，即能如前述的上師那樣，以清涼月而遊畢竟空，再無任何罣礙！

## 行者的鮮美血腸

由於藏地氣候嚴寒，是個天然的冰箱，食物可以長期儲存，因此，閉關者可以在洞穴內放置幾個月至半年的存糧，等到快吃完時，再去化緣或由寺院、家人送糧補充。有一位行者，長年獨自在山洞中閉關修行，糧食一直都是由家人每年夏天播遷至附近遼闊肥美的草原時，定期上山供給，連年如此，未曾中斷或延遲。

有一年，不知為何，家人遲遲未到，眼看著存糧即將告罄，心中縱然萬分焦急，卻也無計可施。

這天清晨，終於盼到熟悉的人喊馬嘶、牛羊嘈雜、犬隻交吠，乍聞音聲，久懸著的心已然放下，行者心中竊喜不已，畢竟終於有充裕的糧食，無需再去擔憂食不果腹。沒過多久，遠遠就看到滿頭大汗呼吸急促的弟弟背著鼓鼓的皮袋，慢慢地朝山上關房走來。行者走到洞口迎入弟弟，二人將糧食放好後，盤膝坐下，行者不禁問道：「一路過來辛苦了，這次是怎麼了？怎麼拖延了這麼久？」

「就是路上遇到了一些麻煩，不慎耽誤了，不過還好解決了……」弟弟哭笑不得地說：「真是抱歉呀！」弟弟邊說著路上的事件，邊從袋中拿出血腸，擺放在盤子裡，滿臉堆笑地對行者說：「真是抱歉，來！來！來！早上灌好血腸後，立即煮好了，可鮮美多汁了！」弟弟拿著小刀翻弄著腸子：「這不？看，還冒著熱氣呢！」

血腸是藏地的美食，是將羊或牛的內臟、血液混著青稞粉，灌入已截成數段的羊或牛腸內，前後以粗線綑緊，再放入水中煮熟而食，外型類似台灣的香腸，食用時，須先切斷綁在腸頭的粗線。

看到熱騰騰的血腸，近日因缺乏糧食而處於近乎半飢餓狀態的行者，早已飢腸轆轆，急不可耐，接過刀子後，先切斷了粗線，在準備切下腸子大快朵頤時，突然想起尚未獻供！

「看看我在幹什麼！」行者說：「竟然還未供養上師前，就想自己先吃了，真是沒用！」當即閉上雙眼，虔誠地憶念上師並唸誦供養文，誦畢睜開雙眼時，眼前的弟弟不見了，再低頭一看，血腸也沒了！一頭霧水的行者剛起身想走到洞口，卻驚覺裙子滑落了，仔細一瞧，原來腰帶已經被自己手上的小刀割斷了！

這才恍然大悟，原來從頭到尾只不過是鬼神所顯的幻象，若不是食用前還惦記祈請上師，恐怕自己此刻已肚破腸流了！

一般可以看見或聽聞，有些人在死前，因為平時殺業過重，會看到像惡狗、熊羆、獅虎、冤親債主，甚至殘暴的羅剎等等前來索命，而驚恐萬分。假若今天是自己遇到此景，就要像前述的上師那樣以悲心去面對，不管出現什麼境象，就是坦然的面對、放鬆，要什麼給什麼——欠你的我還你，要什麼都給你。要殺要剮悉聽尊便，不要恐懼，一旦恐懼就出錯了。「希求」逃走而躲避，「疑慮」害我而恐懼，就不是鬆坦而住了。

因此，臨終時也是一樣，雖說「僅需鬆坦而住即得自解脫」，假若不知鬆坦或是不由自主地寒毛直豎全身發抖，面對種種恐怖駭人際遇，除了專志一意祈請上師，別無他途。

## ◇光怪陸離皆幻象

「復次，甚極可能在所見境相，顯現（自己）即將自白色、紅色、黑色三大懸崖，任一之中墜落之相」，會從懸崖摔落下去，一切「彼乃於內（心）擁有的貪欲、瞋怒、愚癡之本色顯現於外」，自心佛性會顯現為文武百尊的形象。同理，貪、瞋、癡三毒也會顯現於外，變成三種顏色的懸崖，在在證明「此即自心空之本相」，自心是為空的本相，因為心是空，空是無阻礙的，所以貪、瞋、癡三毒就會很自然地，因為昭空不二或色空不二的體性而顯現於外。

但也定要清楚，懸崖境相實乃虛妄，「並非真實恆常成立，僅認知是自相即可」，無須恐懼，掉落崖底就讓他掉落崖底，僅是幻術，沒有誰會真的掉落，「（彼）將自地息滅」，懸崖境相終會消散。一旦當成是真實存在，以為自將掉落，緊攀著岩壁不放，就是執為真實了，反而一定會掉落萬丈深淵，掉到三色懸崖所隸屬的六道去了。

「白色光道乃天人之道，紅色光為人（道），黃色光為畜生（道），藍色光為餓鬼（道），黑色光為地獄（道）之故，莫要慌忙驟起行至彼等諸道之心，而是自持明覺分際。」有人問：「嗡木 瑪呢 悲美吽」有所謂表徵六道的六種顏色，這裡所講的為什麼與「嗡木 瑪呢 悲美吽」所對應的六道是不一樣的顏色？是譯錯了還是有什麼不同呢？

其實這是兩種不同的認知，〈中陰說法〉講的是自己業力顯現出的不同顏色之道，六字明咒「嗡木 瑪呢 悲美吽」所顯現的是咒字本身相應於六道顏色的功德，是不一樣的！這裡所講的是自身業力顯現的顏色，六字明咒是六字功德所展現的息滅六道之功德而出現的顏色。所以顏色相符與否沒有關聯，顏色也不必相符，因為，此處無論顯現什麼顏色，皆是不可以進入的，即使與六字明咒的光不相符合也無所謂，因為本來就不必符合。

一旦看到這五色時，就像遇上電影、動畫中可以行走的彩虹光芒道路時，不要起了驚慌失措、不容錯失的心態，還是那句老話「自持明覺分際」，不用慌張。有受過心性引導的，可安住於心性；沒有受過心性引導的，就是鬆坦、以逸待勞就好。

好比看電影一樣，總不會以為自己可走入電影裡，跟著主角們一起演戲吧？自己就像台下看電影的觀眾，「喔！光芒這樣出現了！過去了！就這樣看著就好了。」「看著」不是就跟著走，而是知道境相在跑，但也守住自己的明覺，那稱之為「自持明覺分際」，絕不是跟著裡面的劇情起伏，然後就：「喔！好漂亮喔！」像這樣即是失守了「明覺分際」。應是它顯現它的、自己住於自己該有的明覺上，這叫「自持明覺分際」。

「復次，出現種種顏色的光芒，以及明點與微小明點的閃爍收放，狂風暴雨所追逼，忿怒男女現出怖畏相」[76]，這裡的「忿怒男女」就是指本尊或是勇父、空行，與方才第三段裡所說的夜叉、羅剎憤怒的形象不同。注意看「憤怒」的字就不一樣，這是在翻譯法本時的細節，或說我比較「龜毛」的部分。

還會出現「凶猛使者狂喊打兮！殺兮！」的迷亂相，也會看到閻羅的兵將隨後追趕，或是七爺、八爺、牛頭、馬面，拿著令牌、鐵鍊意欲綑綁拘拿。常常在電視或網路上看到有人分享，在城隍廟聽到鐵鍊交碰的聲音，或是半夜時聽到廟內疑似城隍夜審鬼魂的驚堂木拍桌聲等等，

76 詳見第21偈，三五一頁。

「拘提諸相等等，（彼諸一切）悉為中陰業之迷亂相」，與適才所說的相同，皆是中陰業力所顯現的自心迷亂相罷了。「與在夢中所現毫無差異，若是恐懼於彼而驚逃，將入低劣之胎故」，如同方才所說的境況，「當持明覺分際」，接著講得又更明白了，必須執持明覺分際。

## 放鬆，就這麼簡單

然而，何謂明覺分際？「心識鬆坦而住」，就像煙花絢麗奪目、燦爛耀眼卻又虛假不真，顯現而後必定消失天際；應知這些境相出現時，只要不予理會、不受干擾地安住著，任由其自顯現自消融，即是「自顯自解脫」。而能自顯自解脫的原因，就是因為自心「鬆坦而住」，就這麼簡單而已。

其實，中陰說難也不難，只要能做到放鬆，任何事皆可解決。因此，略有根底的修行人是不會驚慌失措的，平常就要讓自己練習不慌張，不要有強烈的情緒起伏，情緒過度起伏不是一件好事。不單是生氣，很開心時，好像瘋了一樣，哈！哈！哈！哈！哈！開懷大笑；但不順心時，就悶悶不樂，好像生不如死，厭世之情，油然而起。諸如以上都是心情的起伏。

心情的起伏是可以調適的，自覺很不開心時，要馬上反觀，誰在不開心？在體內哪個部位不開心？然後就這樣安住著，這就是心識鬆坦；倘若感到「哈！哈！哈！哈！」好像瘋了一樣大笑時，假如做得到，當下反觀自己在開心什麼？今天就算中了樂透一百億，那也只不過是前世的福報而獲得財富而已，有什麼需要特別開心的？要理解如是讓心識鬆坦，這樣放著就好。

## 恐懼，善惡道之緣

「此中，以閻羅拘拿的恐懼為緣」，看到閻羅使者緊緊追逼於後，就像看到仇家拿著刀、槍要傷害自己時，拔腿就跑，以心中所產生的恐懼為緣而逃遁，「若入於火焰熾燃的鐵屋之中，生於地獄；若躲藏於斷枝、崖穴，生於餓鬼與畜生」，所以三惡道都是因為恐懼而墮入的。

民間流傳這種說法：「若未做到所謂的助念八小時，一斷氣立即將大體推入冰櫃，因為身心還沒有完全分離，亡者本身會感受到寒冷而墮入。假設若是墮入地獄，試問將墮入寒冰地獄或是炙熱地獄？」我認為正確答案應該是炙熱地獄！試想，當自己感到炎熱時，會想去哪裡？陰涼的地方；感到寒冷時，會想去哪裡？溫暖的地方。曾有法師對信眾說，因為感受到寒冷就會墮入寒冰地獄。這似乎不符合邏輯，因為覺得寒冷時，直覺反應不會再跑去冰庫裡吧？除非是像美國這幾年冬天，戶外冷到零下五十度，民眾會躲到零下二十度的冰庫裡，反而覺得溫暖（其實那也是趨往溫暖處的證明），因此，感受到寒冷時，會想去溫熱的地方。

基本上，亡者因為惡業的感召，若是將要墮入地獄，會先感受到寒冷，故而心想跑到溫暖的地方避寒，隱約間看到前面甚是溫暖，趕緊大步向前跑去，以此而墮入炙熱地獄了；如若墮入寒冰地獄，之前會先感受到炙熱難耐，四處尋覓陰涼舒適之地而跑向陰涼處，以此而墮入寒冰地獄。有著如是的差別，這是在《大手印前行》裡的「業力因果」所開示的，應該如是理解。

有人說「地獄是心所現」，經中亦云：「如是彼等諸一切，是為罪心能仁言。」既然是心所現，如同夢境皆是虛幻、迷亂，故而十八層地獄不足為懼。若說地獄由自心所顯，宇宙萬象、世間萬事也是自心所顯現；但若說世間種種是自心的迷亂相，眼見的一切是虛幻，只是影象的遊戲，又有幾人能理解與接受呢？某些佛弟子以為現世是真實，而地獄是心所現、是虛幻不實的；半知不解者聲稱「現世、地獄皆自心所顯」，說得頭頭是道，行為上卻是錙銖必較，而作出「認定現世是真實、死後中陰是幻象的見解」，這才是自我欺騙的大悲哀……。

上述是三惡道的差別。若是「沉入天鵝所裝飾的湖中」，就字義來理解，看到天鵝漫游在橫無際涯的湖上，不管自己是沉入或走到湖裡，即得「生於東勝身洲」，東勝身洲是身形超勝的巨人所在之地。「沉入牛所裝飾湖中」，一樣是澄淨無垠的湖，所看到的是牛群漫步在這座湖邊，不管自己是沉入或走到湖裡，即得「生於西牛貨洲」。

「沉入馬所裝飾湖中，生於北俱盧洲」，北俱盧洲，俱盧是梵文，這兩個字只是譯音而無意義，「俱盧」之意是惡音——不悅耳的聲音。為什麼呢？據說此洲的眾生固定壽命是一千歲，沒有所謂的非時死，一定是活一千歲而壽終正寢。然而，就在死前七天，耳邊會出現刺耳的噩耗，重複著：「你要死了！你要死了！你要死了！」連續在耳邊說七天。因為是不好聽的聲音，一般會譯成「惡音洲」，也因為此洲位於須彌山之北，亦稱「北惡音洲」。

「走入良宅與見父母結合，是為生於南瞻部洲之徵兆」，這也是方才所提到的，這是無從學習佛法的人身。良宅，一定是富貴人家；若見父母結合，就是一般小康之家。二者皆與佛法無關連，但就是獲得人身了，可惜不是暇滿人身，將因各種違緣與佛法擦肩而過。「若見天人之越量宮以及裝飾、受用而生貪戀，即是生於天人之相。」[77]

77 參見第24偈，三五六頁。

總結而言，「縱然如此，亦是自心造作之故，於彼一切不起恐懼之相」，或許會認為，看到良宅、父母結合、天人、越量宮，為什麼要起恐懼之相？其實中陰的眾生是極度敏感的，現在我們覺得不怎麼恐懼，但在彼時的他們，因為業力與七情六欲交纏，卻起了莫名的驚愕，看到那些不恐怖卻陌生的景象會心生畏懼。唯有生前殷切祈請上師、觀誦本尊，將所見一切皆視為聖眾的清淨相；若能如此，在中陰階段則能「於彼一切不起恐懼之相，任見諸色相皆起親謁上師、本尊聖顏之想而生勝解心」，所以必須在日常即勤加練習。

## ◇身語意全然淨觀

當然在亡者的耳邊也可以念這些內容，可是實際上，亡者本身也是要有所練習。要怎麼練習呢？從現在起，看到任何人都是上師與本尊；或許有人問：「那是要觀成上師還是本尊？」上師化為本尊之相——假若以綠度母為觀修的本尊，所看到的人不論男女，悉皆觀為綠度母也是可以的，也有建議見到男眾視為觀音、見到女眾視為綠度母。綠度母、白度母皆可作觀，端看自己怎麼方便，無論看到誰都是本尊的形相。

接著說：「所聽聞的一切音聲，皆思忖是為正法之音而生信心。」「勝解心」與「信心」其實相去甚微。理解到三寶、三根本的功德，而生起全然託付的恭敬心，稱為「勝解心」；徹底地信任對方有能力救拔自己，毫無疑惑，稱為「信心」。看到的形相全然觀想為本尊，男女老少、好人壞人全要想成是親謁本尊；聽見的聲音，無論由何人何物發出，悅耳或刺耳與否，粗語詈罵或愛語稱讚，皆要想成是正法之音而生信心。

身、語都有了，意是什麼呢？「無論意中」，不管在自己的心中，「顯現任何念頭」，出現的是善念、惡念、正念或邪念，此處的正念是指正確的想法，不是住於空性的正知、正念。無論心中起了任何的念頭，都無須有任何的取捨，應有的認知是「思忖是為法身嬉戲而觀歡喜」。什麼是法身的嬉戲？因為法身就是昭空不二，空為昭的本質，昭為空的本色，二者融合無可分離。空的活潑明朗本色，故而念頭不斷湧出；然而，念頭的本質為空，即是法身。

因為空性本即昭空不二，所以每一尊佛菩薩必定有著表徵昭空不二的男女之相。空性是為女相，空性本身既然有個「性」字在，表示緣起互依，所以此「空」絕非一無所有之頑空，「空」中有昭亮存在，就是所謂的佛父形相。此二者本即不可分離，因為不可分離，在密宗裡就出現男女雙身的佛像，這是要理解的清淨相。

以此理解，生起邪念、正念、善念或惡念也好，念頭的本質都是為空，所以知曉念頭皆為法身的嬉戲，以認持法身而覺得歡喜！所見的是本尊，所聽到的是正法，心中所思皆是法身，這就是法、報、化三身；看到的形相是化身，聽到的正法是天尊，也是報身佛的形相，天尊本身就是報身相，心中所起的種種念頭就是法身相。如《金剛經》所云：「若以色見我，以音聲求我，是人行邪道，不能見如來。」故知佛、法、僧三寶，上師、本尊、空行三根本，法、報、化三身，其實皆在自心具足。如馬祖道一對大珠慧海所言，自心確確實實是「自家寶藏」，以此心生歡喜而安住著。

在中陰裡，其實也無須倉皇奔走，因為再跑都是自心所起的念頭、夢境，無處可逃；也無須害怕，就像一個看破俗世紛爭的老者一樣，待著原地靜觀其變即可。原地待著靜觀其變的後果會怎麼樣呢？不會有任何的傷害，不用擔心，一定會有琳琅滿目千奇百怪的景象可以過得多彩多姿，在中陰階段絕對不會無聊的。

## 喇嘛千！架速企！

往後，該怎麼應對呢？「今起，無論出現任何的苦、樂，邊想著喇嘛千！」「喇嘛千」是康巴人會說的，現在大家大多學拉薩音，不講「喇嘛千」，講「喇嘛肯」也可以！總之，「喇嘛千」也好，「喇嘛肯」也罷，「喇嘛千諾」亦可，「喇嘛肯諾」也行得通，其意就是「上師鑒知」！上師鑒知一切的意思。若要譯成三個字，就是上師知！上師知！上師知！似乎念藏文比較好聽喔！喇嘛千！喇嘛肯！

「架速企！」即是「皈依矣」，皈依是祈求救護之意，在佛教譯成「皈依」，無助值遇困境而尋求救護處，這就是皈依。「而般般提升勝解心」，無論身體健康或病痛纏身，心裡快樂或悲傷，人生際遇順遂或悲慘，都必須明白是上師、本尊、空行三根本的加持，「喇嘛千！」「喇嘛千！」藏傳佛教僅有「喇嘛千！上師鑒知！」沒有呼喚「以檔木千！本尊鑒知！」亦無呼喚「勘卓千！空行鑒知！」

「倘若僅僅祈求上師，本尊、空行諸眾會不會心生嫉妒或不開心？」如果有這種想法，就大錯特錯了，你不可能把本尊名字悉數從頭到尾依序呼喚一遍，所以「喇嘛千」已是全部聖眾皆總集於上師的意思。白蓮花祖師在《忿怒蓮師儀軌》的開頭祈請文裡，開宗明義即云：「我已捨棄他怙主，求救於汝大持明。」我已經捨棄其他皈依處，僅求救大持明尊您一人而已。

大持明尊是誰？是指自己的根本上師。為什麼除了上師，要捨棄其他的怙主呢？其實並非棄捨或輕視，而是確知，在密咒的道上，所有的上師善知識、諸佛菩薩、勇父、空行、護法，悉是根本上師的化現而無二無別，既然聖眾皆是根本上師嬉戲化現，因此我不需要也不會再去求取其他的皈依處，專注祈求源頭，絕對是以一馭萬之道，因此全然託付根本上師您，「喇嘛千！」「架速企！」而讓自己殷殷提升勝解心。

中陰眾生的心思之敏銳，較於生前更加增勝千百倍，因此，若想在中陰也能憶念、祈請，平日就要勤予練習，理解以殷切祈請，不斷提升對上師、三寶的勝解心，藉此可以即刻憶起法教，在整個中陰過程秉持信心不斷「喇嘛千！」「架速企！」，對自他有著極大的助益。

臨終時，師兄弟雖會伏耳提醒，可是若在世時從未有過經驗，想在中陰階段憶念起上師，看來似乎困難重重啊！平日若已多加練習殷重祈請根本上師，不但在臨終時，若得別人在耳邊提醒，等於是錦上添花，即更能憶起如何從容面對中陰，在平日的修持也是最強大的消災除障力！

## 上師力量遮除魔障

往昔，有位僧人在一處懸崖上修行，此地山巒綿亙，所住的洞口前方崖前是一彎湛藍河流，水勢湍急，水深過腰，對岸則是廣袤一片青翠鬱鬱的草原。此窟是閉關修行的好處所，所以他便立誓足不出洞，在懸崖上閉關三年，每天刻苦修持，功力也日月漸增。

一日，僧人站在洞口眺望時，看到身為牧民的家人因為時序更替的緣故，也已趕著牛羊遷移到了前方花草肥美的草原上。看到家人卸下物品、撐起帳篷、擠奶曬肉、炒青稞……一切就如日常生活般。

某天正午斜倚洞口用餐，遠遠望去，隱約見到老母親暈倒在地，家人一陣手忙腳亂後，將母親抬進帳篷裡，隨後只見弟弟騎著一匹白鬃藍馬，急速往懸崖這兒奔來。渡河後，循著山道上來的弟弟，著急慌張地說：「媽媽可能快不行了，看起來挺嚴重的，她也認為自己快死了，希望你能下山去見她最後一面，不然，她說就算死了，也無法闔眼！」

乍聞噩耗，僧人也慌了，急忙道：「病情這麼嚴重，我理應前去探望，但因我已立誓不到三年，絕不出洞口。既然見面即可，也不是非得我過去，還是請你將媽媽放在馬上，扶著她慢慢騎過來吧！」

弟弟聽了也同意這種作法，即刻上馬，掉頭過河。僧人遙見家人親友七手八腳把老母親綁在馬背上，走了一小段路後，老母親從馬背上滑了下去，又是一陣手忙腳亂後，只見弟弟騎著藍馬急速趕到，氣喘吁吁走進洞口：「她真的不行了，再勉強可能會斷氣……」弟弟上氣不接下氣，接著說：「媽媽交代：『我應該必死無疑，死前母子若不能見最後一面，老嫗我死不瞑目！』這可怎麼辦？」弟弟沙啞著嗓子哭喊道：「姑且破例一次，隨我去見媽媽最後一面吧！」

僧人長歎一口氣，縱然不願違背誓言，想以閉關修持為重，怎奈遭逢老母親即將意外離世，也不得不提前破誓出關了。

於是，僧人把背囊放上馬背後，抬起的左腳即將踏上馬蹬時，陡然憶起根本上師，思忖著：「在根本上師座前立誓閉關三年，如今卻不得不毀誓出關，真是罪過，根本上師鑒知一切啊！」

心懷愧疚由衷祈請根本上師：「匝偉喇嘛千（根本上師鑒知）！」猛然一陣涼風襲來，猶若大夢初醒似的，定睛一看，藍馬、弟弟不見了，望向草原，家人、物品、帳篷、牛羊也都毫無蹤影。再往下探視，背囊已落入湍急的水中，如若方才一躍上馬，定然墜入河裡，必死無疑。仰頭一望，赫然發現，竟是半夜時分，夜空繁星閃爍，朗月皎潔明亮，夜風沁涼如水，一切紛亂皆是自顯境相。萬幸仰憑祈請上師即蒙獲加持，能予迴遮袪除鬼魅與起的障礙！

當能確實理解上師的重要性時，三寶、三根本、佛的三身，都在「喇嘛千！」「架速企！」裡了。

## 親謁自己的心性

密宗常說親見本尊、親謁本尊，其實本尊不是一個人，本尊就是三寶的正法；好比立下誓願，終生藉由修持此法門而成佛，以空悲、昭空不二的認知為前導而勤奮觀修，不斷地修法淨除業障，終而獲得成就契入空悲不二的菩提正果。密宗僅是把法門觀為天尊的形相，故說是與本尊相應而親謁本尊了！

法是什麼？法是昭空不二的道路，所觀修的法就是昭空不二，生起次第的修持本尊就是自觀昭空不二的形相，在內心、對境皆是昭空不二的理解中，回歸昭空不二的本初心而已。

密宗的謁見本尊不是看到某個神明，而是親見自己的心性——以昭空的見地，明瞭「心」「境」即是昭空不二，藉由昭空的道路，獲得本初即為昭空的成果——基礎、道路、成果，自始至終都在昭空不二之中，僅是過程不斷研習、修持而已。

所以，密法強調昭空不二的基、道、果，定有男女雙身相的法教，明白那是昭空不二的真理示現後；再見到雙身的佛像，能以理解這是自心佛性功德的外顯而隨喜讚歎、增生信心。比方說，得知四隻手表徵四無量心，十二隻手表徵十二緣起等等，看到的是佛性功德，而不是看男女雙修的邪婬宗教——相無善惡，善惡是相，是善是惡，以心而定——要怎麼判定就是自己的認知了。

## 撲過去就對了

「若見三稀勝之所依與佛殿、比丘僧團、上師善知識等眾，應將心全然託付」，此境相在夢中看見與在中陰看見皆相同，只要看到這些境相，整個人撲過去就對了，沒有什麼好懷疑的，就像餓虎撲羊一樣。藉著全心託付，「般般生起勝解心，想著：『我將投生清淨的暇滿人身，成為修習正法的士夫，願予利益無量有情。』秉此善心而發願，由衷全心託付三稀勝而求皈依！」

佛、法、僧三寶在藏傳佛教稱為「三稀勝」，在漢傳佛教稱為「三寶」。為什麼是寶？因為它稀有且殊勝。為什麼稀勝？因為是無價之寶，「寶」、「稀勝」僅是知其然與知其所以然的差異而已。

由衷徹骨全心託付三種稀有且殊勝的對象，而求皈依佛、法、僧三寶。但這裡所指的佛、法、僧三寶，並非外境的三寶，當然也可以理解成是外境的釋迦牟尼佛、三藏十二部經、登地的菩薩僧伽。菩薩是三稀勝，也是三寶，實際上都是昭空不二的佛性所展現的功德而已，所以終究還是要皈依自心。由衷地全心託付三稀勝而求皈依！

為什麼講這麼多呢？因為相較於還活著的時候，中陰是更容易獲得解脫的，下一段說：「中陰之所依」是指意形身時，「如同水中皮筏，易於轉向，」即如在大河裡駕著皮筏或一艘船，轉向絕對比開車還要來得容易，因為僅需稍微挪動可以轉圈了。「以此之故，能隨心所欲，無艱難而成辦」，你所想要的來世，可駕輕就熟而成辦，「是以應將我的口訣牢記於心！」「我」是指桑傑多傑祖師。

「以正念赤裸執持自心，神識歡喜而置，是為汝之最善標的。」以正念赤裸執持自心方為最殊勝且唯一的選擇。死時不用再牽掛子女、財產、權勢、名望、土地、房子了，再怎麼牽掛終究得要放下，這時唯一「以正念赤裸執持自心」，這裡的正念指的是住於空性，以自己所了知的昭空不二之空性見地，好好的護持住自心。「神識歡喜而置」，其實神識與自心沒有區別，意思是秉持著歡喜的心，無論是已死或正處在中陰，以上述的心態去面對即將或正在出現的種種虛幻境相，方是最完善的目標。

## 第14偈

諸根具足業力神通具，法界金剛殿座與母胎，
此外於諸無礙行走時，了知一切皆幻祈加持。

法友提出一個問題，他說他家人是密教行者，也受過大手印的心性指引，也知道中陰的凶險過程，但是平日忙於工作，閒暇時也不精進修行，曾說：他只要隨喜讚歎別人的佛法修行或善業，就能有一樣的功德。像這樣的家人，如何規勸引導他回來精進修行？

### 披著人皮的成就者

釋迦牟尼佛說：「某某的分際非某某所能揣測，除非是我或與我相等者。」此句的白話是，誰的程度到哪兒，非旁人所能得知，除非是佛或與佛有相等功德者。

僅憑外相就評斷某人有沒有修行，太難了，幾乎是不可能的，即使是在佛之下的十地菩薩，都不見得能全然了知對方的修持。所以，就此問題來說，可分兩種情況：一種是如外相所見的真的沒什麼修行；一種是很有修行，卻裝得很沒有修行。因為重點在於他已經獲得大手印的心性指引了，如果是很殊勝的上師給予大手印心性指引，這人又是前輩子已修得很好，只需要上師一點即通，這種人從表相也看不出到底什麼程度。

因此，若就大圓滿法、大手印的功德利益來說，已受過這樣的法門，就算不是在來世，也會在某一世獲得解脫，不用太擔心。假若對方真的沒有什麼修持，以法的功德而言，也會獲得

解脫；反之，如若他修得很好，應該也不會讓你知道，沒人看得出來誰的修行如何，一切優劣真假都會在死時真相大白。

在岡波巴大師的傳記裡，記載有一名弟子名叫卓瑪爾玉，先在岡波巴大師的座前出家，得「拙火」之詳盡口訣。後來還俗，有很多的女人，還養了很多的豬，白天飲酒吃蒜，夜晚醒後修持「拙火」及「大手印」。

某一時期，卓瑪爾玉得了重疾，瀕臨死亡的邊緣了。親友們對他說道：「你生平犯了顯密兩宗的戒律，違反了大師的教敕，誰也沒有你這樣大的罪業，你現在就快死了，最好去請大持戒者格西朗巴來為你懺悔、皈依吧！」卓瑪爾玉從善如流道：「好！就這樣辦吧！」於是親友們請來了格西，請他為病人宣說皈依。

卓瑪爾玉仔細聆聽了格西開示後，堅定又緩慢地說道：「你所說的皈依與上師仁波切所說的大不相同！」

格西說：「大師是怎樣說的呢？」卓瑪爾玉說道：「我的大寶尊親言：『若能契入心之法性離卻鋪陳諸邊，即是皈依佛；一切時中之（行住坐臥）四威儀，於經驗執以正知正念之繩已，若無等持、後得之差別，即是皈依法；於彼狀態中，行一切善法盡皆歸旨大乘之道，且純然行利益眾生之行，即是皈依僧。』我亦一直如是而行，你所說的只是口頭上的皈依而已。」

格西搖頭歎道：「惡劣啊！惡劣啊！此人只有墮地獄了，對我說的法起了這樣的邪見！」言畢離去。

卓瑪爾玉死後，火化時超乎眾人意料，火煙皆成為虹彩壇城，燒出五色舍利，脊椎骨現出了二十三尊拇指大小的如來身相。

由此可見，一個人修得好不好，從外相上是看不出來的；當然反過來說，即使內心修得再好，別人也不會知道。但是言語、行為，如果不符合一般人的價值觀，讓眾人不以為然而退失信心，也是必然的。

正因為如此，噶舉巴的祖師馬爾巴譯師，現今公認非常殊勝的大上師，噶舉巴尊稱馬爾巴、密勒日巴、岡波巴為三大祖師；實際上，在《密勒日巴傳記》把馬爾巴奉為頂嚴，時時處處敬禮馬爾巴之足。捧得那麼高之前，馬爾巴在世時是不得人緣的。

傳記中記載，密勒日巴學了惡咒殺人之後，心生懊悔，為了淨除業障，投在大圓滿法成就者絨頓啦嘎上師的門下，因為彼此並不相應，修學大圓滿一無所成，後藉絨頓啦嘎上師的推薦，欲拜馬爾巴為師。行至馬爾巴的家鄉，沿途問路尋覓馬爾巴譯師的住處時，竟無人稱呼馬爾巴為上師，只稱「馬爾巴弟兄」，眾人皆說，不知道有誰被稱為馬爾巴上師，不過被叫作馬爾巴弟兄的，倒是有一個，他的居處就在前面不遠處，只管往前尋去即可問到。果然再往前走，就遇到正在耕種的馬爾巴了！

為什麼馬爾巴得不到眾人尊重？因為脾氣十分暴躁，隨便一件芝麻綠豆大的小事，即可暴跳如雷，厲聲斥責，也僅有密勒日巴那種逆來順受的個性，可以忍受得了馬爾巴的急躁易怒。當然馬爾巴的大弟子與其他一些弟子可以秉持上師所作皆視為善的信心，但是為數不多——準確地說，馬爾巴在世時，弘法事業不怎麼樣，雖然在傳記上記載是如何如何的弘法度眾，但實際上不甚得人擁戴。沒什麼人緣，就是因為脾氣火爆、口出惡言，進而導致人際關係不好；人際關係出問題，就算修得再好也不會有人願意親近。由此看來，脾氣不好的上師修得不一定不好。

可是，《普賢上師言教集》裡，巴楚仁波切又說：「某人修得很好，只是脾氣不好，這是句大笑話！」他又說：「修得好的人脾氣不好，怎麼可以說修得好？」所以，這很難以抉擇。

## 拜師急不得

選上師就像古早時代婚嫁的觀念，嫁雞隨雞，嫁狗隨狗，選定上師之後，就算上了賊船也要認命，不能跳船，沒有跳船這事。或許會說：「哎呀！我以前不知道呀……」不知道就不該求灌頂、聽引導，正確作法應該是：認識了這位上師之後，彼此觀察三年，確定上師是否為具德的上師後，再追隨學法。

千萬不要什麼功課都不做，就像一個盲人一樣，人云亦云，人家說好你就好，一窩蜂地撲下去，結果，一旦發現這位上師原來不是預期中的那樣，然後對其身、語、意做出毀謗，雖想要離開，卻又不太敢，因為已經得過灌頂，也學了很多法。

所以依止上師不用急，多多的觀察，選擇上師務必以理性善加觀察，若認為上師的教法、證量確實俱是一時之選，確定就算上師以後做任何事都不會心生反感，不會喪失信心，具備「凡尊所做皆視為善」的信心，就可以依止此人為上師了。不管他是法王級、仁波切級抑或堪布級的，甚或沒沒無聞的僧人，都可以放心依止，都無需擔憂了。如果自己信心沒有達到上述標準，絕對不要接受灌頂，受了灌頂，不管你承不承認，師徒關係就是成立了。

好比詐騙集團會騙小老百姓簽本票，本票一簽下去，法律上的權利義務已然生效，再辯解說：「我不知道這是什麼？」法律上不接受這種說法。本票簽名了，就是認可這張本票；或是契約，名字簽下去了，無論閱讀契約的內容與否，契約就生效了。

同樣道理，只要得了灌頂，沒有「我不知道主法法師就是我的上師、要遵守師徒之間的三昧耶戒」這種事情，關係已經成立了！若不認為這位上師可以依止，為什麼要接受他給的灌頂？因此，在密宗裡，一旦接受對方給的灌頂，不管自己承認與否，即是依止對方為上師，契約書已經簽下去了，沒有辦法毀約了。

## 精進求不來

話說回來，密宗的天尊各司其職，可以求財、求智慧、求人脈、求事業、求長壽無病等種種一切所需，然而唯獨沒有可以祈求賜予精進的天尊！如果期待我直接告知，怎麼讓不精進的人精進，那麼，我只能說：沒有智慧可以求智慧，沒有錢財可以求財富，但不精進的人永遠無法讓其精進。畢竟智慧可求，精進難得啊！

接著進入上課時間。其實講上課是不對的，這不是心靈課程，也不是給予工商企業那種必定賺錢的課程。這是講生、死、中陰關鍵的引導，與自他解脫成佛息息相關的方法，所以我很不習慣把引導所說的內容定義成課程。故當理解，所聽聞的不是世間法，而是出世間的尊貴引導。

## 心性引導耳語

「若是已了悟心性面目者」，倘若臨終者是曾一起在上師的座前聽取心性引導的法友，雖然不確知對方開悟與否，然因已接受過心性引導，可把對方視為了悟心性的行者。快要斷氣前，貼近他的耳邊，不是像現在交談保持社交距離，而是嘴巴幾乎碰到對方的耳朵了，並用雙手圍住耳邊，讓聲音能夠直接深入其心。不要忌諱這是快死的人，不要擔心這是很臭很髒的屍體，因為那是自己的師兄弟，彼此之間的三昧耶戒是清淨的。

真正接受過心性的引導之後，假設已經開悟了，又是上等根器的行者，不一定要坐在座上修持的，其行、住、坐、臥皆是禪，即如方才所說的岡波巴的弟子卓瑪爾玉那樣，外表看起來是胡作非為，實際上與自己的心性從未分離，自始至終一直守護著自己的明覺分際，這樣的人我們也看不出來！

假設是一位已經了悟心性的人，應予提醒「應赤裸觀於自心實相」，就是昭空不二的實相，「一切境相皆是心所幻化之故，於其所顯安然鬆坦而虛無」，這是說，當能對於所顯的境相，無論是地、水、火、風，或是顯、增、得三相，種種崩壞的境相，內心只要安然鬆坦，外境所顯皆會自地息滅，因為所顯皆是虛無，讓其自然而然地消失即可，自然鬆坦任其虛無而消亡。

「心昭空本即為法身」的「昭」是昭然明亮的意思。心昭亮本質為空，即是法身；念頭的生起則為昭亮，本質無可捉摸即是空。因此，「昭空」本即為法身。

「自然地光芒昭亮」，昭空的本質即是空，空的本色即是昭亮，「昭空不二」即是心性的本質，僅是很自然地散發其光芒。當然不是真的八瓦、十一瓦的光芒，而是指念頭、境相不斷的顯現，就是昭分，其本質即是空，由空無中顯現而稱其為光芒，此光芒恆常昭亮。此時，因為上師已經給了引導，所以「應對於上師所指引且自身已修持之善作，自知本來面目而置於（其）上」，也就是已經理解上師所指引的心性，且平常已在修持子光明，已經「確定於唯一」而進行的修持，就稱為「善作」。

了悟心性本來的面目而安住其上，或說輕輕放著就對了，就像安江長老講的：「不就是放在本初上而已嗎?!」

安置於體性阿賴耶識的狀態中，也就是不予任何造作地就這樣的安置，在屬性原本即是如是的狀態中，自己的心也必須毫無執著地就這樣地來放置；若能夠這樣安置，對於心的實相到底是怎麼一回事，自己會有所理解，安置於無可安置，自然鬆坦、自然的狀態當中。

是的，就是這樣。「即於此昭空不二的狀態中，契入利他菩提心，立下目標，一而再三地發下：『願得弘揚佛陀法教暨利益一切有情之殊勝身體』的清淨之願。如是提醒之！」要這樣的提醒對方，切記要發下「願得弘揚佛陀法教暨利益一切有情之殊勝身體」的清淨之願。

為什麼需要有個殊勝的身體？因為有時身體可能不堪修行，無法負荷修行所要付出的那些體力；有些心智不清明、體弱多病或是肢體殘缺的身體是不堪修行的！因此要發願，為了能自利利他暨弘揚法教、利益有情，願我能得殊勝的身體，發下這樣的清淨之願。

總之，牢記這一句話，若亡者已受過心性引導或法友是受過心性引導的，則如是予以提醒之。其實對我們有實際效用的中陰內容無須多講，盡量理解重點方為上策——譯出〈中陰說法

——入於殊勝解脫城邑之大門〉，是想更加充實引導內容，無論是否真的達到充實內容，抑或確實利益眾人，各位皆已明白臨終中陰時，該如何做到利益自他了。

## ◇亡者具足神通

再回到原本的〈中陰祈願文〉偈文——第十四偈：「諸根具足業力神通具，法界金剛殿座與母胎，此外於諸無礙行走時，了知一切皆幻祈加持。」

此偈呼應到第七堂說的，身體即使生病或因車禍有殘缺病痛，在這時已經沒有那些困擾了。所以，即使生前五官殘缺、肢體殘障，因為身處中陰的關係，感官此刻是完全恢復的。以前可能是鼻子不通或是鼻子沒有嗅覺，這時完全恢復；生前雙眼失明、白內障、視神經老化，現在完全看得到；生前是雙耳失聰、重度中聽，現在完全聽得到；生前因車禍而殘廢，此時卻能行走無礙；或因腦癌喪失部分智力，此刻智力如三十歲正盛的青年；甚或死無全屍，也完全不會受到生前身體殘缺的影響，這時勇猛得像頭堅壯的牛一樣，再無缺憾。

「諸根具足業力神通具」，即彼時的眾生亦有神通變化力，但是這樣的神通力是由業力所生，不是藉由禪修功德而來。在這時以業力所生的有漏（伴隨煩惱而生，稱為有漏）神變力，亡靈能見眾人所想，包括前來度亡的僧侶的心思。因此，度亡是件極需謹慎的事情，無論是佛教或道教的行者，無論在屍體旁邊與否，若是來幫自己、親人舉行度亡，只要將亡者作為所緣想的對象，亡者定會因為三寶的加持力或自己的業力神通，隨喚而來至修法現場，且絕對會知曉每個人的心思。

如果前來度亡誦經者的心思純正，即使沒什麼修行的功德，但因思惟虔誠純良，秉持著要盡己所能利益亡者之想，而字句不漏地誦經，亡者也能因感受到這份功德而心生歡喜；倘若度亡誦經者懷著顛倒的思想，如同方才所說的那樣，亡靈就極堪憐憫了，會因為知曉對方的想法而心生瞋恨，導致墮入地獄而無法獲得解脫。

因為具備神通力，也沒有實質身體，亡靈不會被任何的山石崖壁、汪洋江河所障礙，可以隨心所欲到達任何地方。但是唯如第二、三句所說，「法界金剛殿座與母胎，此外於諸無礙行走時」，除非是業力牽引，到了該投生的時間與地點，必得入胎而無法穿透之外，神識完全不會被阻礙干擾，就算經過了日後必須要投胎的母親，只要時間還未到，也可以穿梭身體而過，不會因為這是來世母親的身體就窒礙難行。

法界金剛殿座有兩種說法。一是大部分所主張，無法到達千佛成佛之地，就是菩提迦耶的菩提樹，也稱為菩提迦耶金剛座；另一說是，無法到達諸佛的成佛之處，稱為法界的金剛座。有這兩種說法，到底是哪一種，等死時就知道了，目前無法得知。

總之，在投生中陰階段，對於外在的器世界、內在的有情等等世間萬法，唯一要做的，就是祈請上師加持，令能了知一切皆是虛幻而不執實不執相，不會因為向外看到的景象，就認定必是如此，也不認為所見是真實存在的。

## ◇勘不破幻中幻

之前看過一則故事，某位上師的弟弟過世了，弟弟本身也是一位修持者，但哥哥在入定觀察時，發現弟弟一直都沒有投胎，於是來到了弟弟的中陰裡（這兩位都很有修行，也不必細究如何到別人的中陰的）。

因為是中陰幻相，什麼都可能出現。到了之後，哥哥看到了您們的母親在每個下午都來到河邊取水，邊汲水邊唱著哀傷的歌。兄弟兩人重逢後，哥哥軟言問道：「為什麼不去投胎？」弟弟滿面愁容回答：「一直找不到可以學習佛法的良好父母，作為來世的投胎處，所以遲疑者不敢去投胎！」

哥哥發現弟弟背後揹了一大捆的柴薪，問道：「揹這些柴火做什麼？」弟弟說：「因為中陰黑暗無比，如果沒有這些柴薪，無法看清四周圍的環境。」這是在虛幻的中陰境相，然而，可以看出，即使是有修行的人，還是會如此執著真實！

哥哥勸慰弟弟說：「這些都是幻相，不要執著為真實。」然而，弟弟不以為然地駁斥哥哥大錯特錯：「這一切都非常的真實，一點都不虛幻！」哥哥搖頭說：「佛經說萬法皆是虛幻，中陰更是幻中之幻，不要認為是真實的。」弟弟用力點點頭說：「這是真實的，不是虛幻境相。」

兄弟二人爭執不下，哥哥為了要破除弟弟的執實，向弟弟提議：「你若不相信，就以擊掌來驗證，若是虛幻，兩人的手會互相錯過，反之，就會碰觸。」結果……兄弟兩人的手掌竟可碰擊而相握！「怎麼樣，是真實的還是虛幻假的？」弟弟略顯得意地說：「佛經說是虛幻的，但結果卻是可以緊緊握住！」弟弟雙眼炯炯有神說：「你看吧，我就說這是真實的！」哥哥那時的想法卻是：「啊！我等真是可憐啊！原本虛幻無比的中陰，卻因為眾生深厚的執實習氣，在中陰階段都可把虛幻變成這麼真實……」

就像在作夢時，即使睡前自我暗示夢境是虛幻的，如果在夢中的萬丈高樓上，敢跳下來嗎？不敢！因為怕自己會摔死；當有人拿刀刺殺時，敢原地不動讓他刺嗎？不敢！因為怕自己會被刺死。實際上，夢裡哪有什麼死亡？夢裡死了會至何方？明明都是虛假的，但夢中的自己絕對不會認為是假的。

即如此例，雖然知道一切都是虛幻，但若未能真正的勘破，在中陰裡，還是會像在夢境般，認為一切都是真實的。此時就要祈請上師、三寶，或是明瞭上師、三寶即是自明而虔心祈請，以三寶即自心的理解力，讓自己可以「了知一切皆幻祈加持」。

據哥哥所說，弟弟最終投胎到良好的人家，可以再一次的學佛。當然活著時都會說，一切都是虛妄、虛假而不是真實的，但實際上換成自己身歷其境時，一分的修持，方有一分的把握，沒有真正修持，是很難破除執著的！但也不能說上師的這位弟弟沒有修持，他當然也有修持，只是，對境過於嚴峻吧！

所以，日常座上的修持就不必多言了，**等持位**所觀修的天尊亦是本即虛幻，一切都是在昭空不二的狀態修行。即使在**後得位**，也要練習一切皆非真實。待人接物也好，自己的日常生活也罷，觀修心間的種子字也是虛幻如同虹彩，看得到形象然卻無可觸摸，沒有任何一物需要執為真實而認定是彼相，應稟持正確知見而修持。

## 第15偈

不見日月身體無影子，僅憑思惟能繞行三千，
無可自主如風捲羽時，自心能得自在祈加持。

### 星際旅行一瞬間

為什麼不見日月呢？雖然在電影、小說、網路上都認定亡者看得到日月，比方說亡靈白天不能現身，因為被太陽曬到會覺得很刺眼、皮膚刺痛。但是按照中陰的教法來講，中陰的眾生是看不到日月的，生前之所以看得到日月，是因為由身體內在的紅白二明點以及精血二脈的投射於外，方可得見日月，因此看見日月是紅白二明點的作用。但此時身心已分離，身依都沒了，遑論精血二脈、紅白明點，所以無法得見日月。

既然已沒有肉體，僅由心意所生出的「意形身」不是實體，因此身體是沒有影子的，「不見日月身體無影子」，走路時沒有足跡，照鏡子時不會出現自己的影象。「僅憑思惟能繞行三千」，意思是僅憑心中的一念思惟即可抵達目的地。現在如果想著印度王舍城旁的靈鷲山，須臾之間已然到達，不同於在世時，被身體所羈絆而滯留原地。因此，若無這個身體繫絆，完全無法安住的心，半刻亦停留不了，意念想到哪兒，瞬間即至彼地，所以此偈說能夠「繞行三千」是可信的。

「三千」是指三千大千世界，一彈指就可以繞轉三千大千世界。三千大千世界的概念就是

一對日月所照耀的世間，稱作一個小世界。像這樣的一對日月、兩對日月、三對日月……累積至一千對日月，稱作小千世界；一千個小千世界稱作中千世界；累積至一千個中千世界，稱作大千世界。

至於為什麼稱作三千？因為這其中出現了三個千，小千、中千、大千，故名三千大千世界，第一個三千只是名號而已，沒什麼特別的意涵。主要是這個大千世界是十億個小世界，一個凡夫無法臆測的廣袤世界。現在單單是這一個太陽系小世界，就已無可知曉了，更何況是銀河系等等。

這個三千大千世界（或說大千世界）是一個完全無可探測的廣大世界，但是中陰的眾生只需要一彈指就可以繞轉一圈，擁有極為奇異莫測的神變力；除了金剛殿座與母胎之外，只要心中想要前往，沒有到不了的地方，沒有做不了的事。但是缺點是完全沒有定力，即如第三句所云：「無可自主如風捲羽時」，是指中陰眾生具有六定兆（穩定的徵兆）、六不定兆、恐怖四音、五道與怖畏三懸崖。

## ◇六定兆

怖畏三懸崖方才說過，是貪、瞋、癡所形成的紅色、白色與黑色的懸崖。六定兆是什麼？

①**身語姿態不可見**：因為活著，神識依附身體，他人可藉著外相看到肢體的動作，聽到言語的聲音。可是死後身心分離，身體或躺在棺材或已火化，故云身語姿態不可見；雖然中陰階段意形身的眼睛可以看到他人的身體，耳朵聽得到別人的話語，然而，凡胎肉眼無法感受到其

存在。

②**實體無所質礙**：在世時，因為神識依附身體，面前的木牆、石牆或木柱、石柱子，有所質礙，需要門窗方得出入；但中陰眾生與鬼魔無需如此，所以遇到鬼時，有人以為關了門，鬼就無法進入，其實是自我安慰。

網路的鬼故事講述住旅館時，門一打開鬼就進來了，其實鬼真的要進門，門不是障礙。我會上網看靈異節目，一聽就知道是編撰的，但是還是被騙得很開心，反正就是聽聽台灣人對於鬼的概念，理解民間對死後的一些概念。牆柱阻擋不了無形之神識，故說實體無質礙。

③**沙石不留痕跡**：如前所說，踩在地上不會有足跡，昔日的地面都是泥土沙礫，故而凡走過必留痕跡，就像踩在沙灘上會有腳印；但是中陰的眾生已無身體的緣故，走在沙礫沒有腳印，行走或潛入水中亦無波紋。

④**身體沒有影子**：相同的，沒有身體可以遮擋光線之故，自然沒有影子。為什麼？因為沒有軀體，所以不會出現影子。

⑤**不見日月**：如前所述，可以看得到日月是紅白二明點的投射作用，既然體內的紅白二明點已經崩壞，當然無法得見日月。然而，雖無日月之光，卻有白天黑夜的區別，處於中陰的神識自身可以感受到光亮與黑暗的。

⑥**以業力故具備有漏神通**：為什麼要做七？做七不是道教發明的說法、作為，這是佛教的概念。對於中陰眾生而言，大多數皆於死後三天半甦醒，到了第七天必須再死一次，死亡的狀態與臨終死去的病況一模一樣，然後活轉過來，再經過一天、二天、三天……假若撐得到第二

個七，又得再死一次，復再受苦。所以做七的一種說法是：藉著做七消除或是減輕亡者的痛苦。

## 逢七超薦拉一把

近日回台南誦經才知道，因應工商產業發達的現代人沒有空暇，做七的時程已縮短，本來是七天一次的七，現在七天內可以二至七次，端看家屬的意願。可以一天一個七，在一星期圓滿七個七；也可以一天做兩個七，早上是頭旬下午是尾旬，以此圓滿超度功德，這樣也蠻方便的。

對於亡者來說，四十九天縮短至七天，即使形式上圓滿了，親友若能每天都誦經迴向直至四十九天圓滿，亡者能因此獲得更廣大的福德，消除更多的業障。除了免除或減輕逢七必有的折磨、苦楚，且可在每隔七天週期出現的逆順序消融四剎那中，以更大的福德作為後援，再次試著證得法、報二身，所以逢七的誦經十分重要。

即使無法每七天舉行一次超薦法會，起碼前三個七定要好好的圓滿，家屬若能每天持咒誦經，甚至延請寺院拜懺超薦是最理想的，那是對亡者最好的功德。台灣會在亡者的靈前擺上鮮花、水果用以祭祀，立意雖是良善，然而亡者如同倉皇逃離的難民，迫切需要被救拔而非祭祀。

安江長老說過，亡者既非上師又非佛菩薩，對其擺花、供水果沒有意義，對於飄蕩不定的神識而言，需要的是讓其安定或往生極樂淨土甚至成佛，僅是供奉花果沒有作用，點燈供佛、十法行[78]等，迴向功德才是對亡者最有利益的。以前台南的殯儀館可以點燈，但是現在卻禁止

78 繕寫佛經、供養、布施、聞法、受持、閱讀、宣講、諷誦、思惟法義、觀修法義。

點燈，可能用意是預防火災吧？所以可在自己的家裡或是在寺院點燈，燈點得越多越好，點燈的功德宣說不盡。

至於告別式，擺設亡者生前最喜歡百合花、牡丹花的偏好、追憶都毫無意義，僅是做給活人看了安心的；對於亡者來講，把花擺滿整個台灣都沒有作用，因為早已感受不到什麼了。在供奉期間，家屬會看著遺照、牌位，有時擲筊問：「吃飽沒？」「今天某某來探訪了，您開心否？」問了再看有無應允聖筊等等，若是真有感應，其實也不見得是亡者本人的回應。

## 鬼魂詐騙集團

我想到《密勒日巴道歌集》裡的故事（見第三偈）。尊者有位出生在苯教家庭的弟子，生前唯有虔信佛教，臨終亦不斷地叮囑家屬，死後一定要有請密勒尊者為其度亡，絕不做沒有意義的苯教法事。家屬滿口答應必然邀請尊者，也確實言出必行，但因為家族篤信苯教且頗有資產，所以即使已迎請密勒日巴尊者超度亡者，依然找來苯教度亡。在苯教壇城的中央，可以清晰得見亡者現身且大口喝酒，此景若是放在今天，相信眾人對於此即亡者也是深信不疑！當然最後還是被密勒日巴尊者戳破騙局，且確確實實地將亡者度往淨土。

重點在於，看得到形象或讓家屬有所感應的，不一定真的是亡者，所以不要認定擲筊時回答的，或是觀落陰看到、聽到了什麼，真的就是來自亡者的訊息，或許有人會說：「可是回答的事，的確只有亡者本人知道啊！」其實並非如此，那些鬼靈可以藉由嗅聞衣物氣味而讀取亡者的記憶，所以可以輕易地假扮成亡者，讓家屬信以為真，而索討需要的飲食或物品！

其實，亡者早就像〈中陰祈願文〉裡所云，因為累累業力，而在中陰飄蕩不定或投生了，哪有能耐一直待在相片或牌位前，等著接受膜拜、供養？早已如狂風捲羽毛般，片刻都不能停歇。

## 做給活人看的

在台灣，即使是正信的佛教徒，在父母或親人過世後，若不依從民間祭拜儀式，也會受人非議，還是要做表面給大家看，不然會落得不孝的口實，雖然在佛教的觀點裡，那些儀式都是沒有意義的！

無論告別式的聲勢多麼盛大，燒了多少庫銀紙錢，號召多少人參與祭拜，就算貼滿輓聯，總統、名流政商皆來捻香，亦只不過是做給活人看的，對亡者沒有任何實質助益。家屬唯一要做的是持續點燈、誦經持咒，除了親友累積福德之外，延請寺院的僧人或有修證的大德舉行度亡，才是王道，利益亡者再不需要其他了。

以上是六定兆。但有時六定兆也會歸納成五種定兆，差異在於，將沙石不留痕跡、身體無影子二者合一而說，因為沒有身軀，所以不再有痕跡也不再有影子，其實內容都一樣的。

## ◇六不定兆

六不定兆或六不穩定的徵兆：

①**住所不定**：為什麼住所不定？因為中陰眾生本來心思就是不穩定的，有時會想著，應該住在山腰上或山腳下或山頂，還是住樹邊或住樹底，抑或是樹梢上；有時看到空屋，想著或是到空屋裡，看到河岸也想可以在這邊蓋個房子等等。總之，思惟是片刻停歇不了，猶如大鬧天宮的孫悟空，意馬四馳，創意無限。

②**所依不定**：什麼是所依不定？前段說過，神識有時想在山邊、樹邊、河邊蓋房子，既然需要住處作為所依，有時也會想是否去佛塔？住在佛塔那邊嗎？還是住於佛殿那邊？抑或到山洞住？在橋樑下似乎也不錯呀！若可依靠在這些地方作為所依，應當適合。

「所依」類似民俗的神主牌，或問：「如果供奉神主牌，亡靈會不會安住於彼處？」若說完全不會是不對的，應該還是會來的，但是無法稍作駐留，因為心識不穩定，亡靈會一直奔走一直渙散，偶爾蜻蜓點水似在牌位暫住片刻，又奔逸無蹤了。擲筊時，就像買樂透的機率，恰巧亡靈正好待在那邊，而且即使在，也無法回答什麼事情，本身是完全定不下來的，所以不斷地轉換、變化，較之過動兒更逾千萬倍，有時要去住那邊、這邊、上方、下方……

③**食不定**：食物不定是指，有時看到是乾淨的食物，有時看到是汙穢的食物，雖然因為已無肉體吃不了東西，可是依然會有飢餓感。怎麼辦呢？就只能聞其氣味充飢，所以這正是要為亡靈觀誦〈餗爾供〉（煙供）[79]的原因。

一般都是以素的〈餗爾供〉為主，那是針對亡者來觀誦而迴向。亡靈在投生前的四十九天

79 〈餗爾供〉，葷素不忌，二者皆有儀軌可供觀誦，有些亡靈喜吃葷食，有些偏好吃素。〈依止葷餗爾供 贖回自他死亡〉似乎是偏向於冤親債主，如果有人重病，藉由觀誦〈葷餗爾供〉讓冤親債主得償所願，不再侵擾傷害，俾令重病的人盡速痊癒。

內會有飢渴感，唯有藉著聞煙，方有飽足感；為了滿足其所需，可延請僧人每天代誦或家屬自誦〈餗爾供〉，也藉著佛法的真實力，讓亡靈得以投生較好的去處。

無論準備再怎麼豐盛美味的佳餚給中陰的眾生，彼等僅能看著而吃不到，縱使有意形身卻無法享用，唯一的管道就是透過〈餗爾供〉把食物燒成煙，再以觀誦儀軌的力量迴向功德後，亡者方能藉著「吸取煙食」的香氣而有飽足感，除此之外無法進食。所以民間祭拜的時候會插香，也是有點道理的。

不過，插香不是舌頭嘗到食物，而是鼻子聞「香」的氣味，與食物是無關的。然而雖說僅能聞煙的氣味，但若沒有迴向，也吸食不到。迴向是給予的意思，倘若唸誦者的心中沒有想著要給某某某，也是得不到的。

假設這個觀點是正確的，以此類推，網路上的節目說燒庫銀時，為了避免別的鬼魂前來搶奪，要家屬圍在一起守護庫銀的看法，就不太合理了，因為沒有迴向，基本上任誰都得不到。

如果子孫作了迴向，想著是要給媽媽某某某或是爸爸某某某，或許亡靈還可以得到一些熱能，吸取燒金紙時產生的熱量，聞一下也會覺得很滿足的。我很喜歡聞燒金紙的味道，聞了也很開心，可能是殘留當「聞香」的記憶。

④**友伴不定**：這是指朋友不確定。在中陰階段，神識不會總是處於孤獨，會遇到繁多同樣身處中陰的眾生，「同是中陰飄蕩靈，相逢不必曾相識」，但皆不會穩定。可能在這一刻遇到了，瞬息之間即消失不見，上午方才同行，可能到了下午又不見形跡了，須臾間又出現新的友伴，一直重複不斷地變化轉換，在中陰沒有所謂的幾十年或十幾年的老朋友。前面講的兩位上師兄

弟的故事也是如此，弟弟說：「早上遇到不可思議眾多的人，下午悉數墮入黑洞消失了。」

另外，故事裡提到的，每天會在河邊唱歌呼喚弟弟的媽媽，其實是弟弟生前觀修的天尊「金剛亥母」，因為自身業力的緣故，金剛亥母僅能被看成是媽媽的樣貌[80]。太早投胎通常是去不好的去處，越晚投胎的選擇愈多且愈好，所以天尊為了阻絕弟弟過早投胎，每天都會以各種化現持續阻撓弟弟投胎。

## 驢子仁波切

有人問：「為何已當上師的人，依舊無法生死自在？」

在本派祖師竹巴袞雷的傳記裡記載，有一次竹巴袞雷正想著要捉弄薩迦派的僧人，走在路上時，看到一座薩迦的彌勒寺正在舉行唸誦「供養上師」的年度追悼法會，當時寺院內的僧眾正殷重祈請住持上師，能早日示現化身重返人間。法會辦得十分莊嚴隆重，敲鑼、打鼓、搖鈴、吹號應有盡有。

袞雷祖師是一位成就者，透過入定安住密意，得知祖古已投胎成為一頭驢子，且當時正馱負難以背馱的重物，周身傷痕地費力爬山。袞雷悲心難抑，遂向驢子的主人要求說：

「這頭驢子暫借我一會兒！」隨即牽著驢耳回到彌勒寺。

「竹巴袞雷，這是什麼？」僧眾問。

「這是一頭驢子。」袞雷回答：「那麼你們又是在做什麼？」

80 覺林菩薩：「心如工畫師，能畫諸世間，五蘊悉從生，無法而不造。」（《華嚴經》）

「今天是我們上師的年度圓寂法會，正在舉行祈求上師大寶早日乘願再來，弘法度眾的供讚。」僧眾說。

袞雷問：「你們的上師叫什麼名字？」

「賞巴祖古仁波切。」僧眾說。

「知道賞巴祖古現在在哪裡嗎？」袞雷繼續追問。

「在兜率天。」僧眾回答。

「兜率天是哪兒？」袞雷問道。

「那不是你知道的地方，」他們不耐煩地回答：「不要問這麼多！我們正在獻出〈住世祈願文〉！」

接著眾人便低目合掌，不再理會袞雷，繼續向著壇城虔誠唸誦住持上師仁波切轉世再來的祈願文：「親見法身等性妙文殊，具五本智金剛大薩埵，加持甘露流予恆續命，謹向賞巴祖古虔祈請，祈賜殊勝共同之成就！」

竹巴袞雷有樣學樣，也唸著祈願文，不過，是對著那頭驢子：「孱弱畜生之軀驢子身，所食水草二物甚貧乏，背上馱負超載三捆量，棒擊屁股骨頭虔祈請，髖骨歪倒左側賜加持！」在場的僧眾一看，怒不可抑，大聲喝斥：「我們是向上師仁波切祈願，不是向你的那頭驢子，為什麼對牠念祈願文啊?!」

「這頭驢子正是你們的上師！」竹巴袞雷一本正經地說。

「怎麼可能！」無人相信，眾人說：「我們的上師會投胎成了驢子?!」有人甚至已經抄起傢伙，準備要轟走袞雷祖師了。

袞雷緩緩解釋道：「你們的上師生前在藏、漢、蒙三地朝聖繞轉時，讓他的馬匹馱負過多的貨品，且亦未曾迴向功德，以此業力使他投生驢身。」語畢，這頭驢子似在證實袞雷祖師所言，不住點頭且雙眼淚水簌簌不止。

僧人們眼見此狀，不禁動容，紛紛轉而相信袞雷所言，雙手合掌朝驢子頂禮，並詢問如何方可讓住持上師再轉世，回來掌管寺院。

「如果希望你們的住持盡速化身歸來，」袞雷祖師說：「好生飼養這頭驢子五年，驢子死後會在康區的理塘轉世，屆時再尋回寺院囉！」

僧眾說：「我們將看看你所說的是否為真！」於是依照袞雷所囑咐的，細心飼養那頭驢子。果然如同袞雷所授記般，到了第五年，驢子死後，寺院的住持賞巴祖古確實轉世在理塘，並於最終被迎回到彌勒寺，眾人皆歎稀有！

身分是祖古、仁波切不一定就不會墮三惡道，如果未能確實修行，因果之前，人人平等！倘若當上師的都如此堪慮了，何況是我等凡夫呢！

⑤**行為不定**：行為不定有點像是躁鬱症或是過動兒，坐時想走動，走時又想坐下。此刻想去甲地，到了甲地又想去乙地，到了乙地又想回甲地。無法控制自己的念頭、行為，宛如沒半刻停歇的脫韁野馬。中陰眾生的特質即是如此。

⑥**心境不定**：心境如何不定呢？有時覺得興高采烈，有時覺得萬分憂傷，有時感到恐懼莫名，有時又認為自己一無所懼。心情就這樣子跌宕起伏，有時喜悅有時愁苦，心境不斷地轉換、

變化，因此被描述為「無可自主如風捲羽時」，如同在狂風中的羽毛，任憑風向主宰而飄蕩各處，片刻不得安寧。因此，中陰的眾生，除了隨著業力所趨而行，完全無可自主。

此偈最後一句：「自心能得自在祈加持」，誠心祈求上師加持自心能夠獲得自在，要獲得自在，除了平常就要培養對上師的信心之外，禪修（寂止）也甚是重要，略為地讓自心能定下來，在身心分離後，更顯出重要性。

## 第16偈

食為食香恍惚不穩定，多種迷亂境相顯現時，
恐懼動搖心風若生起，了知亂相本面祈加持。

### 擲筊準不準

如前偈所述，「食」物已經不再是生前粗分的飲食了，食「為食香」就是以聞氣味為食的意思，此之所以要為亡者唸誦〈餗爾供〉迴向以令飽足；亡靈的心思恍惚不定，忽而清晰忽而模糊，無法確定此人與彼物的關連，此刻才認定，下一刻又起疑心，故說「恍惚不穩定」。

所以對亡者擲筊問事，應是不太可靠且不可信，因為詢問的對境自身已不穩定，相當於請教精神病患者問題，而期望有正確答案一樣，對方精神恍惚，是一位需要看身心快樂科的人，一會兒點頭說是，一會兒又全盤否定或不知所云，心智是時明時闇而無法控制的狀態，如何期盼其心思是正常安穩的？可知必是恍惚不穩定。

「多種迷亂境相顯現時」就像適才「臨終耳語」〈中陰說法——入於殊勝解脫城邑之大門〉所描述的，顯現種種悅意或恐怖不一的境相，有時出現羅剎，有時出現夜叉或是獅子、虎豹、熊羆，有時出現愛侶，有時出現仇敵……種種迷亂相。

第三句「恐懼動搖心風若生起」，這是說，因為出現千奇百怪的迷亂境相，導致自己原已不穩定的心思更加動搖與恐懼不已。「心風」是藏人的慣用語，心指的是思惟，風指的是不穩

定，「心風若生起」，即是假設心情激動或心生不喜而痛苦，有時憂傷有時憤怒，無法調伏自心。所以藏人認為，沒有辦法掌控自心，無緣無故發脾氣，就是「起了心風」，會暴走暴氣的人「應該是起心風了」；或是氣血循環不太好時，也會說「應該是起心風了」。

只要講「起心風了」，不是心情起伏，就是覺得悶悶不樂而不舒適，直接對藏人講「心風」就知道是什麼意思了。如果去看藏醫，診斷出是「心風」疾病，藏醫會開心臟病的藥。在藏地有這種病名，中醫則不清楚。

「了知亂相本面祈加持」，上述的看到鬼卒、虎豹、熊羆等猛獸來侵擾、殺害自己，皆是屬於迷亂相。適才已經說了何謂「亂相」，祈求加持讓自己了知這些迷亂相的本來面目。

什麼是本來面目呢？即是自己的心性！心的迷亂相在中陰顯現為業力之相而已。但是關鍵在於，屆時是否能了知亂相之源，要從現在的修練而定；否則沒有嫻熟、串習自心，在中陰時段，要如何了知亂相的本面呢？應該要理解，這是無法一蹴可幾的！

唸誦此〈祈願文〉當然有其用意、利益，但是重點在於，當下就要開始思惟、抉擇、修持了，平日就要理解，所有境相皆是虛妄不真實的；脾氣起來時，反觀自心，尋找怒氣，不要隨隨便便就發怒，因為發怒一定是有對境，而且一定是把對境執為真實才發怒，不會平白無故對著空氣發脾氣，因為不會認為空氣是存在的。

同樣的，若能了知對境都只不過是心的迷亂相，就不至於「起心風」，不會再生起恐懼動搖的心態了，只是此際就要修練，不修練在中陰是不會出現成果的。

## 第17偈

**時或憶念能成極明晰，卻於當下即刻而忘卻，**
**生起生或死亡疑惑時，了知決定死亡祈加持。**

「時或憶念能成極明晰」是指，以業力之故，有漏神通能於有時極明晰地憶念起一切，然而頃刻間又全盤忘光光，「卻於當下即刻而忘卻」，就像現在想把心定下來，這一秒可能可以安住，但是下一秒心又不知道飄到哪邊去了，稍有覺知的人會發現，自己的心定不下來，念頭跑來跑去。

其實，知道自己心亂，也是一種心定的表現，若未能稍微有一點禪定力，何以知道自己心亂？已經習慣了散亂，才會認為自心散亂是正常的，「我沒什麼妄念啊！沒有雜念啊！」人活著不會沒有雜念的，一定是雜念叢生，再怎麼有修行的人都會有雜念，區別只是在於怎麼認持與處理雜念而已。

「生起生或死亡疑惑時」，好似每天起床時，不會刻意確認現在是活著或死了，一覺醒來定是心思渙散，迷迷糊糊間先做自己習慣做的事，刷牙洗臉看手機……但實際上在睡前、起床後，應該是憶念自己的上師、本尊，這些都應該要做到且養成習慣。因為在法性光明中陰階段必定會甦醒，畢竟要生起「我是死了或是活著」的疑惑，得要自己有身體存在的感覺才行，就像此刻認為自己是活著一樣。

## ◇從光明中而起兮

在中陰階段，因為心中的思惟以及所接觸的顯現境相極為不穩定的緣故，會疑惑自己究竟是活著還是死了？「生起生或死亡疑惑時」在中陰是不容許有所遲疑的，一有「我到底是死了或是活著」的疑惑，就無法解脫；倘若來不及憶起本尊形相前，即已有「我」出現，是在浪費自己寶貴的時間，無法成辦解脫或是成佛。

為了在中陰得以憶念上師、本尊而契入，每天起床張眼前，先觀想在空中勇父、空行母在空中，搖鈴打鼓喚醒、呼喚自己：「從光明中而起兮！」或是直接把手機鬧鐘調為藏傳佛教的搖鈴打鼓聲，當搖鈴打鼓的鈴聲響起，即刻想著是勇父、空行正在搖鈴打鼓喚醒自己。若能盡量以此養成習慣，就不至於在中陰階段，以凡夫想法而有「到底是死了還是活著」的疑惑。

如果從早到晚秉以見地，維持生圓二次第的觀修，比方說，若從今起，練習一起床即維持觀修本尊的形象，入睡又消融於空性光明中，仿效瑜伽士日復一日老實觀修。無論何時死亡，依然會維持「闔眼入空性，張眼即本尊」的狀態，如此一來，解脫成佛就有希望了！

在法性光明中陰階段，一定要確定凡夫的自己已死，不得疑惑究竟是死或生，若在「我」的執著出現前，業氣尚未恢復之際，能自憶心性而以天尊我慢顯現清淨之相而安住，必能獲得解脫。然而，前提須如第四句所云：「了知決定死亡祈加持」，故應祈求加持，讓自己在甦醒時能確實了知已經死亡了。

從今起，不要一起床就三字經：「×××！」或抱怨：「啊！討厭！我不要起來！還要睡多一點……」不要這樣，因為闔眼、張眼之間，皆有可能是解脫契機！

## 第18偈

即從三天半起於之後，確實知曉自身已死亡，沮喪憂傷尋求皈處時，了知皈依自明祈加持。

### 重中之重

最後一句是不得了的重要！久遠劫來眾生一直習慣往「外」尋求皈依處，皈依處不一定得是佛、法、僧三寶。心情不好時想要找好友、閨蜜，聊聊天、吃吃飯，好友、閨蜜就是皈依處；飢腸轆轆時想要吃點美食，美食就是皈依處；寒冷時想穿一件暖和的衣服，衣服就是所尋求的皈依處；心情惡劣時，想依偎在情人的懷裡撒嬌哭一哭，情人就是皈依處……上述皆是在某種程度上讓自己有所依靠，不過，以上皆是向外尋求的依怙。

此偈明確諭示：「了知皈依自明祈加持！」因為在中陰時段沒有任何可靠的外境可以保護自己，解鈴還須繫鈴人，自心的幻相唯有自己能予勘破而保護自己，但重點在於了知何謂「自明」？若在生前不弄清楚「自明」二字的內涵，就算臨終之際，師兄弟在耳邊「某某某，了知皈依自明祈加持……」想必也是聽得一頭霧水，壓根兒不曉得是什麼，機會就這樣流逝了！

### 凡所結緣皆具義

大多數佛教徒會認為，宣揚大乘，道場要壯大、要廣度群品，增加全球佛教人口的比例，故而希望很多人出入精舍或佛學會，期待上師收很多的弟子！其實佛教不需要做這種事，不需要像是豢養眾多寵物。例如，佛陀在世時，不會刻意收很多的弟子。像是密勒日巴尊者也說，自己沒有執著的寺院與弟子，尊者的弟子大多數都是空行母授記，像所謂的八大心子、十三位親近弟子、四位女弟子等，皆是得知有宿緣而予主動度化，或是當對方懇求時再予以攝受。

就獲得解脫的角度而言，我並非是指「很多人學習大乘是不必要的」。很多人出入道場是佛法昌盛的象徵，若確實有度眾的證量、能力，當然愈多人來道場愈是件好事，當然是希望「凡所結緣皆具義」，見、聞、思、觸者都能受益。但絕不是聚集了一大堆人，大家卻都不知所云，也不曉得親近道場、聽聞法教是為了什麼。若問：「為什麼來這個道場？」「不知道啊，大家來，我就跟著來呀！」「有在唸經，就跟著唸。不錯啊！」「磁場不錯，來淨化能量！」「佛像莊嚴，我喜歡這個道場！」「我喜歡這個說法的師父，他能把深奧的佛法講得清晰簡單……」「可以累積資糧，幫助我往生淨土！」這些心態都不是壞事，但也皆非正確的心態。

正確的心態是要能了知「何謂自明」，「如何皈依自明」，要有助於了知「如何對今生、來世、中陰有所幫助」！所以說，聆聽引導也是種緣分，無法強求，願意來聽法，無論是現場聽或線上聽，都是很好的緣分，要能隨喜自他的福德。並常參與共修，將聽聞生圓二次第的竅訣應用於觀修天尊，在「見地之中尋修持，修持之中尋見地」。

## ◇醒來以後，已執著我

「即從三天半起於之後」這一句是說，以統計學而言，斷氣算起的三天半之後，大多數的人道眾生就會甦醒，這代表已經錯失與前面的法身、報身相應的階段，錯過成佛的機會了，才會有自己醒來的感覺。

醒來後，已生起「我」的執念而化為意形身，會有彷彿在夢中回家或者遇見親人般的感受。因為自身已死，親友眷屬定會痛哭，看到親友傷心哭泣，亡靈會試著安慰眾人：「我沒有怎麼樣，大家哭什麼？別哭了，我回來啦！」「我住院那麼久，好幾個月，你們看，現在痊癒了！沒事了啊！」雖然試圖寬慰。但因已無此身軀了，別人完全看不到也聽不到，曾經親密的妻兒、親人也因而無所回應。

得不到回應時，亡靈起先會生氣：「為什麼你們都不理我?!」「我到底做錯了什麼事，你們要刻意疏離我?!」「究竟你們是發生什麼事情了?!」氣消之後，慢慢地就會明白：「難道是我死了嗎？」

「確實知曉自身已死亡」，當鍾愛的身體靜靜地躺在棺材裡，確知自己已死後，心情萬分沮喪，因為死亡一詞從未在腦中浮現過，一旦得知死亡，將會懊悔痛苦而處於徬徨無助的狀態；又因沒有做好死後的準備，此刻六神無主而開始要尋求可以依靠的皈依處，即如第三句所云：「沮喪憂傷尋求皈處時」，這時該如何是好？

平常遇到驚險的狀況，脫口而出的是「我的媽呀！」「我的天呀！」習慣這樣說，雖不見得是向自己的父母或向自己平常所拜的世間神明求助，但是這種反射性的慣常用語其實無濟於事！即使真向父母、世間神明求助，彼眾也是愛莫能助，因為自己都救不了自己，面對他人的求助，也不曉得該如何營救。

## 明覺與三寶無別

皈依偈明言：「皈依佛，即不皈依世間神明。」為什麼？這不是嫉妒心或門派之見，《佛子行三十七頌》云：「自己仍然縛於輪迴獄，世間神祇能予救護誰？是故投靠真實不欺者，皈依三寶乃是佛子行。」自己尚處於牢獄刑期時，如何幫別人從囚籠逃脫呢？那是不可能的，所以求助父母與世間神明都是沒有意義的，要祈求加持自己，能了知「皈依自明」——自我明覺與三寶三根本是無二無別的。

前文闡釋過，佛、法、僧三寶，與上師、本尊、空行三根本，以及佛的法、報、化三身等，九聖悉皆安住於自我明覺，或說完全總集於心性。「了知皈依自明」是指三寶、三根本與三身，究竟皈依處是佛、上師、法身，上師與佛的真身即是法身，法身是三身之源，三身又可歸納為二身，亦即將報身、化身合併為色身，與法身統稱二身。

色身必然趨於壞滅，上師是佛的色身，一般在描述法王、仁波切圓寂的用語，都說色身消融於法界，意即色身又回歸法身。由此可知，色身定會消失於世間，終歸消融於法界。凡有所顯現皆會消融，因此，報身也必會消融，唯有法身是究竟的皈依處。但法身不在外，《金剛經》亦云：「若以色見我，以音聲求我，是人行邪道，不能見如來。」因為見色聽音已然向外求法尋道了，不能見到真正的如來，既然如來不在外又無形體，必然是自我的明覺，所以法身就是自明。

外、內、密三種皈依當中的「外皈依」，是顯教的佛、法、僧三寶；密宗則是在外皈依之上，再皈依上師、本尊、空行（或護法），這是「內皈依」。實際上內外皈依是一體的，因此，要理解上師就是佛，本尊就是法，空行就是僧，僧伽就是密宗的男女護法神。以法、報、化三身而言，法身是佛，報身是本尊，化身是空行等，可以如是區分，皆是同一義理。

在《前制》以及「大手印」的皈依文皆云：「空性悲心無分別，於本初心求皈依。」本初心就是自明，自明即是本初心。空性與悲心無可分別，空悲不二就是自心的明覺。以這兩句，更加證明空悲不二的本初心是所謂的「祕密皈依」，祕密皈依又稱「勝義皈依」，即是皈依心性，心性與三寶無二無別。《本智成就續》云：「得淨遠離心為佛，不變無垢是為法，功德普圓即僧伽，是故自心性最勝。」

## ◇九聖眾形影相隨

為何必須「了知皈依自明」？因為若能確知而深信此見地，那就足夠了；無論在哪一個階段的中陰，皆有佛、法、僧、上師、本尊、空行、法身佛、報身佛、化身佛隨行，九聖眾形影不離地緊緊相隨，我不再是輪迴中孑然一身、無依無怙的孤鳥，所以沒有比了知而認持心性來得更加殊勝。

為什麼密乘總是強調上師的殊勝廣大恩德？因為唯有上師能予指引認持心性，一旦認持了心性，解脫輪迴、成佛即有望，這是千萬劫來何等的難得殊勝呀！所以密乘偈云：「功德縱與諸佛得相等，恩德遠超諸佛之怙主，祈請根本上師聖足下，生起證悟實相祈加持！」釋迦牟尼佛像供奉在供桌，可以禮敬、供讚佛像而積資淨障，但佛像不會開口指引心性，不會開示即心是佛，不會曉諭心性具足九聖眾，總是微笑相向，以聖相讓隨學者累積福德、淨除罪障，但永遠無法指引解脫之道。

然而，被依止為根本上師的那位僧人、堪布、仁波切、法王，卻繼承了佛陀的法教，藉由代代相傳的方式傳承法教，以此之故，根本上師具備資格教導弟子如何獲得解脫，此之所以密乘的四皈依將上師置於佛前而誦：「皈依上師、皈依佛、皈依法、皈依僧。」因為是上師指引帶領弟子邁入解脫之道，故而值得由衷敬重。

有人會問：「上師怎麼可能修得比佛還要好?!」上師修得好不好不清楚，但是若以「令行者自身解脫輪迴」的恩德而排列，上師的恩德絕對大過佛，因此，三皈依之前置放上師的用意即是如此。

## 學密三要項

藉由聞、思、修得以成佛，亦即全然託付上師三寶，將自己導引至金剛持地，金剛持地就是法身、法界的意思。倘若只把引導內容當成一般企業講座，達不到證得法身金剛持地的效果，三界中唯有引導方可解開自心的束縛。因此，藏傳佛教云：「**以灌頂成熟自心，以引導解脫自心，以口傳作為後援。**」此故接受引導乃是成佛非常重要的環節。

未成根器的自己，若要成熟為根器，必須接受灌頂；若要解脫輪迴的束縛，必須接受引導；在修持的過程裡，賦予後援的力量即是口傳，因此口傳也是關鍵且必要的。灌頂、引導與口傳，是學習密咒金剛乘時所不可或缺，必定要具備的三項。

## 第19偈

了知中陰即是中陰時，自身觀天而後觀光明，復以雙運圓融而觀修，顯現清淨幻身祈加持。

此偈第二句「自身觀天」不是觀看天空的意思，藏傳佛教把諸佛菩薩稱作「天」或「神」，一般譯成「天尊」或「神尊」，「自身觀天」是指將自己觀想為天尊，也就是平常做功課時，自己若已有認定哪個法門或哪尊佛菩薩，作為自己終生觀修的本尊，彼尊即是自己在中陰階段時，所應觀想的形相。

為什麼允許把凡夫的我觀為天尊呢？因為如來藏即是自心本性，以如來藏的力用、功德觀自己為天尊，也就是觀心性為佛，顯佛相自性；且因在生前已對自觀天尊極為嫻熟，因此縱使經歷消融次第、無意識或驚嚇的狀態後，依然能維持自己為天尊的形相。

### 度亡趁早且密集

「了知中陰即是中陰時」是指，在中陰階段沒有所謂的白天、黑夜，整個過程恰似白茫茫的秋夜星空，不會特別幽暗，也不是特別明亮。重點在於，中陰眾生的身心是不快樂的，雖然已無肉體，但在意形身的感受上，依舊不斷出現身體、心理上的痛苦。至於痛苦持續的時間長短，取決於個人業力而異，七天乃至七七四十九天，甚至某些眾生的時間會更長久都有可能。一般而言，大多都是持續二十一天。

因此，為什麼修度亡愈集中在前面天數愈好？因為能令亡靈積聚巨大福德，盡早從「有之業力中陰」解脫，得以投生善趣或是往生淨土。然而，若無他人從旁為之協助，自己既沒有了悟心性的體悟，又無「自身觀天」的觀修經驗，僅能如同生前在夢境中，根深蒂固地認定自己就是某某某的庸俗凡夫執念，而隨波逐流或驚慌奔逃，在中陰愈久，愈是痛苦的煎熬。

## ◇生前選定天尊

在生前必須要訓練自心觀為天尊，這是必須要熟悉的功課。時時刻刻觀想外器世界為天尊壇城，自身也觀為天尊。怎麼決定觀修的天尊？就是自己最有信心的佛菩薩——釋迦牟尼佛、五方佛、觀音、度母，或是忿怒相、寂靜相、半寂怒相的任一天尊皆可，必得要選定一尊，做為自己生前、死後所要觀想的天尊。

因為已經來到中陰後半段了，極有可能隨時會看到自己來世的父母，也同樣要將那對男女觀為天尊。所謂的觀為天尊，並非只是硬生生地把兩個形體觀為清淨的男女天尊形相，而是了知外境是色空不二、相空不二也是悲空不二的。這時，無論自己生前所嫻熟觀修的天尊是單身相或是雙身相，都無礙於觀想來世的父母為天尊的樣貌。

若問：「自己觀修的本尊是度母，度母又沒有抱著佛父，該如何將來世父母觀為天尊呢？」假如尚有這種疑惑，表示對於天尊的定義還是不甚了解。誰說既是相空不二亦是悲空不二的天尊，就必得是顯現男女合抱相？天尊即使沒有男女合抱，同樣是表徵悲空不二，雙身相固然是空悲不二，單身相的天尊亦是空悲不二。假若單單僅有「空」，「空」無法顯現形相，然因「空」

中有悲、「空」中有顯、「空」中有覺的存在故，此「空」非一無所有的「頑空」，而是具足一切顯現，活潑、明朗、無所阻礙的「空」。

因此，「空」的本色展現為悲心，即是「悲空不二」；「空」的本色展現為顯相，即是「顯空不二」；「空」的本色展現為明覺，即是「覺空不二」。心性觀想為天尊時，認定外境的一切皆為心性的外顯，外境的一切皆是上師功德的顯現，與上師的心性無二無別。

此偈所謂的「自身觀天」在平日或在中陰歷程時，應當明瞭，天尊始終源自悲空不二而顯現，心性是悲空不二，內心投射的外境也是顯空不二；看到來世的父母時，應要理解，悲心化為男天尊相，空性化為女天尊相，交合亦只不過是展現悲空不二的作用罷了。

## ◇觀種子字入胎

或者也不用刻意觀想，明瞭萬法皆是悲空不二的心性所現，並非定要刻意想出天尊的形相，清楚知曉自性即是悲空不二，秉持著自他二者皆是悲空不二的認知，在自心也秉持悲空不二，清晰觀出本尊的種子字。

在此狀態下，將對境觀為空悲不二所顯的天尊也好，僅是契入空悲不二而無天尊形相也罷，空悲不二即是本初心、如來藏、佛性。若能秉持安住空性見地的決定信解，且自觀種子字而入胎，來世即能得到所謂的「暇滿人身」，一生際遇或是學佛過程的修行資糧不虞匱乏，具足一切的順緣，包含外相莊嚴、年幼出家、得遇善知識、煩惱微弱、具足智慧、擁有悲心等等學法上的順緣，有著如是的用意。然而僅觀為天尊是不足夠的，尚須「而後觀光明」。

其實學密乘並非僅有唸咒而已，平常觀誦時，有人說一天會唸多少遍的咒語，觀修多少尊的天尊。其實，重點在於有無遵循此偈第二句所云：「自身觀天而後觀光明」，這不是僅有投生中陰階段才用得上，在還活著的自性生住中陰階段時，即應勤加練習「生圓二次第」而靈活應用。

第三句「復以雙運圓融而觀修」，現在雙運已淪落為負面的含意，雙運、雙修都被誤解成亂搞男女關係的意思。其實，雙運是指空、悲的不可分離。上一句的「而後觀光明」是什麼意思呢？例如，現在已自觀為綠度母或白度母，自觀為度母且持完咒之後，並不是馬上迴向功德，而是先收攝度母的形相。

## ◇收攝竅訣

如何「收攝」？收攝的概念如下：拿著一面鏡子，對著鏡面哈氣會產生霧氣，接著霧氣會從四周往鏡面中央消融，最終霧氣會漸次消融至鏡面中央而不見（歸零）——收攝度母或其他天尊的形相時也是比照觀想。

自觀天尊相時，並非像現在有五臟六腑的肉體，也不是像銅製或泥塑、石雕、木刻的佛像是硬梆梆的實體，必須像彩虹一樣，空而顯現、顯而現空的方式來觀想天尊。「觀光明」是指如鏡面哈氣消融般，由外往內收攝原本的天尊形相，再消融於空性中。即如《金剛經》裡的「無所住而生其心」，沒有執著、無所攀附地安住著，無須尋伺心現在要放在外面或裡面，到底要怎麼樣安放自心，其實無需牽掛上述種種顧慮，只需鬆坦安住就好。

也不要想著，這次收攝好像不太順利，收攝了天尊的頭之後，腳又跑出來，收了腳之後，手又跑出來……等等。那些想法皆是以念治念，收攝不需要這樣，依循竅訣收攝消融於「空」中即可，消融於「空」中即是所謂的「觀光明」，這亦是消融於圓滿次第的收攝。

## 方便道、般若道

引導文云：「淨化執迷亂相的方便，乃是生起次第；破除生序執實的般若，乃是圓滿次第。」前兩句指的是觀修天尊相的用意，後兩句指的是如何正確地觀修天尊相。

所謂的「方便」與「般若」（慧）不可單一而行，即如《維摩詰經》所云：「無方便慧縛，有方便慧解；無慧方便縛，有慧方便解。」此處方便即是「昭分」亦即天尊相，慧即是「空分」亦即光明。無「昭分」的空，終究束縛於輪迴，有「昭分」的空，則是涅槃解脫；無「空分」的昭亮，終究束縛於輪迴，有「空分」的昭亮，則是涅槃解脫。

基本上，眾生與佛的差別在於二種障蔽，一是煩惱障，一是所知障。何謂煩惱障？貪欲、瞋怒、愚癡、我慢、嫉妒……等為煩惱障；何謂所知障？在顯現二相上，放眼望去，諸如認知是牆、房子、車子、窗戶、柱子、天花板，乃至於山河崖石、花草樹木等外境，都是迷亂相，也就是所知障。

生起次第是淨化執著迷亂相的方法，也稱為方便。迷亂相是所知障，又可細分為執相、二執等多種區別。然而聽到這兒，可能會認為貪欲、瞋怒、愚癡、我慢、嫉妒……等煩惱，會導致墮入輪迴惡趣，可以理解確實惡劣；但認為這是花、杯子，那是房子、車子等等的想法（所知障）又不要緊，有必要歸類成障蔽嗎?!

其實，並非一般人所以為的無關緊要，在本即不二的狀態中，顯為二相即是執取，那是以有著自、他，或說主、客二體的能執之心與所取之境，出現二相的迷亂。二相存在之後，認為是真實的**執實**與必是如此的**執相**，從而區分二相的粗細。

例如，作夢時，夢到有個人是自己的朋友，彼時會以執實認定彼人確實是朋友，朋友好言相向或危難中伸出援手，則會歡喜、感激；惡言相向或危難中落井下石，則會生氣、傷心。這說明了什麼？實際上，並不存在朋友，僅是藉由自心而出現自他二相，且將二相執實，而對於好言、惡言產生分別心。所以，到底執取二相有著什麼傷害，思惟一下就可以明白了。

至於執實也是沉浮於輪迴的根本原因之一。例如，夢中被某人反鎖在一棟房子裡，當下陷入出不去的困局，因為被某人鎖在房內了，即使努力想要走出房外也無法辦到，焦急沮喪坐困愁城，這是因何而起？因為執實之故！

事實上，夢中的鎖是虛幻的，房子也是虛幻的，更不存在啟動反鎖的某人，甚至被反鎖在房內的自己亦不存在，卻在一無所有中顯現二相，以執實認為是實際存在，而出現囚禁房內的窘況。所以，執實到底有著什麼傷害，以此類推即可明白了。

例如，倘若對於原本無有自他二相的夢境，自己執為實有，卻一無所察，在夢中即會出現焦慮、恐懼；出現恐懼時，若能知道是在夢中，僅僅是於無有自他二相，卻顯現為二相的虛妄，夢中的恐懼立即消失。因此，二相有著如是的傷害。

實際上，真正的本初實相是清淨的，怎麼個清淨呢？與大日如來的淨土無二無別，卻因為無明遮蔽了自心佛性，因此，眾生看到的都不是原本的境相。然而，因為久遠劫來，已經太習慣迷亂相，從未覺察迷亂相有什麼不對勁：「很正常啊，本來大家看到的都是這樣啊！」是的，因為眾生都迷亂了！

## ◇觀修天尊

學習密咒乘的「生起次第」，藉著口訣將自己觀為天尊，看到的外境形相悉是天尊，聽到的聲音悉是咒語，心中所起的任何念頭，悉與心性的本質或說悉與法身無二無別，即如《大圓滿三寶總集》所云：「一切景象昭空本尊身，一切音稱離詮咒語音，一切念想自性離認持，圓滿廣遍任運無所緣。」秉以上述的理解而觀想，即是「生起次第」。

但是一直執著於「生起次第」尚嫌不足，因為僅單有方便而無般若，終究無法解脫；方才提到引導文的下文「破除生序執實的般若，乃是圓滿次第」，生序即是生起次第，「序」是「次第」的意思，執著凡夫相和執著天尊相都是執著。前者是粗分執著，像是鐵屑，後者是細分執著，像是金屑，黃金當然比鐵珍貴，但是兩者放在眼睛都會造成疼痛；同樣的，只要是執著，無論粗細，皆無法成佛。但是為了要先破除對於凡夫身的執著，必得指引觀修天尊相。

### 合格的八徵相

觀修未達到二種如量境界之前，應勤勉專致於觀修天尊相，直至日後出現「明顯量」，亦即所觀本尊**明然**、**徹然**、**了然**、**豁然**。假若所觀本尊相「**無所動搖**」（以任何方式都無法有所憾動），「恆不變異」（何者亦無法使之轉變），「諸無更改」（不會有絲毫變化、動盪），可以「幻變一切」等四徵相時，即表明已到達所謂「穩固量」之境界。明顯量、穩固量共有上述八種徵相，在未至究竟境界之前，應當一直堅持不懈地修持。

因為眾生習慣於執實、執相，現今若不安置自他的名相，心中會覺著甚不舒坦，認為必須要有些什麼才安心，雖然究竟實相上並非必得有些什麼。既已執著一切為「有」，突然要強制認知情器世間皆非實有、悉是空無，不但無法接受，也不曉得該如何契入。

## 從「有」契入

因此，密咒的方便就是：既然眾生認定一切都是實有，就從「有」中入手。將執著庸俗凡夫樣貌的「有」，轉化成為執著清淨天尊的「有」，不用強力拔除執著實有的痼疾，一樣執著存在身體，僅需些微技巧，轉變凡夫身為天尊身即可。所以，生起次第的作用僅是轉庸俗為清淨，但是唯有契入圓滿次第為其主導，而令兩者並行時，方得消融一切執著，於空性中而成佛。

必須要理解，天尊的形相顯現如彩虹般，看得到但無可碰觸，而且凡夫的頭髮、指甲沒有知覺，但是觀想天尊的頭髮、指甲時，每一根頭髮、每片指甲都是佛智的顯現，每一個毛細孔皆散發本智光芒。當然沒法觀出無相的佛智，但是自知頭髮、指甲、毛孔即是佛智的表徵，秉持「清淨憶念」的理解觀想天尊。

以上《大圓滿三寶總集》四句所說的內容，雖然簡單的以四句三十六個字就帶過去了，實際上，需要半生的時間在等持位與後得位孜孜踐行。假設以綠度母為本尊，在平日就要多加練習觀想。有人可能會說：「我就是不會觀想，想不出來怎麼讓自己變成綠度母！」「我只會唸經、持咒而做不到觀想啊……」若不會觀想，則須以「自己確實是天尊」的決定信解（我慢堅固）而觀誦。

## 如魚躍水

回到本偈第三句「復以雙運圓融而觀修」，這是指原本自觀為天尊而後消融於空性，消融後讓自心完全安住於空性中，然後再從空性現出適才的天尊形相。長老曾引述生動活潑的譬喻：如同魚自水面躍起，水面喻為空性、圓滿次第；魚則是比喻為天尊相。如若注視著湖面，有時可看到魚驟然躍出水面，那就是「雙運圓融而觀修」之義。也就是在最初的觀誦，剎那間從空性中顯現出天尊相，後再收攝消融於空性；再如魚躍水面般，從空性中復現本尊相。

此刻消融於空性是法身，復顯現出天尊相是報身；報身、化身隸屬色身，因此，這時即是法身、色身的二身雙運。也是一開頭時，第一偈的第二、三句所闡釋的「解脫不淨虛幻而於淨，身得導引虛幻眾生之」的意思。從不淨的虛幻身中獲得清淨之身，繼而引導虛幻的眾生獲得解脫。然而，這唯有虛幻的聖身方能成辦，因此要向虛幻的聖身求取皈依。

## ◇形相明晰

此偈最後一句「顯現清淨幻身祈加持」，要如何祈求加持，令自己能顯現清淨幻身呢？觀想生起次第時，有三字要訣：「明、淨、堅」。明：形相明晰。淨：清淨憶念。堅：我慢堅固。

平日等持位必得練習這三項。

開頭時，先觀看畫工優美、形相如法的唐卡、法照，接著再閉眼嘗試能否在心中清晰顯現；當閉著眼睛也能清晰顯現時，再轉移自身於諸觀修細節，漸次努力。熟悉之後，再進行大小、多寡、主尊、眷屬……等等練習。

像這樣，首先專注於主尊來定心即可。無論是於一剎那間將佛身完全觀出，或是從頭飾頂端的摩尼寶，一直到蓮墊之間，將身色、頭臉、手足、衣飾，乃至於眼睛黑白等線條，相好、姿態、光芒等細節部分，應當皆令清楚。學習漸次依序地將各部分一一觀出，抑或同時明晰觀出，總之，需如無風的澄澈湖面顯現倒影般，令心專一而契入。

然而，不是如同畫布上的扁平，也不是如同造作的木石銅鐵材質般突出或毫無生氣，更不是如彩虹般的無心思，五臟六腑等軀體的印象亦皆須斷除，身形前後左右與腰身的粗細大小分明。如是執持於心之後，再循序地學習觀修眷屬、越量宮、剎土的莊嚴與護輪的清晰顯現。學習於心中清晰顯現所依的壇城與能依的本尊，就稱為「形相明晰」。

生起次第的意義，亦即將本天尊執持於心，是修定或寂止的最佳方法。全神貫注觀想是促成「形相明晰」的要點。

### ◇清淨憶念

清淨憶念對治或淨化貪戀實體物質。貪戀物質是指戀著於情器世間，亦即是執實，也稱作執為恆常堅固的頑強「法我執」，為了對治此種過患，宣說了「清淨憶念」。

這僅是將存在於佛陀聖意的三十七菩提道品諸種功德之自性，映射出天尊的相貌、身形與越量宮，實際上是為了淨化執為真實存在的貪戀。簡單來說，天尊的形相是由心性的功德而外顯的，好比觀想一尊勝樂金剛擁抱金剛亥母的雙身相，實際上是表徵空悲不二的本初心，空性是女相，悲心是男相，空悲不二體性的功德外顯時，即成男女擁抱的形相。

本初心的功德即如《本智成就續》所云：「得淨遠離心為佛，不變無垢是為法，功德普圓即僧伽，是故自心性最勝。」[81]沒有比自己心性來得更為殊勝的，三寶、三根本，法、報、化三身悉在自心具足，若要完全且迅速開展自心功德時，最佳的途徑就是密乘的觀修天尊。

「清淨憶念」泛指所觀想的天尊的手幟、頭髮、耳朵、眼睛、牙齒，乃至於身上配戴的瓔珞、手鐲、臂鐲乃至於腳鍊，都是內心佛性功德的外顯。無法一一的牢記每一種表徵的涵義無所謂，篤信皆是佛性功德的外顯，就是「明、淨、堅」三字要訣的「淨」，也就是「清淨憶念」。

無需存疑為何要帶耳環、瓔珞……明明就是男性，為什麼還這麼愛美?!或質疑天尊以五骷髏嚴飾頂門、佩戴五十顆鮮血淋漓的人頭珠鬘垂於胸前……若不知道清淨憶念，就會有驕奢華麗、荒誕殘忍……的想法。

比方說，要觀想男性本尊全身塗了大灰，但塗大灰在唐卡裡畫不出來。因此像印度教的瑜伽士 Sadhubawa，他們會去墳場用人的骨灰在額頭抹出三條粗線；印度教的大自在天也是這樣的造型，這三條白線其實不是白色漆，而是骨灰塗出來的。

在寺院的鐵水閻羅法會中，誅殺煩惱怨敵後，每天清晨入殿前，都會在參與法會的僧人臉

81 「得淨遠離心為佛」，自心佛性本即清淨，僅是驟然遭無明障蔽而生煩惱、所知二障。詳見第二四五頁。

上塗上三物表示戰利品：表徵貪欲清淨的血液點在雙頰，表徵瞋怒清淨的大灰塗在額頭，表徵愚癡清淨的脂肪抹在喉嚨。若能明瞭「清淨憶念」的內涵，這些儀式皆成為開顯佛性的助緣。

心性清淨昭亮如同太陽，縱然是烏雲密布的陰雨天，太陽本身光芒依舊燦爛，漫天烏雲其實無法遮蔽太陽；凡夫的心性宛如被層層烏雲遮蔽的太陽，雖然顯現不出昭亮的佛性光芒，然而自性功德依然存在而無損分毫，不會因為煩惱客塵即汙染佛性的功德。

體性本淨的佛性如太陽，只須烏雲般的驟然垢得以遠離、散淨，即得展現昭亮燦爛的萬丈光芒。「驟然垢」在佛經譯為「客塵」，意為不是原本就存在，如同賓客陡然而現，故而可以被消弭。

佛與眾生皆具體性本淨，體性就是本初心，原本即清淨的本初心顯現為形相時，忿怒與半寂怒的天尊為了彰顯功德，即以點血液、塗大灰、抹脂肪表徵三毒清淨。因此，若能理解天尊的所有形相皆是自心佛性清淨的功德，且各有其意義，就是「清淨憶念」的用意。

## ◇我慢堅固

「我慢堅固」是觀修天尊的生起次第之三項要訣中最為重要的！可以不知曉如何觀想天尊的「形相明晰」，也可以不甚明白所觀的形相是佛性功德外顯之「清淨憶念」，但是，必定要清楚明瞭「我慢堅固」其內涵[82]。若用白話解釋，「我慢」就是驕傲、傲慢，但是此生起次第的「我慢」不是一般凡夫因為優越感而自以為是的高人一等，舉凡因為家世、容貌、學識、工作、權

82《密集總意》：「遍計所執無等後，我慢堅固是要點，明晰亦可否亦可，思惟即此天尊矣，滅除戀著庸俗相。」

勢、事業、財富、名望……優於他人，自命不凡而傲視群倫，這種驕傲即是佛家所謂「我慢」，是會導致墮入輪迴的煩惱五毒之一，是應予斷捨的想法。

生起次第的「我慢堅固」是指了悟自己與他人的佛性皆是平等無別，堅固地安住在萬象皆是心性嬉戲，表象縱有不同，實則體性平等不二，如同黃金鑄造的頭飾與足飾，本質無優劣的差異，我慢雖是五毒之一，確實契入自地淨化，即成五智的「平等性智」，亦即「心即是佛，佛即是心」，我與佛無二無別，確實安住於此堅定信念中，即稱為「我慢堅固」。

所修的天尊，並不僅是作為觀想所依，在心中清楚地顯現而已，等持位所觀的天尊形象，必須與觀修者自己無二無別；更應確立「天尊即是我」的我慢，不但能夠不受障礙所侵擾，亦能摧毀我執，且順帶地令形相明晰。

「我慢堅固」台灣泰半譯成「天慢堅固」或「佛慢堅固」，實際上藏文直譯正是「我慢堅固」，因為中文與藏文相同，我慢就是傲慢的意思。上師一般在闡明「明、淨、堅」三字要訣時，會說明「我慢堅固」，不是一般所認為的我慢，而後陳述上兩段內容。如果一開始就譯成「天慢堅固」或「佛慢堅固」，佛慢與我慢二詞，從字面、字義看去已然不同，就無須上師再多做解釋了！

藏傳佛教的經論內容，皆是需要上師講解方能理解，所謂聞思修，先聽聞再思惟而後修持，〈法教興盛願文〉云：「顯密典籍諸明悉聽聞，聽聞諸義思惟予確立，即如所思觀已入心續，具德竹巴法教願廣揚。」」但華人不這麼認為，華人的觀念是——若經文的文句無法一看就懂，必是譯者的程度不佳。當然不否認譯者的程度良莠不齊，但撇開如實如理翻譯的議題不說，僅就文義而言，藏人不會認為自己私下必定看得懂經論的內容，若想看懂內容，就要請法師講解。這也是漢、藏文化的顯著差異，而非自己望文生義，更非看不懂就是譯得糟糕。

觀修天尊確實必得「我慢堅固」，何謂「我慢」？如何「堅固」？就必得以代代相傳的引導而得知，並非自我觀看經論摸索的心得。若能建立「自己確實是天尊」的決定信解，生前死後皆大有助益。

因此，假設座上觀修時，形相觀不明晰或無法觀想，當然也不會存在「清淨憶念」的環節。不過，即使形相不明晰或觀不出形相，「我慢堅固」卻一定要具足；若是做到了「形相明晰」，也達到「清淨憶念」的要求，確實了知所觀的每一細節都是展現自心佛性的功德，卻未能認知「我慢堅固」，那麼前二者是不起作用的。

## 果位起修

例如，遵循儀軌諭示，能清晰自觀綠度母相，也了知綠度母的手印、坐姿、衣飾的含義，卻因未曾聽聞心性即佛的見解，或是縱有聽聞，卻未確實思惟而疑惑重重，心想的是：「僅是觀想而已，我怎麼可能是綠度母！」持咒時，縱已自觀度母，心裡依舊想著：「請度母尊加持我啊！加持我得以親謁您，並於臨終蒙佛接引往生極樂啊！」這種觀誦不是密教開顯心性的修持，這是顯教二元對立的修持法！

即如《嘿汝嘎精要》所云：「性相因位乘之中，心性說為成佛因；咒語果位乘之中，心性觀為即是佛。」顯密皆認定眾生有佛性，承許眾生成佛，但是佛性在顯教的修持裡沒有具體作用。顯教以凡夫一步一腳印的方式，六度萬行從布施做起，僅是一個布施，含括所謂的財布施、法布施、無畏施等，若要圓滿其中一項布施，可能需要修五百世，或甚至五百世都不夠用，所以三大無量劫而得成佛，即是以此而說。當然，菩薩的精神是浪漫且勤毅堅猛、決不懈怠的，無懼時間與空間的考驗，無論如何痛苦、折磨、艱困，為利芸芸眾生，勇往直前。

然而，與顯教同樣承認眾生具備如來藏[83]，為了成佛，同樣發菩提心的密乘卻非如此。見地上，了知心性即佛性，確信自性為佛；於修持上，從佛性著手，彰顯此佛性，而將凡夫身觀修為佛（天尊）身，自始至終以佛身行佛事業，故說密乘是從佛的果位出發而修持成佛。

一旦開始修持時，就算僅是唸誦密乘的儀軌，事前也受過了灌頂，最重要的必須是，已確信自己心性即是佛的見解；倘若心態上不認定自性即是某某天尊，那是未曾深思而不理解使然，應當勤加聞思而確立信念。

甲旺傑祖師為什麼要在〈中陰祈願文〉的開頭加入「南無瑪哈母札雅」？短短七字梵文的意義譯為五字中文「稽首大手印」；且與一般所認知的中陰引導不同的是，我用了近兩堂的時間講述「大手印」的意涵：「輪涅萬法皆由昭空不二的空性實相而出，再無一法能凌越其上，超越其範疇，即是大手印之義。」就是這麼簡短的幾句話，足以讓眾人思惟、琢磨了大半天，因為沒有比自心來得更加的壯美、珍貴、遼闊。要先相信、確定自心是佛，如果一無所知或不甚確定，別說是密宗行者，甚至連佛教徒都算不上！

無論顯宗或密宗皆承認心性是佛，所以一定要先確知**自心即是佛**，秉此見地，才能契入密

83 《寶性論》：「如來藏遍布於諸有情。」

咒乘裡的生起次第。所謂的「我慢堅固」不是敷衍了事可得，口頭上說：「好啦！好啦！我慢堅固，明白了，我就是綠度母！」但內心依舊自我懷疑是否真為綠度母，就真的是枉費觀誦的功夫了。

常見顯教僧俗在誦經時，或是站立或是跪著，個人推測原因應是為了表示凡夫的誠心向佛，在佛前怎麼可以恣意坐著？必是恭恭敬敬侍立於旁，因此必須要站著或跪著誦經、禮懺。密教僧俗在誦經持咒時，少見有人站或跪著，絕大多數是坐著觀誦，因為是秉以外境皆為上師之幻化嬉戲，且上師與自心無二無別的見地來觀誦，以契合心性、不分內心外境的角度而行持，不是用庸俗凡夫相的認知，區分聖凡之別。或許是這種差異吧！

實際上，聖凡一體與聖凡之別的心態差異，也造就了是否「即身成佛」或「三大無量劫後成佛」的時間區別。因此，必須以此決定信解，將明、淨、堅的「我慢堅固」作為清淨幻身的依據，「顯現清淨幻身祈加持」，必須要這樣理解。

在臨終中陰階段將顯現母光明，法性中陰的階段會顯現文武百尊，其實兩個中陰階段所出現的就是空悲不二的自心實相！母光明是自心實相的空分，文武百尊是自心實相的悲分，空分即是法身，悲分即是報身。本有的佛性雖然殊勝至極，然而首要重點在於確信，即此心性即是佛！

如果骨子裡依然不信「心性是佛」，當然就不可能認持「即心即佛」，更不會明瞭「自他同一體」，在這樣區別凡聖、優劣的狀態裡，無法顯現清淨相，自然達不到密咒清淨相的要求了——看到張三就是張三，看到狗就是狗，看到鬼就是鬼，執實又執相，怎麼能生起清淨相呢？

## 上師之戲現

帕摩主巴師從岡波巴大師，法名是多傑甲波（金剛王），在上師座前學習時，因為是康巴人，加上是博通經論的格西，岡波巴都以「康巴格西」稱呼帕摩主巴。多傑甲波與杜松虔巴、薩頓秀貢合稱「康巴三人」，皆是岡波巴大師的得法心子。其中多傑甲波自弘法利生而聲名遠揚後，世人以其駐錫地尊稱帕摩主巴。

有次，多傑甲波繞著岡波巴的寮房經行時，邊繞轉而行、邊祈請上師，圖突然跑來幾隻兇惡狂吠的野狗，作勢準備撲咬多傑甲波。倘若是一般人，應是連忙拿起棍棒防身，若是個性強悍蠻橫一點的，必是丟擲石頭驅趕。

但是，多傑甲波卻是從容自在對著狗群合掌而頂禮，此情此景將野狗群嚇得不輕，立即轉身逃逸。恰巧這情況被岡波巴看到了，吩咐侍者叫住帕摩主巴進去問話。

岡波巴開口詢問道：「康巴格西啊，你怎麼向狗頂禮啦?!」多傑甲波回秉：「狗？有狗嗎？我僅是看到上師的化現，我是向上師頂禮，並沒有向狗頂禮！」這並非巧言狡辯，岡波巴也看出康巴格西的修持境界，當下予以嘉勉。

這正是《大手印》儀軌裡所云：「上師法身自心淨圓滿，識此本面義之勝祈請；諸顯有亦上師之戲現，究竟三身上師願成就。」——上師的法身於自心潔淨而圓滿具足，若能了知此自心本來面目，即是師徒二心合一，是心性義理之最勝祈請。外在所有顯現而有（存在）的境相，悉皆觀為上師金剛身，亦即化身之嬉戲示現，且將自身觀為天尊；外在的一切聲響悉皆觀為上師金剛語，亦即報身之嬉戲，且恆時唸誦咒語；一切念頭悉皆觀為意金剛亦即法身之遊舞嬉戲，且於平時觀修而住。能於究竟三身上師獲得無二無別，願以奉行此聖身、聖語、聖意三種誓言而得證成就。

若能顯現清淨相，一切時中都無所畏懼了！假設租屋於外或夜宿旅店，抑或在夢境裡看到窮凶惡極的鬼魔要來殺害自己，若能抱持「諸顯有亦上師之戲現」，哪兒還有逆緣障礙？

鬼要來殺害，視為上師而向他頂禮！仇人要來殺害，視為上師而向他頂禮！在虛幻的夢裡本就無需恐懼，若在夢裡常可達到這種境界，在中陰歷程則是一無所懼。就算遍滿虛空、外貌似凶神惡煞的文武百尊，遍放萬丈光芒、成群結隊一同出現，已將萬象都觀成上師顯現的自己，除了勝解心再無二心，既已秉持純然勝解心，解脫與否還有疑惑嗎?!必然解脫無疑！

一旦了悟外境與心性無二無別，就像刀鋒無法割傷自己，帝洛巴：「子兮，顯相不縛戀著縛，斷戀著兮，那若巴！」相同的顯相對不同程度的心，有著不同作用，原因在於了悟「心性外境一體」與否，若悟「心」、「境」一體再無任何束縛，何愁不能解脫？之所以不能自中陰解脫，就是有二元對立的緣故。

以此，「希」冀、「疑」慮又冒出頭了，冀望逃離威脅，疑慮落入追殺，這就是修行最大的忌諱。平常若保任、維持得住「諸顯有亦上師之戲現」，深信宇宙萬象皆是上師的顯現，其實不用談到死或解脫，在平常待人處事上也會輕鬆得多。雖然不甚容易，但若能在習氣上如是認知，對生死皆有很大的幫助。

## ◇認持夢境四步驟

入睡前，先祈請上師，用自己所習得的竅訣去契入師心。有人問：「何謂認持夢境？」有人認為：「在夢裡自知在作夢啊！看到誰就知是在作夢了，因為那人已不在人世，以此曉得是在作夢。」有些人認為這即是執持夢境，其實這並不盡然，只是自以為知道在作夢。假設確知在夢境，即是已認持了夢境，這一共有四步驟：**執持、淨化、增長、轉化**。

例如，以執持確知在作夢後，因為夢中沒有肉體，在夢裡的身體就是意念所變幻的意形身；身體既然不是真的肉體，境相也是幻相，當然可以隨心所欲。此即執持的作用。

看到千坪賣場大火時，義無反顧，直接縱身入火；或是看到暴雨後河水傾瀉而來，也是毅然決然跳躍入水。此即淨化。

增長是指，一個人變成十個人，一個身體變成十個身體，十個再變成百個身體。

轉化則是，無論看到任何境相，例如一個男人現身要來殺害自己了，立即把他變成狗；看到一條惡狗，再將牠變成一個人；或是水轉成火、火轉成水等等。

另一種修睡夢瑜伽方法，臨睡前想著今晚要到極樂世界聆聽阿彌陀佛廣演言教，或是要到某座墳林聽取那若巴祖師說法，以此心願而入睡，在夢裡真的到達極樂世界，還可頂禮阿彌陀佛，向佛請示法義。真正的睡夢瑜伽是這樣修持的，能做到這樣，才叫作認持夢境，一般所謂的夢到誰，也知道他是誰，與我說了什麼，夢中有對話，都不是標準合格的執持睡夢。

某一世的噶千仁波切修持睡夢瑜伽時，化現為大鵬金翅鳥，恰巧當晚有位噶瑪噶舉的祖師也在睡夢瑜伽中化為大鵬金翅鳥，二人竟然能在藏地某湖相遇。噶瑪噶舉的祖師先入湖中攫取龍王至湖濱空地。龍王是一條巨蛇，一番打鬥被降伏之後，噶瑪噶舉的祖師正要令龍王起誓，從今之後護衛佛法；在那當下，在旁伺機而動的噶千仁波切陡然一躍衝出啣走龍王，接著龍王在噶千仁波切所化的大鵬金翅鳥座前立下嚴峻誓言。等於是噶瑪噶舉的祖師白忙了一場、為人作嫁，據聞那位祖師還在傳記裡數落了噶千仁波切撿現成便宜的行為。由此可見，夢境真的修得起來，兩個人還可以這樣在夢裡相遇。

像本派有一位祖師，也是在藏域修睡夢瑜伽時，睡前預設當晚要到八大屍陀林之一的清涼苑，意欲在清涼苑覲見那若巴，並請求給予法要。果然在睡夢中，到了印度清涼苑，親見那若巴祖師身著六骨飾坐在大石上，向祖師三頂禮後，開口請求賜予《那若六法》口訣。那若巴問：「要短品還是廣品？」祖師當時思忖：「聽取廣品，倘若定力不夠，可能半途醒來，還是短品較合適！」於是，朗聲回秉說：「請賜予弟子短品口訣。」於是真從那若巴祖師座前聽取了短品口訣，據聞祖師醒後寫下此口訣，並代代流傳下來。

睡夢瑜伽修得好，是有如此自在與功德，我等偶爾認持夢境都不能算數。雖然自以為是認持夢境，但是三世康祖法王開示：「一、二次知曉，那叫習氣迷亂、習氣投射！」所以千萬不要想太多，尚未接受睡夢瑜伽口訣之前，不會有那種功德的，除非自己是所謂「同時者」的上根利器，或「頓超者」的中根平器，不然，難如登天！

## 第20偈

**山崩海嘯以及森林焚，時末大風漩起般之音，較於千雷同響甚怖時，了知法性本音祈加持。**

在〈中陰說法——入於殊勝解脫城邑之大門〉的內容曾提過的六定兆、六不定兆以及恐怖四音等等，此偈講的就是由地、水、火、風四大組成的恐怖四音。這四大在哪裡？存在於自己的如來藏當中。一般雖說地、水、火、風、空五大，但是空大已在四大之中而不會另起作用，故僅說四大。

五大原本就存在如來藏內，尚未了悟前，五大是地、水、火、風、空；一旦了悟時，即成五方佛妃——地是佛眼母、水是瑪瑪給、火是白衣佛妃、風是誓言度母、空是空界自在母。清淨時是五方佛妃，不清淨時就是五大。就好似五煩惱，尚未了悟前，是貪欲、瞋怒、愚癡、我慢、嫉妒，一旦了悟時，即成五智，僅在知與不知、明與無明之間，即有雲泥的差異。

### ◇恐怖四音

因此，「山崩、海嘯以及森林焚」，宛如夜晚的夢境，意思是身處「業之中陰」的眾生，有時會聽與看到地表裂開、吼聲向天，連綿的山脈整座崩裂，或是十級地震，上下震動、左右搖擺、停了又晃，感受到自己被沉重的石頭壓於其下，或是森林裡參天大木整片滑落山坡。然非僅是旁觀，而是身歷其境感受劇苦，陣陣餘震中滾下大石復壓身上，這是因為未能調整、認知地大的緣故，以此出現恐怖四音的第一種——地大之音。

因為未能清淨、認知水大，頃刻間，高達數十米的九級超大海嘯迎面襲來，呼嘯的海浪水牆陣陣捲來，把自己捲入汪洋大水中，令人窒息的巨響、徹骨的寒冷與漫長的飢渴，試想那是多麼驚慄無助的事，這是恐怖四音的第二種——水大之音。

因為未能清淨、認知火大，有時又會看到廣大茂密的森林倏忽間整片著火燃燒，噼裡啪啦、嗶嗶剝剝的響聲震耳欲聾，撲面而來的蒸騰熱氣，赫赫炎炎的火勢灼燒、啃食著身體，過程產生巨大痛苦，這是恐怖四音的第三種——火大之音。

佛經說：「一大劫有所謂的成、住、壞、空四個中劫。」經過七水七火後，出現力勢猛烈異常的劫末罡風，將世界萬物如摧枯拉朽般一掃而空。這是因為未能清淨、認知風大，就會經歷毀壞大地的狂風，伴隨著千雷響起的巨聲與陣陣閃電，自己被捲入龍捲風中，颯颯風聲從耳旁呼嘯著掠過，隨風擺布吹向陌生的遠方，寸寸肌膚被割裂的苦楚……這是恐怖四音的第四種——風大之音。

以上這些是身處業之中陰的眾生會出現的妄境。之前提到「恐怖四音」包含大山崩裂、海嘯巨響、森林焚燒與劫末狂風等境相，但是此時的關鍵在於，要明瞭上述境相並非如同在網路、電視上所見的外在災難，而是悉由自心所投射而出的幻境。其實是因無法認持蘊含在如來藏的四大（或五大）之外顯，若能了知而認持四音的本質，將不會受其迷惑、矇騙而心生畏懼，故說「了知法性本音祈加持」，要能知道，由衷祈請，也要明瞭，完全無需害怕，由自心投射於外的法性本音，應如是理解上述的恐怖四音而坦然安住。

「了知法性本音祈加持」，了知中陰境相後，並非一籌莫展、四下奔逃，而是要能坦然面對，若是知曉後反而驚慌失措，那是無意義的。

我少年時聽過密乘有所謂的親謁本尊之說，記得在十八歲時，曾請示過安諦長老，因為傳聞中長老觀修的本尊是鐵水閻羅，那是文殊師利菩薩的忿怒相，令人驚怖顫慄的外形，三面六臂鐵錐身，威猛悍勇，全身毛孔散發熾然的本智火焰。長老已經觀修數十年，想必定已親謁本尊，我請示說：「親自謁見鐵水本尊時，您不會害怕嗎？」長老當時一邊煮茶，一邊簡單答覆：「你會怕自己的心嗎？若會害怕自心，就要害怕鐵水；若不怕自心，就無須害怕。」

法性本音也是同樣原理，看到山崩、海嘯、地裂、火燒森林、狂風暴塵……的景象時，若能夠知曉這是自心所顯，就沒有什麼好恐懼的。在還活著（生住中陰）時，要訓練自己遭遇任何突發災難，或是落單不要懼怕。有些人害怕獨居，尤其出差、出國，因為擔心獨處時，鬼魅會現身驚嚇、騷擾或殺害自己。假如心生恐懼時，反問自己在怕什麼？恐懼對方傷害自己的身體或是心？

若是身體，此軀體終究難免一死，且從無始的輪迴以來，自己縱已得過無數次的身體，卻從未圓滿過一次布施波羅蜜多；假設有鬼魔看得上自己，欲做出傷害，終歸死亡的身體，提前布施尚可圓滿布施功德。思惟至此，應當心生歡喜雀躍，得未曾有，想著：「善哉！善哉！你要來助我圓滿布施波羅蜜多，需要什麼請恣意拿取，十分感謝！」

倘若是怕傷害自己的心，密勒尊者說：「三世諸佛齊聚放光加持，此心不會變得更好；十八界的鬼魔全部出現，且皆已千刀萬剮地來傷害破壞，此心也不會有一絲一毫的損害。」心全然無損，身體圓滿布施波羅蜜多，真不知從何怕起！

得過心性引導的人，可再更進一步的知悉，而安住在恐懼的體性中，恐懼也僅是念頭而已，一反觀念頭即刻消融，而後安住在彼狀態裡，對於一切境相，悉以走馬看花的心態面對就沒事了，業之中陰（或投生中陰）僅是如此而已。

## 第21偈

具足五色光芒炫且亮，光與明點微點般之中，

恐怖怒眾打殺聲出時，了知自相本天祈加持。

隸屬空分的臨終中陰消逝之後，繼而出現的法性中陰是昭分的作用，又稱任運自成境相；此刻以昭分自顯的緣故，在五彩繽紛的光與光芒、明點與微點般之中，出現文武百尊的境相。

明點是指圓圈的意思，在藏文裡，明點本身就有多種的理解，包含男女的精液、圓圈、光點皆稱「明點」，「微點」就是更小的明點。也就是天地籠罩在光與明點、光芒交織的光網裡，撼天震地如暴雷狂降的「打啊！殺啊！」之嘶吼聲，令人驚慄、怖畏的忿怒諸眾紛沓而來，遍滿虛空。此時如同上述，秉持一切都是自心所顯現的了知，以清淨心看待這些天眾，坦然安住而祈請。

### ◇境相即天尊

這時應當理解，在中陰裡，沒有誰可以真的傷害自己，任何恐怖的景象都是自心所顯現，皆是自心的幻象，有什麼可畏懼的？以清淨心看待這些天眾，與彼天眾親近而行。

比方說，今天某國民被恐怖份子綁架了，獲知情報後，國家派出特種部隊要營救人質。部隊的軍人與恐怖份子衣著配備相同，也是全副武裝拿刀拿槍的，來搭救的兵團與挾持人質的兵團，二者外相看起來雖無差別，然而人質若誤會友軍成敵軍而沒命似地逃跑，將錯失被拯救的

機會。

此時應當要理解，在中陰裡，無人可以做出傷害，任何恐怖的境相既是自心所顯，為什麼要懼怕自己的心呢？唯一要做的事——與彼天眾親近而行。就像偈末所云：「了知自相本天祈加持」。自相本天是自心所顯的境相本即天尊之意，眼前所見所顯的境相皆為天尊。從清淨相上而言，境相所顯本即天尊，所以了知自相本即天尊，此處的「天」不是天空，而是諸佛菩薩的意思。

然而，有關於**自相本天**自古以來有些爭議，祖師們看法不一。文武百尊在法性中陰階段到底會不會顯現，有肯定與否定的兩派說法。

持否定觀點主張不會顯現，認為生前從未觀修文武百尊，完全沒有薰習，憑什麼能顯現？持肯定觀點主張必然會顯現，比方說，色、受、想、行、識五蘊，若得清淨即是五佛，地、水、火、風、空五大，若得清淨即是五妃，對於所謂的五蘊是五佛，五大是五妃，新舊二派皆共同承許，內心本即具足五佛、五妃，中陰階段有什麼理由不顯現？經過了隱沒（消融）次第的顯、增、得三相後，雖未能認持第四剎那大光明，但尚未完全被貪、瞋、癡再次包覆之前，自然而然顯現佛性時，必然投射成文武百尊顯相。

# 第22偈

## 貪欲瞋怒愚癡所成之，白與紅暨黑色之懸崖，以為自將摔落甚懼時，了知自相清淨祈加持。

這偈提到的白、紅、黑三大懸崖，分別由貪欲、瞋怒與愚癡所形成。沒有眾生不具備這三毒，這內在三毒在中陰階段，會形成甚極高聳危峻的白、紅、黑三色懸崖，彼時會看到自己踩在驚心動魄的陡峭懸崖邊上，且有搖搖欲墜無可自我控制的感覺，似乎隨時快要墜落到深不可測的其中任一懸崖。

### 一切所顯是罪心

其實在這當下要能理解，這只不過是內心本有的貪、瞋、癡煩惱所外顯的白懸崖、紅懸崖與黑色懸崖而已，除此之外，並沒有真正在某處有這樣險惡高峻的外境。所以在第三句「以為自將摔落甚懼時」，應要了知這是自心投射的境相而非外境。

如寂天菩薩所云：「彼等一切由何成？如是彼等諸一切，是為罪心能仁言。」此偈說明，地獄的種種境相是由什麼所形成的呢？釋迦牟尼佛說「是由自己的罪惡之心所造作而成」。能仁是牟尼的意譯，是「皆能做得到」之意。

倘若地獄的境相是由自己的造作罪惡之心所成，中陰就更不用說了，中陰的詭譎奇幻境相，都是自己的貪、瞋、癡三毒所形成的。因此，今生因為貪欲熾盛、性喜發怒、愚昧無知而造業，在中陰階段以為將要摔落，甚為恐懼而墜落谷底後，彼時即是墮入餓鬼、地獄、畜生三惡趣。三毒煩惱果真是自作自受，到頭來還是害了自己。

然而，貪、瞋、癡三毒的本質也是清淨的，若能觀其本性而安住，即得清淨。貪欲自地清淨，即成妙觀察智，亦是阿彌陀佛；瞋怒自地清淨，即成大圓鏡智（或大明鏡智），亦是不動佛；愚癡自地清淨，即成法界體性智，亦是大日如來佛（毘盧遮那佛）。因此在迷與悟之間，即有束縛與解脫的差異，此際惟有一心向上師祈請「了知自相清淨祈加持」。

## 第23偈

隨所投生而成其身形，白紅黃與藍色黑色光，
天人畜生餓鬼與地獄，五道依序了知祈加持。

### 五光類屬五道

據說若以四十九天作為中陰的期限，前二十一天神識會以自己生前所習慣的形體，幻化成中陰的意形身而遊蕩；之後，一直到投生前，變成來世的形相而遊蕩於中陰。若是來世要墮入畜生道變成一條狗，前二十一天是前世人的形相，第二十二天開始，身形轉變成四蹄生風、鋒利的爪子、脊椎成水平方向、撅著尾巴、一縱兩跳在地上行走。

有關於光芒所屬，每個教派講的不盡相同。若以此篇〈祈願文〉所說的為準，白色光芒屬於天人沒有爭議，但有的傳承說，紅色光芒屬於阿修羅，有些說紅色光芒屬於畜生。但本派主張紅光屬於人道，黃色光芒屬於畜生，藍色光芒屬於餓鬼，黑色光芒屬於地獄。以上是五光類屬五道的差異。有人注意到阿修羅道屬於哪裡？阿修羅屬於天人這邊，只是進入之後，再可能因為各自業力不同，而分別投生至天人或阿修羅，有些細節上的差別。

## 第24偈

越量宮暨天子與行欲，天鵝勝群馬所莊嚴湖，
良宅父母結合若見之，清淨貪瞋嫉妒祈加持。

### 投生人天善趣

第一句的越量宮是超越測量、無可測量的宮殿樓宇，故稱作「越量宮」。第一句的第四個字會有些微差異，在藏文裡分別有「暨」與「內」的說法。若是「暨」則為「越量宮暨天子與行欲」——看到越量宮也看到天子、天人諸眾，以及所享用的色、聲、香、味、觸等五種妙欲；若是「內」則為「越量宮內天子與行欲」——看到越量宮內的天子、天人諸眾，以及所享用的色、聲、香、味、觸等五種妙欲。

此處所描述的「越量宮暨天子與行欲」即是說明，見到了越量宮暨天子與其所行持的妙欲，將投生於天道。若以「暨」與「內」的差別而言，一是看到越量宮以及其外的天神，一是看到越量宮內的景象的差異，其實差別也不大，僅是些微情境上描述的不同。

此偈說明，自己即將投生時，倘若善業之力足以投生天界，就會看到越量宮內的天子，以及其所行持享用的種種妙欲，藉此心生欣羨，思忖：「如果我可以到彼處，該有多好啊！」好比走在路上看到豪宅，心生貪戀想著：「真是壯觀，如果我是那棟房子的主人該有多好啊！」這種心態屬於十不善業的貪心，在彼時彼刻的業之中陰階段，將會成為投生動力而化生為長壽

天人。

若是即將投生為人，眾所周知，人道有四大八小部洲，所謂的四大：東勝身洲、西牛貨洲、南贍部洲和北俱盧洲。

即將投生於東勝身洲者，會看見自己走入一片大湖，湖上有公天鵝和母天鵝優雅漫游於湖面，或此偈所言的公、母天鵝為湖面裝飾。看到自己走入或沉入湖中，即是投生到東勝身洲的徵兆。

將要投生於西牛貨洲者，會看見自己走入一片大湖，湖邊有著勝群漫走吃草，或此偈所言為勝群所裝飾的湖邊，此處的勝群指的是牛群。走入或沉入牛群所裝飾的湖中，即是投生到西牛貨洲的徵兆。

若將投生於北俱盧洲者，會顯現看到自己走入一片大湖，湖濱有駿馬低頭吃草、奔逐遊走，或此偈所言為駿馬所裝飾的湖邊。走入或沉入駿馬所裝飾的湖中，即是投生到北俱盧洲的徵兆。

即將投生於南贍部洲者，會出現偈文所言，看到良宅、豪宅以及來世的父母正在交合的景況，當下即如此偈所提點：「良宅父母結合若見之，清淨貪瞋嫉妒祈加持。」倘若自己即將投生為男，會對母親會生出貪欲，對父親會生出瞋心；若是自己即將投生為女，會對父親會生出貪欲，對母親會生出瞋心。以此貪瞋二種煩惱為動力，復以投生業力的催逼，即入母親子宮而入胎，一般沒有修持的人，就是以此方式而投胎。

由此可知，貪欲、瞋怒是形成輪迴的根本，其主要起因當然就是無明，不見自心佛性，以自他二執而沉湎於輪迴；無明為主因，貪瞋不斷地增長助其輪轉。為了避免受貪瞋所擾，應當了知貪瞋本質亦是妄念，以此理解祈求上師三寶賜予助力，得以「清淨貪瞋嫉妒」。應如方才所言，將來世父母二者觀為上師、本尊合而為一的形相，而不是看成一般的世俗男女；或了知僅是空而顯相的境界，了知這是顯空不二，而自觀本尊或種子字再入於胎中，也是可行的。

## 第25偈

狂風雨雲冷熱所催逼，洞穴岩谷斷枝等等處，
求救之故若起進入相，了知生處惡劣祈加持。

### 投生惡道

在電影裡看到男女主角去野外郊遊時，陡然烏雲密布，下起暴雨了，兩人找不到地方躲雨，隨手摘了荷葉撐在頭上，突然指著那邊說：「有山洞！走，躲雨去。」兩人攜手相伴而入……電影演出的浪漫情節，在投生中陰，若是如法炮製就慘了……

在中陰階段出現此偈所描述的狂風、暴雨、烏雲、冰雹，或是被冷熱氣候等現象所困擾而欲躲避，這便是業力所催逼，要盡速去投胎的徵兆了。

舉例而言，夏天艷陽炎炎、火傘高張時，走在戶外覺得天氣炙熱，當下一定是注意路旁何處可以吹冷氣或是喝冷飲解暑；有時走在街上或是爬山踏青，颳起了大風，下起了大雨，不可能有人原地佇立任由風雨吹淋。一般而言，直覺反應定是躲風避雨，這都是正常的想法，然而，正是這種正常的想法，成為中陰投胎的動力。

不斷地出現氣候困擾，是因為業力的催逼必須要投生到三惡道，因此所看到的境相就是洞穴、岩谷與斷枝……等場景，以業力之故，會認為彼地可以救護自己而起欲進入的想法。由於這些是投胎畜生、餓鬼的惡劣生處，因此若見洞穴、岩谷以及斷枝等等場景，必定要祈請上師、

本尊加持令我「了知生處惡劣」，加持知曉那些是不可前往的凶惡低劣之處啊！

## 不能進去的地方

以後爬山看到洞穴時，切記不要進入，因為不確知是處於現實世界或是中陰。或許有人認為那是小題大作，然而養成見洞穴即不進入的薰習，即能避免墮入畜生，誰能說習氣不重要呢?!洞穴、岩谷應該是畜生，斷枝是餓鬼，其實是哪一道都不是重點，關鍵在於，切記看到這些地方都不能進去。現實世界尚可入而返還，中陰階段可沒有重來的機會，因為業力之故，一不留神就一失足成千古恨了！

所以該當如何？應從今起，練習祈請上師三寶，這是唯一無欺之道。帕摩主巴祖師說過：「勝解心若已得臻標準，就算在中陰一無所知，然而由於（勝解心）是一可（有此即可成辦一切）之道，因此，即可徹底避免迷亂而得解脫。」或是自己修得很好，有著十足把握認持本面，否則凶多吉少！

# 第26偈

親見斷命女與良鐵屋，若以喜意起入彼地心，
了知本面且以無恐懼，於彼劣處迴遮祈加持。

此偈第一句的「親見斷命女[84]」的「女」，亦有「火」的不同說法，因為藏文裡「女」與「火」這兩個字詞，字基是相同的，差別只在上方的子音，「火」是མེ།、「女」是མོ།，僅是符號的些微不同，因此又有一派說為「斷命火」。既然二者皆有可能，那就講解兩種狀況，總之，二者悉是讓自己墮入地獄的誘因。

## 直教人生死相許

所謂的「斷命」是指：斷人性命的閻羅使者以黑繩、鐵鍊、令牌來拘提亡者，拖行至森冷晦暗令人心生憂懼的地府，亡者覺得已被黑白無常、牛頭馬面拘拿而無處可逃。不過，這皆是中陰的虛幻境相，若能勘破，則無須畏懼。

「女」與「火」，首先「女」是指生前所貪愛之男或女。十五世紀的西藏仍是男尊女卑的社會結構，經論皆以男人為主而說，古代農（牧）業社會以勞動力為主要指標，以勞動力強的男人為尊，至少在檯面上，一定是男人主動向女人示愛，所以才說「斷命女」而非「斷命男」；不過，現今已經男女平等了，所以可以明說男女兩種情況都有可能發生。

84 斷命女（མོ།），歷來〈中陰祈願文〉有兩個版本，斷命女（མོ།）、斷命火（མེ།），上師們各有採用。

「女」或「男」的作用，在《大手印前行》與《普賢上師言教集》裡闡述「輪迴過患」時，說道：

「走到鐵柱山前，在此罪人看來，前方有著一座大山聳立；前往彼地後，在山下有著恐怖猙獰的雜色地獄犬將其活吞；復活之後，會看到生前所貪愛的男（女）愛侶在山頂上柔聲呼喚自己；開始往前邁進後，因為坡上青草邊緣的十六或十二根數量不等的鐵刺尖頭全皆朝下，將全身上下毫無間隙的刺透。到達山頂後，之前所貪愛而呼喚自己的伴侶，卻已不知所蹤；猛然出現尖嘴銳利的雜色鳥，啄食其眼珠、身體與吸取腦髓等等，痛苦無以復加；一陣啄食後，又看到所貪愛的伴侶在山下遙呼著；行走下山時，青草的鐵刺尖轉而往上，將身體毫無間隙的刺透如串串肉條。抵達山腳後，之前呼喚的伴侶消失無蹤；復被守候一旁的地獄惡犬將其生吞後，又出現呼喚的景象，令其行走上山，復被鐵刺穿透；行至山頂後，又被餓鳥所啖食；而後山下又有呼喚景象，下山又被鐵刺穿透；抵達山下又被狗吞食。像這樣的來回奔波，即使一剎那亦不得停留，須長時間感受痛苦。」

真可謂是「問世間情為何物，直教人生死相許！」為了追逐愛情，不顧一切勇往直前，確實是「業力恆久遠，痛苦永流傳……」，看到山頂有自己所朝思暮想貪愛的男、女愛侶，源於是因惡業而墮落。會看到對方在山頂殷切呼喚，自己不畏艱難地上山而遍體鱗傷；排除萬難到了山頂，又看到所貪愛的對象在山下呼喚著；行走下山時，再次被遍體割刺而血肉模糊。

縱然痛苦異常，因為業力的牽引，眾生就是會周而復始不停地上下山，始終不棄，真的是「生命誠可貴，自由價更高，若為愛情故，兩者皆可拋。」

## 飛蛾撲火

「斷命火」是指熊熊燃燒的火焰，望去令人激賞不已，覺得火焰看起來十分悲壯美麗，異常吸引自己；「良鐵屋」是指看起來非常美好的良宅或是莊園，看過去似乎舒適無比！

第二句「若以喜意起入彼地心」，是指倘若對上述情境或伴侶起了歡欣喜悅的想法，吸引自己非要前往欣賞或共度此生的極度愛戀，這就像飛蛾撲火一樣被火所吞噬；因為業力之故，飛蛾對油燈光芒的貪愛是無可抗拒的，只能疾飛奔入火中而被燒死。

若以喜意而起入彼地的心思時，必須知曉，那些境相只不過是內心的本來面目所展現的另一種型態而已。因為抵達鐵屋之後，猛地驚覺，原來不是美好的良宅，而是墮地獄的通道，因生恐懼而亟欲逃脫時，以憂懼惶恐的心態即刻墮入地獄，故說看見「良鐵屋」是墮地獄的徵兆。

此刻該當如何面對？此偈明確告知我等：「了知本面且以無恐懼，於彼劣處迴遮祈加持。」即使已到了即將墮入地獄的臨界點，只要知曉這即是心性的一體兩面，如同夢境般的虛假，絲毫無須畏懼。若以毫無恐懼的心而安住，便可以此迴遮引誘墮入彼地獄之劣處，故云：「於彼劣處迴遮祈加持」，祈求上師加持，即使走到了這樣的地步，也能知其虛幻，不起恐懼而迴遮。

## 第27偈

胎與卵生眼紅與嫉妒，濕熱所生貪戀味與香，於化生處生起貪欲時，無有貪瞋愛戀祈加持。

基本上，眾生有四種出生方式：胎生、卵生、濕熱生與化生。天人是化生，地獄的眾生也是化生，人類通常都是胎生，但是也有化生，除了蓮花生大士，就是阿爾雅提婆，譯為聖天，也稱聖天菩薩，是龍樹菩薩的弟子。因為年代久遠，往昔祖師的生卒年都會有些出入，顯密二者所載兜不太上。按照藏傳佛教的說法，龍樹菩薩的弟子是聖天菩薩，聖天菩薩的弟子是馬鳴菩薩；但是漢傳是說，龍樹菩薩的再傳弟子是馬鳴菩薩，亦有馬鳴菩薩早於龍樹菩薩的說法……眾說紛紜。

### 馬鳴攻占那瀾陀

西元二世紀時的那瀾陀佛學院，被當時還是外道的馬鳴論師攻占了。馬鳴論師出生在印度外道家族，從小即受深刻的外道教化，其天資聰穎，才智雙全，加上又得到了「濕婆神（大自在天）」的加持，於少年時已辯才無礙，進而將外道皆為之降伏，也因此產生驕慢之心。

因為母親的一席話，激起了他想要降伏佛教的決心，隨即前往當時內道翹楚的那瀾陀寺要求辯法。當時的規矩是，外道、內道若是進行辯論，輸的一方要拜在贏方的門下。若外道贏了，內道趨附；反之，內道贏了，則外道改信佛教。

據說當時，由於馬鳴論師具有超人一等且難得一見的辯才，寺內多位大小堪布、班智達悉數出來應戰，然而盡數敗北，無人能與之匹敵，並被其關入牢中！其中原因為馬鳴曾經觀修濕婆神且親蒙承諾：「任何胎生皆無法擊敗你！」。

當時的住持和尚深受威脅，於夜晚夢中即見烏鴉面瑪哈嘎啦前來託夢，要和尚修書給龍樹與聖天菩薩師徒二人求援，束手無策的住持和尚當即修書，請護法送與龍樹與聖天師徒求援。

## 龍樹師徒備戰

龍樹菩薩收到書信，意欲前往相助，然因年事已高，所以聖天阻止師父前去，並說自己願意代師出征，降伏外道。龍樹菩薩雖然應允了，但事關佛教的法運，為了確保萬無一失，提議師徒二人練習攻防。

於是由龍樹菩薩扮演外道，聖天菩薩則以佛教觀點辯論，雙方言之鑿鑿，確可信據。可辯論到最後，聖天有些招架不住，嚴重懷疑龍樹菩薩是否已轉為外道，一氣之下，抓起鞋子就往師父的頭上打去。

龍樹菩薩倒也沒生氣，僅僅是點頭說：「按照你這樣的實力，此行辯論必定勝券在握；但是因你用鞋子打我，在路上恐有障礙！」得到勝利授記的聖天菩薩，即刻出發前往應戰。不出龍樹菩薩所料，在路上有一婦人向他乞討眼睛，因奉行菩薩戒且一向慷慨布施的聖天菩薩，對於別人的乞討，毅然用手挖出自己一隻眼睛送給對方，婦人因此得以重見光明。

另一說是，聖天菩薩在前往那瀾陀寺途中，遇一魔女所化現之盲人請求施捨一眼，聖天菩薩悲憫即捨一眼施予，可魔女拿到眼珠後，竟丟棄地上以石砸碎，聖天菩薩見狀而心生後悔。因聖天菩薩在布施後又生悔，故其終生獨眼，無法復明（布施後，若不生悔，以其真實力，必可復明）。

聖天菩薩到達那瀾陀寺之後，即混入眾僧侶行列中。為了預防外僧混入，馬鳴論師每天都會拿著手杖數著人頭：「一個光頭、兩個光頭、三個光頭……」數著數著，咦~怎麼會多出一個光頭？便問：「你這個獨眼光頭是怎麼來的？」聖天菩薩說：「自是從脖子上長出來的！」馬鳴再問：「你來做什麼？」「雖僅一眼，但我已證得三界悉為空性。」聖天菩薩說。

## 神鬼出奇兵

馬鳴論師當即知曉對方是來挑戰自己的，隨即與聖天菩薩展開辯論。事實上，兩人身後各有依止的天尊助陣。馬鳴辯論時，不僅是依靠自己之力，有濕婆神與其眷屬，計有一隻鸚鵡、鄔摩天女、一塊神板和一罐瓶子。

鸚鵡、天女會告訴他下一句應該說什麼，神板上也會現出文字，告知下一句該如何回覆；再不濟時，大自在天則會進入此瓶中提示、協助辯論。聖天菩薩知道這件事，事先準備好一隻貓、一個豪放不羈的男人，且在馬鳴的神板表面塗油，在瓶子內裝滿穢物。

辯論雙方各擅勝場，過程中高潮迭起。聖天有文殊菩薩暗中相助。開始辯論時，兩人同坐十層墊子，以回合論輸贏，敗者即抽出自己的一個墊子給贏家，慢慢地，贏者愈贏，則坐愈高，以俯瞰之姿俾倪輸家，氣勢出現消長。

在第一天幾回合結束，聖天菩薩莫名敗下陣來，坐墊僅剩不到一半了，對於自己何以辯輸，百思不得其解。後於夜晚夢中，文殊菩薩提點聖天：「你錯置了嘎屋[85]的面向。」若嘎屋內的佛像朝內，便等同與文殊菩薩辯論，饒是聖天再精通佛經，如何辯贏文殊菩薩？因此，僅需「嘎屋面向朝外即可」。

## 正見完勝外道

果然，隔天聖天菩薩再與馬鳴辯論時，勢如破竹，聖天的墊子越來越高。對於聖天的提問，馬鳴已近詞窮，無法作答，多次求助於濕婆神與其眷屬——鸚鵡前來助力，聖天菩薩便放出貓，鸚鵡急匆匆地飛走；換成鄔摩天女來相助，聖天菩薩則喚來豪邁的男人掀起裙子露出陽具，天女羞赧地轉過臉，悄悄地離開了；求助於神板顯現字句，卻因神板已被抹油而現不出文字。節節敗退之際，馬鳴寄望於瓶子，但此時瓶內已裝滿了糞等不淨物，畢竟尚未得證空性，仍存有喜歡潔淨、厭惡臭穢之想的大自在天，見此等穢物遂不願前來。

馬鳴完全找不到任何援手，論戰到最後，馬鳴沮喪哀嘆說：「若僅僅是你與我之間的辯論，我絕不會輸給你，我只是輸給你肩膀上的那個人罷了！」可見馬鳴也是相當有慧根的，竟然可以感受到文殊菩薩的存在。

說完，前半生叱吒風雲、天之驕子的馬鳴不願認輸，便頭也不回地往天上飛去，他的目的地是濕婆所居住的天宮。聖天見後，連忙披起披風，緊隨其後也飛了上去，二人愈飛愈高後，

85 以銀、銅、鐵鑄製的小盒子，形狀或圓或方等不同形狀，內置佛像等等加持物，印度、藏人深信能以此獲得庇佑。

不久，聖天阻止馬鳴再往上飛，因為若再往上會有利刃風，將人割成碎片。

當時尚是外道的馬鳴心想：「這世上哪有那麼好心的人，知道我把偌大的佛寺搞得烏煙瘴氣，全寺僧人都恨自己恨到牙癢癢的，如果知道我會被割成碎片，不是最稱心的事嗎？又怎麼可能出言相救！」見他不信，聖天建議：「你不妨往上拋一截頭髮試試便知。」半信半疑的剪下一截頭髮往上方一丟，果然整條髮束被剛風碎成微塵。

此時，馬鳴心意稍有轉變，訝異於佛教徒對待敵人的慈悲心。因為自己數論派的教條，是絕無以善心對待敵人這回事。而後，二人從天上飛下來，由於馬鳴曾經挑釁學院，且不願意皈依佛教，所以被關在藏經閣中，百無聊賴的他開始翻閱起了佛經，竟然意外讀到數百年前的《般若經》中記載佛陀的授記：「未來當《般若經》廣弘時，將有人發惡願欲破壞《般若》之弘揚，破壞佛的教法。」佛說完後，有一聲聞站起身朗聲說道：「世尊勿以為慮，我會懾服此人。」此聲聞即聖天菩薩之前生。

馬鳴論師見此授記，恍然大悟原來佛是如此之殊勝，明瞭一切皆在佛陀二智[86]的徹見當中，更知曉自己已造下極大惡業，極為驚恐懊悔，沉聲向聖天菩薩說：「我知錯了！願在大眾面前挖出心臟以謝罪。」聖天菩薩寬慰：「無妨，與其挖出心臟，不如以你的智慧、辯才、才情弘揚佛法。」此後，馬鳴論師洗心革面，用餘生寫下《大乘起信論》、《佛所行讚》……等諸多著述，並以詩歌、戲劇、音樂宣說佛法，風靡雅俗，廣弘大乘，成為佛教史上赫赫有名的馬鳴菩薩，

86 分為「如所有鑒知本智」、「盡所有澈見本智」二種，簡稱「如所有智」、「盡所有智」。因為完全斷捨煩惱障，破除人我，故得「如所有鑒知本智」；完全斷捨所知障，破除法我，故得「盡所有澈見本智」。

亦稱為勇士阿闍黎。

又離題了！我要講的是化生，人間有蓮花生大士、聖天菩薩都是屬於化生，加上其他三種，在六道共有四種投生方式。如何以「四生」各自的方式出生呢？例如，胎生與卵生都是對父母生起貪瞋與嫉妒，眼紅就是嫉妒之意；若是貪戀滋味與香味，就會是濕熱生，因此，濕熱生大多是貪戀味道而來的。

第三句「於化生處生起貪欲時」，並非絕對如此，例如地獄是化生，天界是化生，中陰眾生是化生。雖說中陰眾生是化生，但據說，確實行持佛法者，不會顯現這樣的中陰，有著勤勇良善修持的人，在死亡的當下，即可生於善趣或是往生他方淨土。因此，化生並非絕對好或絕對壞，當知有優劣二種之別。

第四句「無有貪瞋愛戀祈加持」，然而，如前所言，形成輪迴的根本是貪欲、瞋怒，主因雖是無明，卻是貪瞋不斷地助其增長，愛戀於貪或瞋的對境，皆是墮入輪迴之因。因此，祈求上師三寶加持，能無所偏執於貪念或瞋念而安住於心性。

## 第28偈

親見父母等等生處時，無有貪瞋了知乃虛幻，
秉以了知實相本面念，無戀胎門關閉祈加持。

### ◇關閉入胎之門

如前幾偈所云，親眼看到來世父母等等投生處時，心中秉持觀修的把握，讓自己透徹於貪欲、瞋心的本質，安然而住，了知所顯乃是虛幻而不真實，秉以生前觀修生起次第的把握，了知自心本初實相的悲空不二之面目。雖然在此僅是簡略帶過，其實是非常重要的。

當然一定先要祈求上師直指而了知心性，也就是〈三句擊要〉所言：「必先在見解上『直指於本面』，而後於修持上『確定於唯一』，方能在平時的所作所為悉得行住坐臥皆是禪，以此『掌握於解脫』。這確實是擊中要點的菁華。」面對投生處時，心中不起戀著，或說不被貪瞋左右之後，願以了知心性本來面目的正念，祈請上師三寶加持，關閉入胎之門而不再投生六道，這即是最後一句「胎門關閉」之意。

# 七

## 祈願文

以下三偈為願文。

## 第29偈

**倘若未能關閉而投生，極樂剎與兜率或現喜，轉輪王婆羅門諸種姓，得以如思投生祈加持。**

倘若生前能有確實且合於規格的觀修，在此階段就能展現自主的能力，即是所謂的「如思投生」。反之，因為心性修持不到那種程度，或是因為業力的羈絆，必然無法如心中所想而前往投生處。

任誰都想往生淨土，例如阿彌陀佛的極樂淨土、彌勒菩薩的兜率內院或是不動佛的現喜淨土，再不然若是投生善趣，亦祈求投胎於轉輪王、婆羅門……等大福德的高貴種姓，但是若未達到那樣的資格，僅能望洋興嘆。好比以前的聯考填志願，理想很豐滿，現實很骨感。因此，「得以如思投生祈加持」相當重要。

若問為什麼要「如思投生」啊？「如思投生」有什麼好處？好處就是以所投生之良善居處，具備利益自他的條件，故而得以證悟解脫自己，悲心利益有情。時時刻刻祈請上師三寶的加持，可以成辦廣為行持利益眾生的事業，「如思投生」是必須的，也是每天應當要祈求的。

## 第30偈　出生當下宿世得憶起，行持大乘法之福緣具，發起慈愛純粹利他心，精勤願得速成就菩提。

祈願自己能不被無明的習氣所障蔽，在出生的當下即能憶起往昔的生生世世；且為具足福緣，得以行持以出離心為根基的大乘菩提心的法教，具備如此優勝的種姓，成為習法的根器。因為，即使學佛也不見得是入於大乘的法門；然而藉由發願，可以得習大乘法門，更因了知眾生曾為我母，為了報恩，而由衷發起純粹的慈愛利他之心。

最後一句「精勤願得速成就菩提」，是指發願能夠學習以布施為主的六度萬行，能夠藉著如法的行持，廣增福德二資糧，而淨化煩惱、所知二障蔽，以此證得無上的菩提果位。

## 第31偈

勝者偕同勝子之加持，以及法性自然之清淨，
亦以我之清淨思惟力，隨所發願祈如是成辦。

勝者是指佛，因為戰勝四魔，故稱佛為勝者或勝尊。

四魔為首的是「煩惱魔」，就是貪、瞋、癡、慢、妒五毒。如同服下毒物會致命般，這五種煩惱也會令人因心受障蔽而墮入惡趣受苦，因此五煩惱也稱為五毒。

有了煩惱魔，就會產生色、受、想、行、識五蘊，以此出現「五蘊魔」。

有了五蘊魔，卻不清楚正確的方法，為了要趨吉避凶、離苦得樂，卻不清楚正確的方法，就會以造惡業而享樂，這就是「天子魔」。

然而無論這一世如何享盡榮華富貴，如何的顯赫一時以及戰勝他人，最後必定墮入死亡，因此，「死魔」為第四魔。

佛即是徹底勝伏四魔，故稱「勝者」。

### 齊集三力，祈諸大願

因此，第一句是指佛偕同佛子——佛有身、語、意三子，以釋迦牟尼佛而言，身子是羅睺羅；語子是聲聞、阿羅漢，奉行佛的聖語；意子是菩薩，因為與佛的密意相契。也就是藉著佛暨身、語、意三子的廣大加持力。

第二句，法性本就具備自然清淨的力量，清淨力是指緣起互依[87]的力量。

再以第三句所說，我所發下的純粹利他的清淨思惟力——為了能利益眾生而願證得無上佛果之菩提心，稱作清淨的思惟力——因為不僅僅是自利求取解脫，而是推己及人。明瞭眾生與自己皆是同想離苦得樂，思忖數量等同虛空的一切有情曾為我母，如同此世的母親以慈愛之眼眷顧，不斷地辛勤守護，默然付出，實在恩惠廣大，為了報恩之故，要令自己迅速證得菩提，具備無邊廣大能力而後予以救拔。

以上述這三種力量，祈求隨我所發諸種大願，皆得如是成辦。所發的願當然會成真，但也要藉著平日等持位與後得位的精勤修行，調伏自心，方能令此所成的願更趨圓滿。

最後一偈是願文。以上即是圓滿解說〈中陰祈願文〉，若有違背中陰實際狀況，或是因為詞彙表達不佳而扭曲原意，由衷地向上師三寶懺悔，且祈願聽聞者皆獲利益，而令此生具義。

寂天菩薩：「依止人身此舟已，力渡此大痛苦海，此舟極難尋得故，癡人切莫再貪睡。」將人身比喻為舟船，鼓勵佛子必須藉此舟船竭力渡過大痛苦輪迴海，我等所有人應致力於讓身、語、意三門所作皆有意義。

為令身體所作有意義，應當禮佛與繞行……等十法行；為令語言所作有意義，唸誦諸佛菩薩的名號與心咒；為令心意所作有意義，應當發起為利益眾生願成佛的殊勝菩提心等。

上品者當然是在中陰成佛，中品者亦能往生極樂等等諸大淨土，最起碼亦應當為了下輩子再得清淨人身，而勇猛精勤於各自教派、上師座前所學的法教。

87 藉由諸多因緣聚合而結成果，亦或互相依存，彼此觀待而成，若無則不生起關聯。例如，有生則有老死、有此岸則有彼岸等。

## 迴向

「此福德於遍智一切性，證已摧伏罪惡諸怨敵，生老病死波濤甚洶湧，輪迴海中願度脫有情。」

為了使此次〈中陰祈願文〉引導中講、聽的一切善根，不致於虛耗並不斷增長，且迴向成為一切眾生得證圓滿菩提之因。

迴向文前兩句是自利，後兩句是利他。「此福德」是指聽講、觀誦的福德。「於遍智一切性」指的是令自己迅速證得遍知一切、遍視一切之圓滿善妙之菩提果位。證得佛果之後，得以摧毀降伏怨敵。

「罪惡諸怨敵」指的是貪、瞋、癡、慢、妒這五種煩惱，如同你我的敵人會想致你我於死地，竭盡所能傷害你我；同樣的，會把我們丟擲至地獄、丟擲至畜生、丟擲至餓鬼的不是外在的敵人，而是自己內心的煩惱。以此之故，把內心的煩惱比喻做「罪惡諸怨敵」。

一旦擊敗障蔽罪惡眾怨敵，完全圓滿無盡莊嚴五輪之功德，當你自己成佛了，具備這樣的力量，完成了自利之後，對於尚處於「生老病死波濤甚洶湧的輪迴海中」沉浮之有情眾願皆能獲得安樂，從世間海裡救度一切有情且置於無上金剛道，亦即證得菩提於珍寶果位中。

# 附錄

## 問與答

### 以亡者熟悉的語言唸誦

學員：若亡者生前未聽過此教法，在其耳邊讀誦有作用嗎？只會講台語只聽得懂台語的，是不是應該用台語來念臨終引導的耳語給他聽？

喇嘛：應該還是會有作用的，畢竟有傳承的力量。而且亡者已經沒有身體的束縛了，無論是法性光明中陰階段的清淨幻身或投生中陰階段的意形身，其敏銳度較於之前活著的肉體來得更加靈敏百千倍，而且不受語言的隔閡。

因此，如果唸誦者的河洛語有夠輪轉（河洛語「流利」的意思），當然可以河洛語唸誦臨終引導的〈中陰祈願文〉。其實用自己熟悉的語言來唸誦是最好的，因為對於已無肉體的中陰眾生而言，語言已經不是問題了，主要是唸誦者的動機與心態。

一如〈中陰說法——入於殊勝解脫城邑之大門〉裡開頭說的，對亡者由衷抱持慈愛之想，這是很重要的！因為中陰的眾生有神通，他們可以看透對方的想法，這也是舉行度亡最該注意的。

假若度亡時，被迫要唸經卻又沒太大的意願，心中嘀咕著：「怎麼又找我唸這些，唸這些又沒有意義，到底為什麼要唸啊？」「人都死了唸經真的有用嗎?!」心中的這些想法，亡者看得一清二楚。更有甚者，誦經者想的是「會包多少紅包？」或是「覬覦亡者的財產，妻女、兒孫的美色……」，若以這種低劣的心態來誦經，亡者因為有神通、他心通，明瞭之後，以此生起瞋心，以瞋心必墮入地獄。因此，這是應該要謹慎的！

## 成佛之前都需要加持

學員：我的父親過世已四十年，迄今子孫每年清明及年節都會上山祭拜。父親（甲）可能已投胎轉世為乙，也可能轉世為丙了，且每一世都有隔陰之迷。我們現在祭拜的是甲，可是甲的現世是丙。請教喇嘛，我們的祭拜或誦經迴向，父親（甲）能收到嗎？

喇嘛：其實某人（甲）死後投胎為乙，再死了投胎為丙，或再幾十年後投胎為丁都有可能。這時懷疑的是，經過這麼久了，子孫的祭拜或者誦經迴向作功德，是否還有效用？曾經有人問過安江長老同樣的問題，安江長老的回答是：「當然有用！一直到成佛之前都需要佛法，因此絕對有用！」

無論亡者四十年、四百年後投胎到何處，或從甲變成乙、丙、丁、戊、己、庚、辛……的身分也無所謂，心性、如來藏永恆不變，附著於其上的汙垢亦是尚待淨除的。因此，如同最後一偈所云：「勝者偕同勝子之加持，以及法性自然之清淨，亦以我之清淨思惟力。」加持力、法性力、思惟力等三者之力，可以讓亡者獲得利益，即使已經過世幾十、幾百年甚至千年的有情，也能法露均霑，因為佛力無遠弗屆，所以不用擔心，絕對能夠收得到的。

學員：在第三投生中陰階段，此時自觀種子字，再把前面的男女觀想為佛父佛妃，是否有機會去阿彌陀佛的淨土？

喇嘛：是否有機會往生阿彌陀佛或任何佛土，端看個人生前發的願。假設確實有堅定的意願往生阿彌陀佛的極樂淨土，就必須在生前天天不間斷地發願，至少每天按照《山居法》所說。例如意欲往生極樂淨土，每晚睡前觀想阿彌陀佛在前方，而後禮佛三拜；或是對著阿彌陀佛的佛像由衷虔誠的禮佛三拜，再發願「願死後能往生淨土」。若能每天不中斷地發願，以此成了薰習，時時刻刻憶念著阿彌陀佛不予或忘，到了投生中陰階段時，投胎前因為全然憶念著阿彌陀佛沉睡而去，醒來時可能因此而到淨土了。

## 自殺難超度

學員：如何超度自殺往生者？應該注意的事項？

喇嘛：這我沒有辦法回答，因為自殺是極難超度的，除非是找到成就者，或者是一位功力很強的修行者，方有辦法超度自殺的人。民間有些習俗是正確的，比方說有人吊死的那根樑與繩子要燒掉是對的。

我講一個故事。以前在噶陀寺，有一對師徒，師父因為修行功力很好，時常應邀到外面幫信徒祈福、超度。徒弟雖也擅長觀誦「斷法」（台灣統稱施身法），被冠以斷者達瓦的法名，但由於師父的法緣興盛，斷者達瓦總是出不了門，即使出門了，也僅能扮演助手的角色，雖然他認為自己早已可以獨當一面了。

有一次，某個寺院有比丘尼上吊了，延請師父幫忙超度，此時斷者達瓦自告奮勇，稟告師父說自己有把握可以圓滿處理；然而師父卻認為此行有障礙，並且深知徒兒自以為是的作風，不甚同意徒弟出門。不過禁不住其苦苦哀求，師父答應的同時，也將自己的念珠給了斷者達瓦，再三囑咐必須掛在脖子上，無論遇到任何的情況，切記萬萬不可拿下念珠。

徒弟滿口允諾，信心滿滿離去。到了命案現場一看，原來比丘尼是吊死在斜坡的樹上，必須先取下屍體方可進行超度，但因地勢有點陡峭，必須經過屍體的腳下，才可攀爬坡上的大樹進而解開繩索。

考量到身上掛著上師的念珠，徒弟認為從屍體下方走過是對上師的大不敬，不顧上師的殷切叮囑，自作主張地取下念珠放在一邊，便從垂吊的屍體腳下穿越而行。

不知是何緣故，許是因為屍體的晦氣，才從屍體腳下走過，斷者達瓦整個人發瘋似的變得眼露兇光、大聲狂吼。此刻也用不著上樹了，就地一躍，變得力大無窮的他，伸手把屍體從樹上扯下後，抽出隨身小刀，挖下比丘尼的下體，直接當作帽子戴在頭上，以此得名「構徐苟」，意即「戴皮頭」。

戴上皮肉帽子的當下，斷者達瓦直接變成活鬼，可能是驚怕又或者不知如何是好，另一方面鬼性也被激發了，循原路疾奔長嘯，回頭找自己的師父。師徒都住在山洞裡，師父已知這個徒弟即將回來，待徒弟來到洞口時，順手拿起夾煤炭的夾子往前一丟，剛好插在洞口，朗聲喝叱：「你這個敗誓者，ㄖ若膽敢進來一步，你我再無師徒情誼！」「戴皮頭」聽了心虛，便轉頭離去。

為什麼被叫作「敗誓者」？是因為斷者達瓦不聽師囑，擅自拿下念珠，導致出現不可收拾的後果。從活生生變成鬼後，構徐荀四處遊蕩，為非作歹，肆意殘害了無以計數的人畜，後被噶陀寺的龍薩寧波祖師以《忿怒蓮師本智自燃》的火供將其誅殺。當以鳥雀形象被勾召入於壇城焚燒時，不知情的侍者還以為是鳥雀誤闖火堆，一邊喊著：「燒到鳥啦！燒到鳥啦！」一邊趕緊拎著翅膀丟到一旁土堆，構徐荀趁機逃逸無蹤。後來祂逃至八蚌寺，成為彼寺的護法神，稱為「八蚌構徐荀」。

這是大約十八世紀真實的往事，因為生前頗有咒力，因此是一個力量甚是強大的鬼魔，膽大妄為，橫行霸道；也因是僧人活活變鬼，所以穿著一身藏傳佛教樣式的僧服。

## 自殺比殺人罪重

總之，超度自殺而亡的人十分艱難，除非找到功力高深的成就者才有辦法令其解脫。假設是親人，在能力範圍之內的延請僧人誦經超度，該舉行的度亡都要盡力而為，其他就不好說了。假設屍體在附近，亦有懂得破瓦的人，也可以幫忙破瓦超度，但是能度到什麼程度不敢保證。

自殺比殺人的罪還重，由此可知自殺多難超度。被殺至少還是非自願的，但自殺是自己刻意殺害自己。之前說過體內有「三墊圓俱」，有多少的佛菩薩連帶被一念之差而殺害，這是很重很重的罪，千萬別犯傻！

我要再次強調，萬萬不要被電影、小說影響，不要因為感情而自殺，以為死了是一了百了，或是穿紅衣、紅裙，畫口紅、腮紅、紅眼影，打算死了要化作厲鬼報復的想法，全都是一廂情願，沒有什麼作用的。

人、鬼都是一樣的道理，死後到了鬼的世界裡，自己就是菜鳥，定被老鳥欺負，這是無可避免的。除非是像噶陀的活鬼「構徐苟」，死前已誦有大量的咒語為強大資本，一入彼圈自成老大，那些老鳥的鬼也只能屈服其下。如若沒有這種程度，僅是塗抹口紅、眼影，挾著一股怨氣，想著要讓某某渣男或渣女好看，而以上吊、吃安眠藥、燒炭或割腕等方式結束自己的生命，死後到鬼界就是菜鳥，一定會被欺負；除了被欺負，還要每天重複演出自殺死亡的過程。一旦鬼命走到盡頭，更要因為輕生而墮地獄受苦，所以千萬不要考慮以自殺解決問題。很抱歉，我真的無法回答如何具體幫忙。

## 主法者的功力是重點

學員：至親這一生沒有皈依三寶、不信佛法，往生後盡力為其助念、超薦、廣修善業迴向，可經由超薦及佛力加持，而令其往生淨土嗎？（至親往生當下，立即聯絡到兩位上師為其修破瓦法，有出現殊勝的徵兆。但家人學佛不多，而不太有信心，個人是相信的，只覺佛法不可思議。）

喇嘛：這就要看度亡者的力量了。之前提到的巴楚仁波切，深受藏民的推崇而奉為皈依處。某次，有兩個年輕人，姑且將其稱作巴桑、望秋，聽說巴楚仁波切有能力超度亡者，他們質疑〈破瓦〉是否真的可以超度亡者，這種對死人的修法，應該只是哄騙活人的伎倆罷了！

於是兩人商議由望秋假扮屍體躺在路旁，巴桑則請來巴楚仁波切為其超度，慈悲的巴楚仁波切應邀前來，修了度亡並觀誦〈破瓦〉，在數聲「呸」之後，巴楚起身離開了。巴桑則搖著望秋說：「喂！該起來了，人都已經離開了！」望秋卻毫無動靜。

兩人原先的想法是，在度亡的過程中，望秋猛地站起來嚇嚇巴楚仁波切，可是在「呸」聲之後，望秋卻依舊直挺挺躺著。巴桑掀開白布一看，發現望秋竟已斷氣！驚嚇不已的巴桑，立即狂奔找到巴楚仁波切說明原委且懺悔二人的無知，懇請讓友人活回來。巴楚仁波切聽後，連連搖頭直說：「怎麼可以開這種玩笑？太難了！太難了！」記不清巴楚仁波切如何處理，總之，望秋就回陽了。

巴桑乍見朋友死而復活，驚喜交集，望秋卻推推他的肩頭抱怨道：「你為什麼要把我救回來？」望秋長嘆了一口氣接著說：「我當時被帶到了一個非常安樂舒適的地方，正訝異於怎麼有如此令人陶醉之地時，巴楚仁波切突然出現，拉著我說：『不對，不對，趕緊走了！』後來就醒了……」望秋也沒有什麼修持，但可以因為修法者的力量而得救拔，所以這是難有定論的！

相同的例子也發生在巴楚仁波切的根本上師垛欽澤尊者身上。這是十九世紀一位極不可思議的成就者，降魔伏妖自不在話下，隨機應化示現神通，更能親身帶領弟子往返鄔金淨土，極度善巧指引心性，度化無數有情入於解脫道。

有次，尊者前去朝拜金川地方的觀音寺，途經則塔山谷。兩位當地的牧童聽多了垛欽澤尊者的神奇傳聞，為了測試真假，二人商量後決定，由其中一人（姑且稱次仁）裝死，並由另一人負責通報，次仁對夥伴扎西說：「你去告訴尊者說次仁死了，據說這位上師遍知一切，具大神通，到底證量如何，經此一試，就可見分曉。」

制定計畫後，次仁裝死躺在地上，扎西跑到路邊等待，並在尊者經過時，哭著說：「我的朋友死了，請您老人家定要幫忙超度啊！」

「好吧！」尊者一邊說著，一邊從馬背上下來。也不見尊者唸誦任何儀軌，只見其盤坐在「死者」的頭部旁邊，抽了三管煙後，用煙袋在次仁的頭上敲了敲，「啪！啪！啪！」地把煙灰敲在泥地上，不發一語地走了。

過了一會兒，扎西拍拍裝死夥伴的手臂：「喂！起來了。」見次仁仍無動靜，先是楞住不動，回過神後，任憑他哭天喊地、拉扯推揉，次仁依然像一灘軟肉般毫無知覺，原來他早已停止了呼吸。

扎西頓覺大事不妙，十分驚恐懊惱，卻也後悔莫及。連忙追趕到尊者面前拉住馬轡，上氣不接下氣地將前因後果一一道來，合十跪地，深切懺悔，祈求尊者能讓友伴起死回生。

「好吧！」尊者也不多說什麼，策馬返回次仁屍身旁，盤膝坐在屍體頭部旁，口中唸著「雜」，並以手勢作出三次鐵鉤手印，唸誦一次勾召魂魄的長壽偈後，迅速離去。

神識入軀體後，次仁緩緩呼吸，口中也逐漸出聲，竟感嘆說道：「我剛被超度到了淨土，那裡是描述不出的美好祥和，你們卻不讓我死，太可惜了！阿咯咯（表示惋惜的藏語）！」說完，拋棄牛羊，不顧一切追上尊者，痛哭流涕地恭敬懺悔：「請您不計前嫌，原諒我的愚昧無知，請您攝受我。」尊者凝視次仁的雙眼應允了他的請求。

此後，牧童次仁一直對尊者恭敬承事。他在五年後離開人世，火化時從骨骸中生出了很多舍利。

拙著《雪域聖光》中提到，六世康祖法王有一位弟子，名曰雷秋瑜伽士，也被稱為「瘋瑜伽士」，是當時十三位瑜伽士的龍頭。他有一個弟弟很是囂張跋扈、胡作非為出了名的，有一年說要去拉薩，但過了好些年都沒有消息，老母親對「瘋瑜伽士」說：「你弟弟音訊全無，以他遊手好閒、偏執乖戾的性格，應該已經橫死於街頭，你幫他修一座度亡吧！」竹巴噶舉傳承主修的是不動佛度亡，觀誦一座約要兩個小時。

隔日，瘋瑜伽士擔任主法者，為弟弟舉行了一座度亡。圓滿之後，瘋瑜伽士對老母親說：「唉！我剛才去三惡道繞了一圈，找遍整個中陰、地獄、餓鬼與畜生道，都沒見著他的蹤影，以他生平的作為又不可能到三善道，看來他還沒死，別擔心了，他應該很快就回來了。」過沒幾個月，弟弟果真回來了。

所以度亡真正的關鍵不是照本宣科唸誦經本，而是以主法者的功力而定。瘋瑜伽士可以看遍中陰、地獄、餓鬼與畜生道，察覺亡魂到底在哪裡，這是度亡的最高境界，有修持的人會有這樣的力量。

諸如垛欽澤尊者、巴楚仁波切、瘋瑜伽士皆有這樣殊勝的力量，其他若只是照本宣科，當然唸經有唸經的力量，但是經文的力量能夠怎麼發揮，完全以主法者的功力為主。因此，能找到具有度亡力量的上師方為重點，亡者的心態無須列入考量。

## 擦擦是布施，不為祭拜

學員：藏人有將亡者骨灰做成擦擦的習慣，認為將骨灰做成天尊的形象，有助於為亡者累積功德；而亡者神識離開色身後，色身即是軀殼，故不像華人畏懼骨灰或色身。然而，若只是軀殼，跟亡者的神識已經分離，又怎會為亡者累積功德？在台灣建議做嗎？以及該如何做呢？

喇嘛：有關於做擦擦，因為身體曾經是自己的，以緣起互依之故，把自己的身體用於天葬，或是燒成骨灰之後做擦擦，都是布施，畢竟是以亡者的身體為素材，所以會有功德。在台灣如果要做擦擦也是可以做，不過，藏人沒有祭拜亡者的觀念，除非亡者是有修行功德，像是自己的上師或是其他上師、修行人，其弟子或是後學才會因為有信心而供奉、膜拜擦擦，一般不會膜拜親人的擦擦。

若問藏人怎麼處理擦擦？會蓋一個房子，稱作「擦擦房」，房子的大小就看個人的經濟能力，所做的擦擦全部都放到房內，房門也不大，大概只有三十至六十公分見方的大小。人不會進去裡面，僅是打開房門把擦擦放進去；有的房子大一點，人可以走進去放好擦擦，直到放滿為止。或是寺院附近的佛塔，也有人把擦擦放在繞行的路徑上順道繞塔，但那與是否是親人的擦擦無關，藏人不祭拜亡者。

## 境界以業力區分

學員：人非人、非天、阿修羅，此三族類在六道中的同一道嗎？

喇嘛：非天與阿修羅（Asura）分別是梵文、中文意譯與音譯。阿修羅的「阿」在梵文裡是「非」、「否定」的意思；藏文稱天人為「拉哈」（藏文），阿修羅為「拉哈瑪銀」（藏文）或「拉哈敏」（藏文），都是「『非』天人」、「『不是』天人」的意思。

人非人是什麼意思呢？人非人是一個疑問句，「是人耶？不是人耶？」介於人與非人之間，所以名為人非人。人非人是天龍八部的一族群。

這三個族類（準確來說是兩個族類）在同一道嗎？可以這樣理解。雖然天人居住在天上，龍族住在大海與河水裡，但也看或聽到不少傳聞：「這聖地或水源處是有龍的」、「那棵樹住有什麼神」，或「這水池有龍」等等，千萬不可冒犯，否則會被懲罰，就像我少年時曾被龍族戲謔了一樣。

但問題就來了，怎麼居住呢？一位貝瑪仁波切曾經開示：「若說這棵樹或水源處有龍，龍是如何住在裡面的？難道是抱著這棵樹或是黏在樹身裡，抑或站在樹頂上？即是所謂的安住了嗎？當然不是這樣。彼眾是以自身的業力看成適合居住的處所，而安住其中。」

因此，所謂的天人住在天上或是宮殿，龍族住在地下與海底，人非人據說住在半空中，但那只是一個概括性的說法而已。例如，龍住在那棵樹或泉眼，那麼小的泉眼，龍要怎麼住在裡面呢？實際上確如仁波切所開示，其實是以各自的業力而有不同的境界，如同一杯水在人類看來是水，餓鬼看來是膿血，地獄有情看來是火焰，天人看來是甘露，阿修羅看來是刀劍，應當理解是以業力區分。如若僅以概念性去區分，非天（阿修羅）、人非人各有所居，然而，實際上卻不見得是如此。

## 三墊圓俱

學員：請問喇嘛，我們聆聽臉書上您口誦的中文翻譯〈中陰祈願文〉，是否等同獲得口傳呢？

喇嘛：如果今天我被陞座當仁波切，我又是一個什麼大上師，我可以說：「因為我累世的功力與所觀修的菩提心散發，所以讓大眾在線上獲得口傳的力量不是問題。」但我不是，必須要講實話，我不認為我可以透過3C的產品讓眾人獲得線上的口傳。但是我也不確定是否就真的沒有力量，只是我的師父們皆告知，口傳必得面對面現場聆聽。

學員：何謂「三墊圓俱」？

喇嘛：昨天談到新的名詞「三墊圓俱」，記得幾年前寫「三墊圓俱」時，因為是墊子的墊，曾有人問這是不是譯錯了，為什麼是「墊」而不是「殿」？不是的，確實是「墊」沒有錯，藏文是གདན་གསུམ，墊是聚集之意，全部聚集一起稱為「圓俱」。

三墊者：尚在凡夫因位階段的五蘊與五大，在成佛的果位階段轉化為五方佛父妃，稱為「蘊界善逝父母墊」：五蘊、五大的「蘊、大」稱作「界」，因為還是種子尚未淨化成佛妃，屬於種子還未開花結果，即稱作「界」。

色蘊清淨成大日如來，受蘊清淨成寶生佛，想蘊清淨成阿彌陀佛，行蘊清淨成不空成就佛，識蘊清淨可成金剛薩埵，亦有說是不動佛。地大清淨成佛眼母，水大清淨成瑪瑪給佛妃，火大清淨成白衣佛妃，風大清淨成誓言度母，空大清淨成虛空界自在母。

五妃與五方佛父一體，但並非世俗夫唱婦隨的意思，僅是空悲不二的本體顯現為形相而已。好比冰與水的狀態，尚未融化的冰塊，即是所謂的色、受、想、行、識等五蘊，地、水、火、風、空等五大；清淨之後，如同冰已融化成水，與心性融為一體時，即成上述的五佛、五妃，這是第一塾「蘊界善逝父母塾」。

第二塾稱為「處等男女菩薩塾」：眼識、耳識、鼻識、舌識清淨而成為地藏、虛空藏、觀音、金剛手四尊內相菩薩；眼、耳、鼻、舌四根清淨，成為彌勒、除蓋障、普賢、文殊四尊外相菩薩。色、聲、香、味四境清淨，而成嬉女、鬘女、歌女、舞女四女菩薩；過去、未來、現在、不定等四時清淨，而成花女、香女、燈女、塗女四女菩薩。

第三塾稱為「分支忿怒父母塾」或「身根忿怒父母塾」：身根、身識、觸、觸識四者清淨，成為閻摩敵、尊勝、馬頭、甘露漩等四明王；常見、斷見、我見、相見四者清淨，成為鐵鉤母、羂索母、鐵鍊母、鐵鈴母等四怒母。

## 自身是諸佛壇城

何以說「佛菩薩都在自己的體內」、「文武百尊都在自己的體內」，也是因為這三塾圓俱的緣故。所謂「分支忿怒父母塾」，即是上述會出現的忿怒男女尊，二十一偈第三句的「恐怖怒眾打殺聲出時」，正是自己的四肢所安住的忿怒父母塾諸尊所顯現的。

總之，若以這個身體來區別，所謂的八大菩薩不在外境，而是安住於體內，因此，一般的佛教徒不理解八大菩薩與自己無二無別，一味往外境朝聖，到九華山拜地藏王菩薩，到五台山拜文殊菩薩，到普陀山拜觀音菩薩，到峨嵋山拜普賢菩薩……等。這是認為佛菩薩在外境而向外求，但這種向外朝拜的心態，基本上不太可能會見到佛，或說不太會得佛菩薩加持，而讓自己修行有進步的機會。為什麼呢？因為主要的開關並未打開。

當自心佛性本具的功德開顯時，所謂的眼、耳、鼻、舌四根，與眼、耳、鼻、舌四識，皆被清淨後，顯現為原來聚集的形相，此時此刻無論到哪座名山聖地朝聖，內在的功德必然顯現於外，必然謁見所有符合當地示現緣起的佛菩薩。

同理，眾多祖師前往各地朝聖時，傳記裡通常會記載，在某地親自謁見八十四位成就者，抑或親謁文殊、十六羅漢現身。這並非佛菩薩有大小眼、偏心，特別現身給某某看而不給誰看，而是自己的業障清淨與否，對於所謂的即心即佛是否達到確實認持的差別。

在獻曼達時，內容有八大供養天女，千萬不要認為八大供養天女只是像皇帝身旁隨侍的普通宮女，猶如奴僕似的捧著供品幫自己獻供；事實上，這八大天女就是八大女菩薩，地位等同於八大菩薩。八大供養天女與其說是八大菩薩的伴侶，更應理解為其形相的本質，也就是自心「空」之功德顯現。以此之故，外境的色、聲、香、味四境清淨時，即成嬉女、鬘女、歌女、舞女等四尊女菩薩。

現在我等會有時間的概念：昨天去哪裡了，明天要去哪裡，現在在哪裡，還有不定時的覺受，過去、現在、未來、不定等四種時間，其實也是一種妄念。這是因為尚未清淨，所以會有時間的概念，一旦到達一定程度時，這些時間的概念會被淨化，而轉化成花女、香女、燈女與塗女等四尊女菩薩。

因為分別安住於此處與彼處等等處，故稱以上八大男女菩薩為「處等男女菩薩壂」。剛剛講到前四識，尚有身根、身識、觸、觸識，知道被碰觸的感覺，若能了知四種清淨，就會轉化成四明王——閻魔敵、尊勝明王、馬頭明王與甘露漩明王等四尊明王。尚有所謂的見地，認為一切是恆常、存在且不會消失，那是「常見」；認為什麼都沒有，一切是空無，那是「斷見」；執取五蘊是自己的「我見」，認定器世間一切萬物是什麼樣貌就是什麼的「相見」等。這四見若能清淨，即會轉化成表徵著慈、悲、喜、捨的四尊怒母，就是鐵鉤母、羂索母、鐵鍊母、鐵鈴母等四怒母尊，統稱為「分支忿怒父母壂」。

所以，要理解整個身體從頭到腳皆有佛菩薩安住著，也因此才會說，自殺的罪孽重大。講到此處，我們就可以順便回答昨天的提問，問到持咒結合三種三昧，即是身心消融於空性，再從空性趨入悲心，至於如何消融，如何趨入悲心，方才若有仔細聆聽，應該就明白了。

## 二十四境主

學員：剛開示了三壂分，能再開示「二十四境主」嗎？

喇嘛：三壂圓俱與二十四境主其實無所差別，若依《勝樂金剛續》裡所說，二十四境是勝樂金剛聖身、聖語、聖意的各個部位，因此常有密乘信徒前往諸聖地朝聖。例如囟門是布里惹瑪、頭頂是雜連打惹、右耳是鄔金、後腦勺是阿爾普大等地屬於聖意壇城；鼻尖構薩喇、嘴巴嘎凌嘎、心臟根自嘎、胯間喜馬拉雅山脈等地屬於聖語壇城；密處這大布惹、雙腿梭胡惹乍、膝蓋固魯大，二腳踝森堵等地屬於聖身壇城。據說鄔金就是今日的巴基斯坦，其他聖地名亦皆可對應到現今的地名。

然而，如同前述，如果沒有相當的內在修持，了悟聖地是自心佛性的功德外顯而成，去至這些聖地時，看到的除了崇山峻嶺就是斷壁殘垣，無法親謁各個聖地的勇父、空行。因此，若從外相而言，二十四境雖說是勝樂金剛的聖身，每個聖境亦各有各的主掌者與無量勇父、空行眷屬所圍繞，二十四尊主掌者也能認定即是勝樂金剛，亦即勝樂金剛化現為每個聖境之主；其實若能徹悟自心，勝樂金剛與自心佛性無二無別，自己就是勝樂金剛，就是每個聖境之主。

## 威懾自相、壓伏他相

在得臻那樣的境界前，所認定的當然即是一般所說的，五台山是文殊菩薩的聖地，普陀山是觀音的聖地，每個聖地屬於某某佛菩薩等等的想法，那是在尚未了悟自心實相前的眾生之迷執。一旦了知往內觀修，特別是觀修氣、脈、明點打開脈絡時，內在的勇父空行全然顯現，通達彼眾與自心即成一體，外境亦是內心所顯，即是所謂的「威懾自相、壓伏他相」，方得明瞭真正的二十四境主是自己。

再講一個故事，前面提到的垛欽澤尊者是近代一位極為不可思議的上師，有著許多令人神往的事蹟。例如，曾於夜半時分搖醒心子沃熱，聲音低沉說：「我內急，可不可以帶我去解手？」因兩百年前也沒有手電筒，只能拿著油燈照路。聽到尊者小解完之後，沃熱正轉身為上師照亮回屋小徑，尊者卻說：「方才你帶我出來小解，現在換我帶你出去走走！」隨後吩咐道：「你閉上眼睛，雙手緊緊抓著我的腰帶，別鬆手！」

沃熱用雙手緊緊攥住後，感到身子輕飄飄的，有時似乎腳未著地，像被一陣輕柔微風托著，御風而行；有時彷彿腳跟輕拂過樹稍，心頭怦怦亂跳。就這樣飛了好一會兒，倏地雙腳落到了地面，正在驚疑不定間，忽地一陣陰風吹來，隨之而來的是一股燒焦、腐敗氣味，直透鼻端。

「你就坐在這裡，哪裡也不要去。」沃熱遵從師囑，老老實實一動不動地待在原地。是日恰逢三十月晦之夜，淒迷黑暗之間，伸手不見五指。冥濛中沃熱隱隱看見周圍閃過許多模糊的黑影，瞇起雙眼定睛一看，卻發現這一眾黑影竟是無數高大的骷髏，周身黑煙纏繞，巨大且凹陷的雙眼隱隱閃著紅光，黑煙未纏繞的軀幹上白骨嶙峋，白骨更是滲出幽幽的綠光。見尊者到來，均伸出兩隻鳥爪般的巨手，口中發出令人毛骨悚然的氣息咻咻的呼聲，俯首彎腰隆重地將尊者迎接而去。

望見這詭譎的景象，心子沃熱一時有些手足無措，半晌後才緩緩地環顧四周，發現自己坐在一座巍峨矗立的佛塔前，塔旁有一株數丈高的老喬木，樹身看去很粗，枝葉繁茂。沃熱也不知哪兒來的膽子，隨手抓了一把佛塔的泥土，又摘了一些樹葉裹藏在腰帶中。時間過了很久，黑暗中不時傳來淒厲的笑聲、詭異的歌謠與清嘯，儘管心子心中略為焦急，低下頭來望著泥地持起咒，雖心中恐懼，卻始終不敢擅動。

終於，眾骷髏簇擁著將尊者送回。尊者壓低聲音詢問：「還好嗎？沒嚇到吧？」並塞給他滿滿一懷抱的薈供品。「走吧！」尊者說道。猶如來時，沃熱再次伸出雙手緊握上師的腰帶，抱緊上師，冷風從耳旁呼嘯掠過，過了沒多久，二人穩穩下降，回到了康定的房前。打開房門，師徒二人趁人們熟睡之際回到了房中，尊者上床後輕聲叮囑道：「今晚夜遊一事，定要嚴加保密，不許對誰說起！」此後便回到規律的作息，每日勤於觀修，彷彿夜遊一事從未發生過。

某天，沃熱猛地想起那夜從佛塔土地所拿之物，於是到尊者坐前悉數呈出，並請示：「這是那夜從地上抓的泥土，請問上師，咱們師徒究竟是去了哪裡？」尊者低頭看了泥土、枯葉說：「哦，你把這些東西帶回來啦？」整個接過去後，尊者說：「這是印度清涼苑屍陀林的土。」說畢，從其中取了一份遞給沃熱說：「你也留一些吧！」

一夜之間從西藏以飛行方式往返印度，行跡難以思測，這就是垛欽澤尊者。總之，關鍵在於對於氣、脈、明點已通或是已明心見性者，二十四境在哪裡或誰是境主，皆非重點，自己已因「威懾自相、壓伏他相」而成勇父、空行舉行薈供時的主尊，殊勝無比。

但若是現階段的我等凡夫去看，可能就是屍橫遍野、臭氣熏天的墳場，然而在「青青翠竹，盡是法身；鬱鬱黃花，無非般若」的成就者眼中，「溪聲便是廣長舌，山色豈非清淨身？」一切見、聞、思、觸，盡是清淨相。

## 孤魂野鬼非中陰

學員：請問為何有孤魂野鬼的說詞，不是去六道輪迴或至淨土或證悟成就了嗎？

喇嘛：我們不要認為孤魂野鬼是中陰身，孤魂野鬼與中陰身是不盡相同的。孤魂野鬼類屬六道當中餓鬼道的其中一類，餓鬼分為兩種：隱住餓鬼、空遊餓鬼。

隱住餓鬼又分三種：頭大、脖子細、肚子大、手腳細，無法吞嚥食物是內障餓鬼；看到遠方有美味的飲食或是河水汩流，費盡千辛萬苦抵達時，不是殘忍凶暴的兵將拿著刀叉斧鉞兵器阻止接近，就是河床乾涸龜裂了，這是外障餓鬼；最後一種特別障礙是比較恐怖的，其身軀龐大，眼睜睜看著其他的蟲啃食著自己的身體。以上屬於一般所認知的餓鬼。

至於孤魂野鬼類屬於第二種餓鬼，即是在半空中徘徊遊蕩的餓鬼，也稱作空遊餓鬼。在《普賢上師言教集》提到，自殺身亡隸屬於這種空遊餓鬼。

民間常見神明附身或扶鸞等事，亦有人聲稱，他是道教最高的神明——鴻鈞道人來附身，或是哪尊神明降駕來指示。在密勒日巴尊者的傳記中，其弟子惹瓊巴得知尊者即將圓寂後，倏地運起氣功，如同飛箭離弦般飛奔前去尊者的圓寂地。驟馬要走一個半月的路程，惹瓊巴僅以一個早上即可抵達。當他坐下來稍事休息時，遠遠看到尊者所在地的半空中，眾多衣著華美絢麗的天人迴翔。一開始惹瓊巴看到這麼多的天人聚集一處，還好奇著：「到底是什麼重大的盛會？怎麼會如此殊勝?!」詢問後，經由天人提醒，方知是尊者圓寂了。

那時，天人在半空中盤旋卻不願意接近人，因為他們聞得到人體的氣味，且厭惡人體的臭味而避之遠遠的。據說人的體味在距離七丈還是十丈的高度，天人就受不了了，就好比要我們去聞排泄物一樣，天人們受不了人體的味道，遑論那些天人——四天王天、忉利天的天主要附身在人的身上，是不太可能的！

來附身的到底是誰呢？按照佛經與藏傳佛教上師們的開示，其實都是餓鬼道的眾生來附身的，餓鬼道的眾生是鬼不是神，因為有人祭拜就有香火、飲食，為了貪圖人間香火讓自己填飽肚子，就會顯現這種形相。

就像方才有人提問：「平生又沒有做壞事，為什麼要被那些驚悚駭人的境相緊逼追趕？」其實可以反問：「也沒做什麼好事，為什麼文武百尊要顯現來救度？」一輩子與文武百尊又不熟，為什麼聖眾會出現？

因為那就是法性力，沒有什麼為什麼、不為什麼的。也沒有誰規定太陽、月亮每天一定要出現天際，但日月就是準時的輪流出現，照耀整個大地帶來生機，然後再消逝於地平線。自己能做的就是做好準備，把握機會而解脫成佛。

## 〈翡翠燈女供讚品〉

嗡阿吽舍

諸尊之母法身普賢女　寂怒百尊喜部五佛妃

無定化身事業翡翠燈　三身種姓空行無邊眾

逝兮蒞此安坐喜悅墊　真實獻出外內密之供

以悲攝兮辦所求事業　違緣障礙驟然不順品

予滅顯現翡翠燈聖身　淨除惡毒凶猛邪導流

四種事業[88]祈迅速成辦　作為山子身披雲霧衣

衣食話語置於虧損時　親密行者如影隨身般

祈令得臻苦行究竟業　唯母耶西措嘉諸等等

顯現上師空行眾聖身　祈令得臻義派藏事業

臨終斷氣四大隱相現　諸根衰敗諸行成空時

顯現唯母普賢女聖身　莫受劇烈斷氣折磨苦

88 四事業：息是指息滅眾生罪障；增是增長眾生的壽命、福德、財富與智慧；懷是風心所起等顯有萬法均以威懾勾招方式而得自在；猛是指以兇猛、忿怒、誅殺的方式，度化、降伏十惡怨敵。十惡：毀滅佛教、摧殘三寶、謾罵大乘、絕無慈悲、背棄誓戒、顛倒業果、殺害上師等十種罪大惡極業。

第一中陰波羅蜜母界　祈賜證諸勝母之成就
無生食子大樂拔林大　無礙甘露離戲頭飲供
圓融化現二水近行物　納已生起成辦二利勢
行者所求如意臻究竟 三昧耶

作是語已　如同自銳見之道所勸請　普賢王女　翡翠燈母詳細賜予　譯自無間斷之境像境像融入。

**講解說明：**

「嗡阿吽舍」：表徵諸佛法、報、化、體性四身與身、語、意、本智四金剛的種子字。

「諸尊之母法身普賢女」：諸佛、菩薩、獨覺、羅漢四眾以證悟空性法身而得聖位。經由空性而入聖位，如同藉由女子生而為人，故說「諸尊之母」；法身即是空性，不變、無垢是空性的本質，藍色的普賢王佛表徵不變；白色的普賢女表徵無垢，證得不變、無垢的空性方得成佛。因此，密宗說此尊普賢王佛是第一佛，能生諸佛的空性即是「法身普賢女」。

「寂怒百尊喜部五佛妃」：法身的本色任運自成，故能自然顯現寂靜、忿怒百尊的報身佛相；寂怒百尊隸屬五佛，五佛由五智而顯，五智本質即是空性。空性本色自然顯現五佛，顯空圓融雙運，故說「喜部五佛妃」。

「無定化身事業翡翠燈」：空分法身為體，昭分報身為用，體用無別的狀態中，大悲周遍一切有情，故以「無」有固「定」的種種幻「化身」相，行使度眾「事業」的「翡翠燈」女。

「三身種姓空無邊眾　逝兮蒞此安坐喜悅墊」：具有上述法、報、化三身功德的翡翠燈女，祈請偕同「三身」不同「種姓」的「空行」無量「無邊」諸「眾」，移駕（「逝兮」除了離去，也有前來之義）「蒞」臨於「此」，「安」適「坐」此行者我所精心擺設能令尊心歡「喜悅」意之坐「墊」上（誦至此句，應觀想開頭所自觀的誓言尊，與蒞臨的本智尊合一）。

「真實獻出外內密之供」：真正確實獻出飲水、浴水、花朵、薰香、明燈、塗香、珍饈、音樂等八供，暨色、聲、香、味、觸等五妙欲之「外供」，藥、血、食子三物是「內供」，明妃的大樂和合是「密供」。

「以悲攝兮辦所求事業」：祈憶起往昔在祖師座前發下的誓言、菩提心，「以」無緣大「悲攝」受弟子「兮」，且成「辦所」祈「求」的世間暨出世間的種種「事業」。

「違緣障礙驟然不順品　予滅顯現翡翠燈聖身」：外來的人與非人、內在身體的病痛魔祟、祕密於心理產生種種非法或退轉的「違緣障礙」，以及此生「驟然」出現的違逆「不順」諸惡「品」，請「予」徹底「滅」除啊！並於法身不動搖之體中，以悲心之用「顯現」「翡翠燈」女之「聖身」。

「淨除惡毒凶猛邪導流　四種事業祈迅速成辦」：「淨」化遣「除」「惡」劣狠「毒」「凶」殘「猛」暴之「邪」途誤「導」之「流」，息、增、懷、猛「四種事業」。「祈」求翡翠燈女尊「迅速成辦」。

「作為山子身披雲霧衣　衣食話語置於虧損時」：為令自他解脫輪迴、得證佛果，效仿噶舉祖師「作為山」中苦行之乞「子」，除了「身披」白色「雲霧」布「衣」，徹底將暖「衣」美「食」讚歎「話語」「置於」不理，視為「虧損」之物「時」。

「親密行者如影隨身般　祈令得臻苦行究竟業」：祈似慈母、姊妹「親密行者如影隨身」不離「般」，「祈」求恆時照顧救怙而「令」心志堅定，三脈四輪諸結疏通，「得臻苦行究竟」之修行大「業」。

「唯母耶西措嘉諸等等　顯現上師空行眾聖身　祈令得臻義派藏事業」：為了廣弘釋迦法教，利益一切眾生，不斷示現「唯」一慈「母」母相以護佑有情，例如蓮師明妃「耶西措嘉諸等等」

女相，「顯現」協助歷代「上師」諸眾得以利眾之「空行眾聖身」，「祈」求亦「令」行者我如祖師般「得臻義」理傳承「派」之心性實相「藏」（菁華），此「事業」必令成辦！

「臨終斷氣四大隱相現　諸根衰敗諸行成空時　顯現唯母普賢女聖身　莫受劇烈斷氣折磨苦　第一中陰波羅蜜母界　祈賜證諸勝母之成就」：行者於「臨終」中陰階段，中「斷氣」息時，地、水、火、風壞滅，所謂粗分消融之「四大隱相」必然顯「現」，眼、耳、鼻、舌、身、意「諸根衰敗」，由彼所做「諸行」為亦已「成」為「空」無「時」，祈請「顯現唯」一慈「母普賢女聖身」，切「莫」令我「受劇烈」難忍的「斷氣折磨苦」，且於「第一」臨終「中陰」階段得以認持母尊真身——般若「波羅蜜」多「母」光明之「界」中，「祈」請「賜」予我確實於此階段得「證諸勝」尊之「母」，亦即法身「之成就」。

所有顯密法門的女性本尊、護法神，實際上皆是般若波羅蜜多，亦即空性實相的功德所顯現，由空性化現出諸多不同女性的天尊。因此，護法神不是一般世俗認知的鬼神，彼眾早已是登地菩薩，甚至翡翠燈女已是女佛了，勝母即是佛的意思。

「無生食子大樂拔林大」：此處以法、報、化三身的特性比喻供品：即如法身體性「無生」的「食子」，本色「大樂」顯空無別的「拔林大」。[89]

「無礙甘露離戲頭飲供」：體性無生，本色大樂，能自在「無礙」顯現輪迴、涅槃二相，「甘露」亦具此特性，飲已淋漓酣暢，即如「離戲」無諸鋪陳，所獻的第一口新鮮的「頭飲供」，亦無雜質，最為醇美甘甜。

89 拔林大：「拔」是「拔咖」的簡稱，般若義；「林」是「林嘎」的簡稱，方便義。二者交融之物即是「拔林大」，食子義。

「圓融化現二水近行物」：體性雖是本空，卻能自然顯現色相，二者「圓融」是為報身特性，以此「化現二水」是指飲水、浴水。「近行物」指的是花朵、薰香、明燈、塗香、珍饈等五種，稱之為近行物。至於音樂，擺設鈴杵即是音樂，八供在此具足。

「納己生起成辦二利勢」：祈請翡翠燈女您「納」受所獻出諸供「已」，確實「生起成辦」自利、利他之「二利」的「勢」能。

「行者所求如意臻究竟　三昧耶」：祈令「行者」我諸「所求」皆得「如意」且得「臻究竟」，遵守「三昧耶」誓言兮！

「作是語已　如同自銳見之道所勸請　普賢王女　翡翠燈女詳細賜予　譯自無間斷之境像境像融入」：「銳見之道」即是圓鏡，翡翠燈女詳細顯示賜予以上教言的過程，未受到任何干擾的訊號障礙，因此影象毫無間斷，最後，鏡中影象融入圓鏡而消失了。

## 雙身相表徵心性功德

秉持澄澈理解之後，見到所有雙修的佛像，只會懷著虔誠的想法：「這就是心性功德的展現」，注視天尊手持的法器，諸如鈴杵、絹索、鐵鈎、花、劍等標幟，了悟到「原來心性具備了如是如是的功德」。普賢王女與普賢王佛雙身合抱是母法，其實每一尊佛像皆是闡明：「心性即是如此」，從母法衍生出的金剛薩埵的報身相、金剛持的報身相或是八大佛子，觀音、文殊……等等的樣貌，即可明瞭，「原來天尊形貌，手中所持的標幟、身相顯現的顏色、披戴的衣飾等等皆是自心功德的外顯！」至於不穿衣服是因為表徵心性不沾染任何汙垢，而不是兩個暴露狂抱成一團。當自己的思想是歪斜時，看什麼都是歪的，禪宗不是有「鼻頭著糞」的典故嗎？看到千姿百態的佛菩薩時，除了秉持清淨憶念、虔敬的信心之外，不會生起其他想法。可歎世間一些批評密宗的團體聲稱：「這是邪教！哪部佛經說男女抱在一起叫做解脫的?!」只會望圖生義，穿鑿附會肆意評論，一般善信男女未深入見地，被誤導後也跟著附和：「密宗是邪教，我才不要信密宗，我要信仰真正正信的佛教！」在缺少聽聞、思惟的情況下隨之起舞，任意發表言論，最後，在生命的盡頭帶著曾經毀謗佛語之罪行離開人世，而謗佛謗法者，唯有墮地獄一途。

這是自毀長城的惡劣行徑。人人皆有信仰自由，個人有權選擇不信仰密宗，但是切莫對密宗興起任何的毀謗，除非真的依止具德上師，潛心於見、修、行勤懇用功，依教奉行數年後，經過徹底的浸潤、鑽研，因而確定「密宗是邪教」，從此之後要提醒自他遠離密宗。除此之外，如果只是人云亦云，刻意扭曲密宗教義，都是造大惡業。

## 「圓鏡占卜」的作用

西藏有一種占卜法叫做「圓鏡占卜」，占卜者可以從鏡子或從自己大拇指的指甲看到卦象，如同看電腦螢幕的影象，所問的的答案會在此中顯現。美國有一位創巴仁波切，尤其擅長「圓鏡占卜」，他於一九六〇年代初，藏地動盪後，逃到印度，早期無依無靠，暫居在八世康祖法王的寺廟裡，後再遠赴英、美國，曾度化許多歐美弟子，但他現在已經圓寂了。

仁波切沒有陰陽眼，但是看得到圓鏡顯相，是因為在修持占卜法前，他曾去訪求雪謙寺的一位祖古，表明「要學玉珠瑪（即翡翠燈女）的占卜，但因眼睛看不到影象，請加持我可以修得成。」據聞那位祖古要求他「每天都要來」。要做什麼？對著創巴仁波切的眼睛吹氣，每天吹氣，吹了一段時間之後，某一天祖古凝視創巴仁波切的雙眼說：「喔~你現在看得到了，去觀修吧！」於是創巴仁波切得到與眾不同的福利，他看不到鬼卻看得到圓鏡占卜的文字與影象，否則一般是要有陰陽眼的人才可以應用占卜法的。

圓鏡占卜分為上中下三品，下品出現影象，中品出現文字，上品不用憑藉外物，直接從心裡顯現答案，類似於神通。十一世創巴仁波切的圓鏡占卜屬於中品，可以看到文字與影象。這蠻神奇的，這種圓鏡占卜說難也沒有很難，如果有陰陽眼的人，修七天就可以成就。但是奉勸諸位不要妄想此法，我年少時對圓鏡占卜也很有興趣，現在老了已不想做此事。

當時茶餘飯後的娛樂就是占卜，大家輪流問事情。圓鏡占卜所請益的護法神是翡翠燈女，只要八世法王在場，無論是哪一位仁波切求問任何事情，出現答案之前必定會出現這一句「我的兄弟大上師」，眾人皆知是針對康祖法王而說。

〈金剛翡翠燈女供讚品〉作者正是翡翠燈女自己。此篇〈供讚品〉是如何顯現的？就如〈供讚品〉說的「銳見之道」。

## 銳見之道

話說當年某一次圓鏡文字寫道：「康祖法王您從西藏平安地來到印度，沒有出現任何的事故，讓我十分開心！這一路上我都守護著您，您能平安到達印度，真的太令我歡喜了……」就這樣，創巴仁波切如實唸出所看到的文句。彼時安諦長老聽了後很感動，想著：「這尊護法神怎麼會如此貼心?!我要來供讚祂！」瑜伽士們心口如一，安諦長老即刻向法王稟告：「我想供讚這尊護法神，但是不曉得要用什麼內容來祈請？」法王說道：「不知道內容沒關係，你心中想著要供讚祂就可以了。」安諦長老遵從諭示，誠心祈請，隨後創巴仁波切看著鏡子說：「喔，出現文字了！」邊注視圓鏡邊唸出〈供讚品〉的內容。

創巴仁波切並不知道安諦長老在想什麼，他只是看著出現的文字，一五一十唸出內容，安諦長老回憶說：「〈供讚品〉語句就是我內心所想要的祈求內容！」文中最後「譯自無間斷之影象」，即是此義。唸出這篇〈供讚品〉內容的口傳者是創巴仁波切，在場的安諦長老理所當然獲得了口傳。

記得聽完安諦長老說的故事後，讓我也很想供讚這一尊護法神，就請安諦長老也給我藏文的口傳，這篇〈金剛翡翠燈女供讚品〉是我中譯的，因此我擁有給予中文口傳的資格。

「口傳」的資格是這樣的，就算是翻譯者，但是假如未曾接受原文的口傳，也不具備口傳權。「口傳」是很重要的，藏傳佛教云：「能令自心成熟的灌頂，能令自心解脫的引導與能作自心後援的口傳。」作為觀修源源不絕的援助力量就是口傳。藏文的《大藏經》、《金剛經》、《心經》……都有口傳，《甘珠爾》密續諸部也都有口傳。當年我也覺得這位護法神很貼心，也就每天供讚未曾中斷！

其實，《大藏經》藏文版的口傳是從梵文傳過來的，往昔的譯師們應是先聽梵文的口傳，譯成藏文之後，譯師們就擁有藏文的口傳權，藏地的口傳以此代代傳承而來。中國理應也有口傳，古代的譯師像鳩摩羅什、玄奘、義淨、不空……等諸譯師，他們一定都有梵文口傳，但到了近代中國就失傳了，不曉得是何緣故？

要怎麼供讚呢？其實也很簡單，可以從佛學會請一張翡翠燈女的法照，找位喇嘛幫忙寫上「嗡阿吽」，簡單的撒米開光、護貝，沒有開光也無所謂。每天要唸誦儀軌之前，一杯茶，盤子放一兩塊餅乾或一兩顆糖果置於案前，開始皈依發心、自觀本尊，再想著「翡翠燈女來到面前接受供養」，觀誦儀軌及後面的迴向就可以了。

自觀本尊是指，本尊若是觀音，自觀觀音持誦「嗡木 瑪尼 悲美 吽……」，在收攝之前，維持觀音的形象，唸誦〈金剛翡翠燈女供讚品〉，唸完後，觀想祂融入於法照，安住於此，就是開光的意思，最後迴向發願。

## 如何供讚護法神

供讚護法有意義嗎？有的。第四世康祖法王曲吉年瑪，那一世法王所示現的是終生到各大聖地朝聖。在朝聖時，有一眾弟子隨行，其中有一位年長的喇嘛到了拉薩時突然病重，無法隨著法王徒步朝聖，只好留在拉薩的大樂法輪林。老喇嘛病情日益嚴重，幾乎快撐不下去了，他供讚的護法神是瑪哈嘎哩，梵文中譯為「吉祥天女」，藏文稱為「巴顛拉姆」，其實應譯為「具德天女」。每天供讚都會再祈求：「讓我撐到上師回來，不要死在上師回來之前，不然我就見不到上師了，拜託！拜託！」

然而因為老僧人命數已盡，確實無法再延壽了，在法王朝聖回到拉薩寺廟之前，終究撒手而去！難道是護法神力有未逮嗎？在法王的傳記裡提到，他回到大樂法輪林之後，具德天女掌控著老喇嘛的神識，沒有讓他飄蕩到中陰險境，而是領其神識到法王面前，讓法王為他修破瓦超度至淨土，護法神有這樣的力量。

正統的密宗護法神都是登地的菩薩，不是世間鬼神；縱使一開始是世間鬼神，亦是被某位或數位修證優越的上師降伏，立誓護持佛法漸證登地。登地的菩薩顯現為世間鬼神的形相，成為佛弟子在法道的助伴。常有人疑惑：「我供讚一段時間之後不想供讚了，祂會不會懷恨在心對我怎麼樣？」不會的，祂們是菩薩，不會報復的！但是假若想要護法神在中陰階段幫助自己，應要不中斷供讚。一樣的道理，倘若有個朋友每天與你噓寒問暖、供給吃住，你對此人會沒感情嗎?!若僅是偶爾請吃一頓、銷聲匿跡大半個月才出面問候，交情一定不像前者來得那麼好啊！

或問：「假若生前多行十惡，尤其擅長妄語、惡口、兩舌、綺語，為達私利，排擠、陷害他人，掠奪財物，縱使天天以豐盛酒食供讚護法，護法神會幫助這種人嗎？」如上所述，供讚虔誠必定護佑，但以惡業障蔽的緣故，能招感多少的庇佑，就憑各人的造化了。

假如自知，「我就是沒有辦法證悟心性啊！不曉得什麼叫自心實相啊！」該怎麼辦？建議供讚護法。上述提到，自心實相的功德化現為護法神的形相，若能虔誠供讚，以緣起互依的原則，護法神就像保鏢一樣，對於在中陰階段像盲人、瘋子的供讚者，能拎其神識不令墮落，安全帶領至該去的下一世或直接帶領至淨土。再得一次清淨的人身以修持佛法並供讚護法，應是沒有問題的；若是業障輕微者，甚至帶領往生淨土都能做到。

森多長老曾說過一段舊事。四、五十年前潛修中心進來了幾位喇嘛，年紀輕輕的被引薦閉關，因為太年輕了，來到潛修中心都是在搗亂，並未真正潛心觀修。幾年之後，那些人全都離開了，甚至有些都還俗了。但即使還俗，畢竟是受過潛修中心的訓練，至少還懂得供讚護法，其中有一位到了五六十歲的年紀，朋友小聚喝茶時，陡然站起身說：「我時間到了，有人在叫我了！」大家納悶：「他在講什麼？」只見他急匆匆趕回家，記不太清楚他是否入定，但他從容死在家裡，應是接到護法神通知：「時間到了，該走了！」隨即淡然赴死。所以供讚護法神也會有這種好處。

其實供讚顯教的護法神，如韋馱菩薩、伽藍菩薩都是有效驗的，端看怎麼供讚、祈求而已，前提是要每天供讚。能多重視護法神，護法神就會投以相等的庇佑，應當如是理解。

護法神眾悲心廣大，然而一如祖師吉天頌恭所言：「上師四身之雪山，勝解太陽若未照耀，不生汩流之加持水故，心於此勝解應致力。」祂們不是不幫忙，而是若未能殷切、專注地用心祈請，什麼都感受不到。

迴向文

此福德於遍智一切性　證已摧伏罪惡諸怨敵
生老病死波濤甚洶湧　輪迴海中願度脫有情

## 〈酬補具誓媽摩紛亂品　普施利樂良善禾穗〉

南無古汝歇惹得偉嘎哩也　在此欲行與　聖德本智天女煙炭母儀軌相關之〈酬補媽摩紛亂品〉供物　依物　酬物　修物　喚物等諸器具令聚集已　如傳規般而擺設　自己具足天尊我慢延伸密修事業之正文已〈酬滿品〉後　如是而誦

就諸勝大樂界妃空行母　護衛諸剎天女幻化主
種種變化媽摩空行部　居於世間空暨墳林主
縱住寂靜以悲怒女身　全顯瑜伽女聚祈垂鑒
近惡世際有情不善巧　縱欲求樂與不欲劣緣
五毒擾續不淨邪念多　違背上師誓言詈毀謗
未得灌頂傳引宣密咒　劣器之人於法起邪見
聖僧團內離間互擾亂　違犯三戒不善買賣欺
罪重無法者予詐眾生　灌頂說法信財毒續命
無誓咒士憑勢殺無罪　俗人恆續無善罪孽輪
眾人無恥兄妹殺私子　殺動物命不報父母恩
部亂內鬥毀誓欺今後　彼時媽摩空行聖意怒
施放集三毒類諸種病　降病眾人再無活命率
饑饉種種瘟疫如暴風　刀兵亂故眾人多橫死

彼等悉為媽摩之幻術　此故聖物食子五妙欲
甘露藥暨大等供物　依物酬物修喚無不足
空行偕眷意誓酬於界　紛亂媽摩嚴峻意誓酬
此勢止息媽摩空行亂　天龍八部龍兇您之僕
汝所不伏天龍未曾有　共魔災禍瘟疫轉於敵
拭去牌令收骰子殘刀　具誓言之女伴薩瑪雅
具誓空行聖意縱無怒　眷屬媽摩見過未同行
敕令威猛懲罰速毀滅　此故界之空行祈寬宥
所作違背聖意諸罪過　承許而悔發露且懺矣
是具誓故祈尊允接受　是有情故錯謬且迷亂
是幻相故祈應允懺悔　是善巧故祈請賜梵淨
憑此酬滿祈請實諦勢　利益安樂無餘臻圓滿
行者福壽力財愈廣增　祈成究竟菩提道助伴
顯密持教士夫聖壽增　諸眾安樂所思任運成
持咒我思諸事臻究竟　瞻洲安樂願廣瑞善祥
如是多次誦已再入於　如是媽摩偕眷之等偈

此《酬補媽摩紛亂品》乃　第六世多康巴　蓮花歡喜　撰著

台灣尊勝法林佛學會　多傑仁卿　恭譯於台北道場　二〇二〇年四月十日

# 祕密瑜伽士的生死莊嚴：〈中陰祈願文〉契入昭空大手印


作　　者　多傑仁卿 喇嘛
責任編輯　徐藍萍
特約編輯　于蕙敏

版　　權　吳亭儀、江欣瑜
行銷業務　黃崇華、賴正祐、郭盈均、華華
總 編 輯　徐藍萍
總 經 理　彭之琬
事業群總經理　黃淑貞
發 行 人　何飛鵬
法律顧問　元禾法律事務所王子文律師
出　　版　商周出版　台北市 104 民生東路二段 141 號 9 樓
電話：(02) 25007008　傳真：(02)25007759
E-mail：ct-bwp@cite.com.tw　Blog：http://bwp25007008.pixnet.net/blog
發　　行　英屬蓋曼群島商家庭傳媒股份有限公司城邦分公司
台北市中山區民生東路二段 141 號 2 樓
書虫客服服務專線：02-25007718　02-25007719
24 小時傳真服務：02-25001990　02-25001991
服務時間：週一至週五 9:30-12:00　13:30-17:00
劃撥帳號：19863813　戶名：書虫股份有限公司
讀者服務信箱 E-mail：service@readingclub.com.tw
香港發行所　城邦（香港）出版集團有限公司　香港灣仔駱克道 193 號東超商業中心 1 樓
E-mail: hkcite@biznetvigator.com　電話：(852)25086231　傳真：(852)25789337
馬新發行所　城邦（馬新）出版集團 Cite (M) Sdn Bhd
41, Jalan Radin Anum, Bandar Baru Sri Petaling, 57000 Kuala Lumpur, Malaysia.
Tel：(603)90563833　Fax：(603)90576622　Email：services@cite.my

封面設計　YU；Samuel Kao Design
印　　刷　卡樂製版印刷事業有限公司
總 經 銷　聯合發行股份有限公司　新北市 231 新店區寶橋路 235 巷 6 弄 6 號 2 樓
電話：(02) 2917-8022　傳真：(02) 2911-0053

2022年12月22日初版　　Printed in Taiwan

定價580元

城邦讀書花園
www.cite.com.tw

線上版回函卡





ISBN 978-626-626-318-507-4

國家圖書館出版品預行編目(CIP)資料

祕密瑜伽士的生死莊嚴：〈中陰祈願文〉：契入昭空大手印 / 多傑仁卿 喇嘛 著. -- 初版. -- 臺北市：商周出版：英屬蓋曼群島商家庭傳媒股份有限公司城邦分公司發行，2022.12
面；　公分
ISBN 978-626-318-507-4（平裝）

1.CST: 藏傳佛教 2.CST: 佛教修持 3.CST: 生死觀

226.962　　111018880